"SER POLICIAL É, SOBRETUDO, UMA RAZÃO DE SER"

CULTURA E COTIDIANO DA POLÍCIA MILITAR DO ESTADO DO RIO DE JANEIRO

Editora Appris Ltda.
1.ª Edição - Copyright© 2025 dos autores
Direitos de Edição Reservados à Editora Appris Ltda.

Nenhuma parte desta obra poderá ser utilizada indevidamente, sem estar de acordo com a Lei nº 9.610/98. Se incorreções forem encontradas, serão de exclusiva responsabilidade de seus organizadores. Foi realizado o Depósito Legal na Fundação Biblioteca Nacional, de acordo com as Leis nos 10.994, de 14/12/2004, e 12.192, de 14/01/2010.

Catalogação na Fonte
Elaborado por: Dayanne Leal Souza
Bibliotecária CRB 9/2162

M966s
2025

Muniz, Jacqueline de Oliveira
"Ser policial é, sobretudo, uma razão de ser": cultura e cotidiano da polícia militar do estado do Rio de Janeiro / Jacqueline de Oliveira Muniz. – 1. ed. – Curitiba: Appris, 2025.
253 p. ; 23 cm. – (Coleção Ciências Sociais).

Inclui referências.
ISBN 978-65-250-7741-3

1. Polícia Militar. 2. Cultura policial. 3. Policiamento. I. Muniz, Jacqueline de Oliveira. II. Título. III. Série.

CDD – 363.2

Livro de acordo com a normalização técnica da ABNT

Editora e Livraria Appris Ltda.
Av. Manoel Ribas, 2265 – Mercês
Curitiba/PR – CEP: 80810-002
Tel. (41) 3156 - 4731
www.editoraappris.com.br

Printed in Brazil
Impresso no Brasil

Jacqueline de Oliveira Muniz

"SER POLICIAL É, SOBRETUDO, UMA RAZÃO DE SER"

CULTURA E COTIDIANO DA POLÍCIA MILITAR DO ESTADO DO RIO DE JANEIRO

Appris
editora

Curitiba, PR
2025

FICHA TÉCNICA

EDITORIAL Augusto Coelho
Sara C. de Andrade Coelho

COMITÊ EDITORIAL E CONSULTORIAS
Ana El Achkar (Universo/RJ)
Andréa Barbosa Gouveia (UFPR)
Antonio Evangelista de Souza Netto (PUC-SP)
Belinda Cunha (UFPB)
Délton Winter de Carvalho (FMP)
Edson da Silva (UFVJM)
Eliete Correia dos Santos (UEPB)
Erineu Foerste (Ufes)
Fabiano Santos (UERJ-IESP)
Francinete Fernandes de Sousa (UEPB)
Francisco Carlos Duarte (PUCPR)
Francisco de Assis (Fiam-Faam-SP-Brasil)
Gláucia Figueiredo (UNIPAMPA/ UDELAR)
Jacques de Lima Ferreira (UNOESC)
Jean Carlos Gonçalves (UFPR)
José Wálter Nunes (UnB)
Junia de Vilhena (PUC-RIO)
Lucas Mesquita (UNILA)
Márcia Gonçalves (Unitau)
Maria Margarida de Andrade (Umack)
Marilda A. Behrens (PUCPR)
Marília Andrade Torales Campos (UFPR)
Marli C. de Andrade
Patrícia L. Torres (PUCPR)
Paula Costa Mosca Macedo (UNIFESP)
Ramon Blanco (UNILA)
Roberta Ecleide Kelly (NEPE)
Roque Ismael da Costa Güllich (UFFS)
Sergio Gomes (UFRJ)
Tiago Gagliano Pinto Alberto (PUCPR)
Toni Reis (UP)
Valdomiro de Oliveira (UFPR)

SUPERVISORA EDITORIAL Renata C. Lopes
PRODUÇÃO EDITORIAL Daniela Nazário
REVISÃO Simone Ceré
DIAGRAMAÇÃO Luciano Popadiuk
CAPA Mateus Porfírio
REVISÃO DE PROVA Ana Castro

COMITÊ CIENTÍFICO DA COLEÇÃO CIÊNCIAS SOCIAIS

DIREÇÃO CIENTÍFICA Fabiano Santos (UERJ-IESP)

CONSULTORES
Alícia Ferreira Gonçalves (UFPB)
Artur Perrusi (UFPB)
Carlos Xavier de Azevedo Netto (UFPB)
Charles Pessanha (UFRJ)
Flávio Munhoz Sofiati (UFG)
Elisandro Pires Frigo (UFPR-Palotina)
Gabriel Augusto Miranda Setti (UnB)
Helcimara de Souza Telles (UFMG)
Iraneide Soares da Silva (UFC-UFPI)
João Feres Junior (Uerj)
Jordão Horta Nunes (UFG)
José Henrique Artigas de Godoy (UFPB)
Josilene Pinheiro Mariz (UFCG)
Leticia Andrade (UEMS)
Luiz Gonzaga Teixeira (USP)
Marcelo Almeida Peloggio (UFC)
Maurício Novaes Souza (IF Sudeste-MG)
Michelle Sato Frigo (UFPR-Palotina)
Revalino Freitas (UFG)
Simone Wolff (UEL)

AGRADECIMENTOS

A hospitalidade com que fui recebida ao longo do percurso deste trabalho, desenvolvido em meados dos anos de 1990, fez-me devedora de pessoas e das instituições que algumas delas encarnavam. A Polícia Militar do Estado do Rio de Janeiro (PMERJ) recebeu-me com amizade e sinceridade, partilhando seus dilemas, ambições e expectativas. Os coronéis da reserva Nazareth Cerqueira e Jorge da Silva foram embaixadores, bem como fontes constantes de experiência e reflexão acerca das polícias. O Coronel Sérgio da Cruz apoiou desde há muito esta jornada, orientado pela lúcida percepção dos ganhos resultantes do aprofundamento das relações entre polícia e sociedade. Um destaque especial tem que ser feito ao 19.º BPM. Sob o comando do Coronel José Aureliano, este batalhão recepcionou calorosamente um dos meus primeiros trabalhos de pesquisa sobre polícia. Não posso deixar de agradecer às 60 praças da Companhia de Policiamento Comunitário, em especial o Sargento Wagner, que possibilitaram inúmeras conversas e rondas. Foi também no 19.º BPM que o Coronel Bello me agraciou com a gentileza do título de Comandante Honorária, que muito me emociona e motiva. Além de tantos amigos conquistados dentro da PMERJ, há que distinguir os adoráveis parceiros de convívio e infindáveis discussões apaixonadas: Ubiratan, Antônio Carlos e Luiz Fernando. Reconheço, ainda, o meu débito para com um sem-número de oficiais e praças das Polícias Militares de outros estados que, nas conversas informais, durante o trabalho de patrulha, no suporte às visitas de estudo e no convívio mais ou menos formal das aulas e palestras, confiaram a mim tanto do seu saber e das suas vidas. A Brigada Militar do Rio Grande do Sul me recepcionou repetidas vezes com o calor da hospitalidade policial militar gaúcha, a qual homenageio nas figuras dos seus comandantes Coronel Dilamari e Tenente-Coronel Brenner. A Polícia Militar do Estado do Espírito Santo me permitiu conhecer de perto os desafios e as iniciativas do Programa de Polícia Interativa, franqueando-me acesso a todo o seu pessoal e instalações, cabendo destacar o Major Júlio César, essência da receptividade e afetividade capixabas. É justo nomear outras organizações policiais militares que, com igual atenção, também me acolheram: as Polícias Militares de Pernambuco, da Bahia, de São Paulo, de Minas Gerais, do Distrito Federal e do Pará. A estas há que se somar a ajuda pontual, mas de grande valor de oficiais das Polícias Militares do Acre, Amazonas, Tocantins, Paraíba, Ceará e Paraná. Ainda que este trabalho enfatize o aspecto ostensivo da ação policial, diversos profissionais da Polícia Federal e das Polícias Civis de tantos estados brasileiros contribuíram com sua sabedoria, conhecimento e amizade para o meu entendimento da questão policial. Cabe reconhecer o lugar singular que é ocupado pelos Delegados de Polícia Carlos Alberto D'Oliveira, Martha Rocha e Cláudio Ferraz, da Polícia Civil do Estado do Rio de Janeiro, com os quais tenho o privilégio de dialogar e aprender já há muitos anos.

Sinto-me devedora daqueles pioneiros que ousaram ir além dos preconceitos e resistências ao se aventurem no estudo das questões policiais: Luiz Antônio Paixão e Roberto Kant de Lima. Seu arrojo e competência são fontes constantes de inspiração. Não posso deixar de mencionar as instituições e colegas com os quais iniciei a minha trajetória acadêmica. Tanto no Instituto de Estudos da Religião (ISER) quanto no Viva Rio, pude contar com o carinho de Rubem Cesar Fernandes e Elisabeth Sussekind. Não sei como descrever tudo que pude aprender com adoráveis parceiros e cúmplices: Luiz Eduardo, Bárbara, Patrick, Leonarda, Bianca, João Trajano, José Augusto, Regina, Lilian, Jacqueline, Edigar, Fabíola, Helena, Cristina, Marco e Cleber. Zeca Borges permitiu e apoiou uma visão complementar importante, nascida do trabalho junto ao Disque-Denúncia. O Grupo de Estudos Estratégicos ampliou meus horizontes para a questão do uso da força, permitindo-me partilhar reflexão e trabalho relevantes – sou grata a Eugenio, Clovis e Cepik pela sua receptividade ao tema policial. A estes se somam, de forma diferente, mas com igual carinho, Otávio Velho, Wanderley Guilherme dos Santos, Cláudio Beato e Galeno Tinoco Ferraz Filho.

Nos últimos meses contei com a amizade de Newton, Julita, Silvia, Dolores, Elenice e Adelmo, companheiros da Subsecretaria de Pesquisa e Cidadania da Secretaria de Segurança Pública do Estado do Rio de Janeiro (SSP/RJ). Contei ainda com a generosa ajuda de Beth Cobra, que se empenhou na revisão dos originais com rapidez e competência rumo à defesa desta tese em 1999.

A Maria Alice Resende de Carvalho, Renato Lessa, Roberto Kant de Lima e Domício Proença Júnior, membros da banca, um agradecimento especial pela consideração e sensibilidade.

Ao meu orientador Luiz Eduardo Bento Soares, um amigo e parceiro que com o "rigor de sua indisciplina" soube emprestar medida e rumo aos meus estudos desde muito antes da aventura do doutorado, empresto a minha sincera admiração e amizade.

Há aquelas pessoas cujo apoio se faz de uma forma indizível e indispensável: Marquinho, Isabel, Roldão, Camilinha, Cimá, Glória, Ademar, Belli, Cacati, Rosane, Marcelo, Henrique, Lucas, Beta, Shê, Verinha gaúcha, Malu, Paula, Dedé, Dona Lilita e Sr. Leandro.

A Secretaria Nacional de Direitos Humanos, sob a orientação do Dr. José Gregori, também emprestou o seu apoio. De fato, muito do que aqui apresento resultou de trabalhos e atividades que contaram com o suporte desta secretaria, bem como de financiamento ou apoio do Centro Cultural do Banco do Brasil (CCBB), da Fundação Carlos Chagas Filho de Amparo à Pesquisa do Estado do Rio de Janeiro (FAPERJ), da Organização das Nações Unidas para a Educação, Ciência e Cultura (UNESCO), do Programa das Nações Unidas para o Desenvolvimento (PNUD) e da Fundação Ford. Durante o doutoramento, fui beneficiada com uma bolsa de estudos do Conselho Nacional de Desenvolvimento Científico e Tecnológico (CNPq).

Para Marquinho Muniz.

APRESENTAÇÃO

Um convite à aventura da leitura

"Publique sua tese", assim falavam e insistiam os parceiros de pesquisa, colegas de governo, alunos e sobretudo os alunos policiais espalhados pelo Brasil e meus amigos de jornada. Mas ao longo destes vinte e cinco anos que separam o nascimento deste livro e sua publicação, eu segui apaixonadamente me ocupando com as inúmeras coisas que eu acreditava ter que fazer na segurança pública, América Latina afora. Tudo me parecia sempre um chamado para ontem, mais importante e inadiável que o meu fazimento como uma "autora de livro".

A minha vida romântica e engajada como professora, pesquisadora, ativista, formadora de opinião e gestora, tudo junto, ao mesmo tempo e agora parecia, em estado de alerta, não poder sequer aguardar pelo esperado livro. As minhas autorias vieram acontecendo como uma avalanche de ditos e escritos provocativos que nasciam insatisfeitos com eles mesmos e, claro, com as realidades por eles narradas e faladas. Suas existências ganhavam vida própria no bate-boca da segurança pública e demandavam novos ditos e escritos provocados. Havia, portanto, que dobrar a esquina do pensamento e seguir para a próxima avenida reflexiva, de mobilização e ação falando demais e escrevendo muito. O tal do meu livro podia esperar um pouquinho mais, pois eu também tinha que escrever com muita gente, a várias mãos, para pôr na ordem apressada do meu dia uma fila qualificada, paciente e amiga de coautores(as).

Minhas autorias sobrepostas e espalhadas pelos impressos, nos vídeos e nos espaços digitais, seguiram na velocidade da urgência dos sentidos e vividos dos medos, das dores, das incertezas, dos traumas, dos riscos, das perdas, dos perigos, das vulnerabilidades, enfim, das marcas e dos reveses que as políticas da insegurança e suas expressões autoritárias, violentas e discriminatórias no Brasil produziam e ainda produzem entre e sobre nós. Era preciso escrever mais e falar mais sobre polícia e policiamentos para um público cada vez mais diverso, crítico e ávido por sua cidadania em situação continuada de resistência e luta. Era preciso escrever e falar sobre o mundo dos policiais e o desafio da governabilidade dos meios de força comedida, desde dentro, para romper paradigmas fossilizados e situar a complexidade da negociação das formas de autoridade ali nas esquinas, becos e quebradas, das favelas aos asfaltos. Era preciso apontar os desafios democráticos postos para esses Janos contemporâneos dos controles coercitivos das entradas, saídas e fluxos da vida coletiva. Era preciso romper a mesmice do debate público, trazendo à superfície da palavra falada e escrita uma linguagem outra, com outras categorias analíticas que ousassem romper um acordo político, monótono e monopolista vivificado pelo pensamento único, tutelar, branco e machista. Este tem feito da segurança pública o paraíso moralista dos achismos ilustrados e de suas razões desiguais de raça, gênero, orientação sexual, classe, origem social, inscrição religiosa etc. Era preciso "abrir a roda e enlarguecer" a agenda pública com outros modos do olhar e outras formas do fazer da política pública voltados para os dispositivos de controle e regulação sociais. Era preciso romper, da academia as ruas, com o regime do medo (e suas práticas de exceção) naturalizado como lugar tautológico do pensar e do agir prescritivos que promovem juízos morais a conceitos e, com isso, dão vida às "cloroquinas da segurança" fabricadas pelos senhores da guerra, mercadores da proteção e profetas do caos. Havia que sair das armadilhas do receituário do mais do mesmo propagandeado pela ilusória "guerra contra o crime", pela fantasiosa produção estatal de violência para conter a violência e, não menos ruim, pelos pacotes prontos moderninhos gerencialistas e instrumentalistas que, sob aparente vestimenta de neutralidade técnica-tecnológica, tem servido a qualquer senhor democrático ou não.

Era preciso, com compaixão e empatia, seguir falando bastante e escrevendo ainda mais ali, no calor dos acontecimentos e sentindo a dor dos outros, para trazer à luz do dia a problemática das polícias em democracias: como produzir alternativas de obediência ao pacto sociopolítico vigente, com uso potencial e concreto de força, sob consentimento social e diante das regras legais do jogo? Como viabilizar a lição democrática de blindar as polícias da manipulação político-partidária e da apropriação privatista por grupos de poder? Era preciso dizer com todos os tons da minha voz e com todas as letras do meu dicionário que segurança pública em sociedades livres e plurais corresponde a circulação transfronteira e em larga escala de pessoas, ideias, valores, bens, mercadorias e serviços. Segurança pública é mobilidade socioespacial. E, por isso, ela é o sambódromo por onde desfilam os direitos. Ela é a infraestrutura que confere previsibilidade e regularidade as nossas rotinas, permitindo o nosso ir e vir por aí, a qualquer hora, em qualquer lugar. Segurança pública é ter horizonte e abundância de futuro para se viver sem sustos o hoje dos nossos trajetos identitários com a possibilidade garantida de poder sonhar e acumular um novo amanhã. Era preciso, portanto, desmascarar a insegurança pública como um projeto de poder que vende o delírio impraticável da repressão policial como um fim em si mesma. Afinal, os nossos achados científicos revelam que o uso generalizado da repressão produz a sua própria escassez e a provisoriedade de seus resultados no tempo e no espaço, que nenhuma polícia tem estoque a ser gasto por ser um meio de força de pronto emprego diuturno e, mais, que a prevenção não é um resultado direito da ação ou inação policiais, caracterizando-se como o efeito acumulado de práticas dissuasórias e repressivas.

Como pesquisadora de uma área tradicionalmente pensada como coisa de homem, eu tinha muito claro que deveria enfrentar a desigualdade de gênero e mostrar que segurança pública e polícia são assuntos da mulherada que arregaça as mangas e cai dentro das realidades fazendo trabalho de campo, "tirando polícia", "medindo favela", "abrindo os cadeados nas cadeias", "levando papo reto com a bandidagem".

Durante todo esse meu agito acadêmico e político, a tese que agora vira, assim aguardo, uma das suas prazerosas leituras, foi disponibilizada a todos na internet no formato eletrônico popular e disponível da época – um arquivo ZIP para qualquer um baixar, usar ou jogar na lixeira de seu computador. Eu ficava satisfeita em saber que o famoso Ctrl + C e Ctrl + V ou "copia e cola" dos arquivos digitais podia cumprir um papel importante na disseminação e discussão sobre os meus trabalhos, a maioria deles até hoje disponível gratuitamente em diversas plataformas digitais. É só ir lá, "googlear", localizar as prateleiras remotas e pegar.

Mas, enfim, acabou chegando o momento de entregar a você este livro. No momento em que as janelas de oportunidade parecem se fechar para a redemocratização da segurança pública e das polícias, para o livre acesso da ciência e da sociedade civil às realidades das burocracias armadas. No momento de buscar reabrir as portas para deixar os ares da democracia e as luzes dos direitos entrarem para afugentar os zumbis autoritários, soprar as poeiras dos princípios da igualdade e da liberdade e iluminar a capacidade de governo sobre as espadas comedidas e combatentes, afastando de vez os espasmos fascistas e as lambanças golpistas dos últimos tempos.

Esse livro vem até vocês do jeito como foi concebido e escrito décadas atrás, com poucas trocas de palavras e algumas exclusões de locuções e conjunções desnecessárias. Ele não seguiu intencionalmente um desenho formal de tese e não foi pensado para somente "a banca ler e aprovar". Ele foi escrito para qualquer pessoa saborear sem precisar pagar pedágios formativos acadêmicos. Eu queria que os policiais e policiados do mundo real lessem sem os hermetismos e os vícios de linguagem que hierarquizam e discriminam os leitores. Assim, preocupei-me em não escrever em javanês ou para iniciados. Eu me ocupei de fazer um texto leve, palatável e com fluidez discursiva, em que as construções teóricas, os percursos metodológicos e as evidenciações empíricas seguiriam dissolvidos na saga narrativa e a serviço da textualidade, visualidade e sonoridade dos sujeitos e de seu mundo policial militar por mim visitado. À medida que avançava a escritura, eu ia passando os capítulos para alguns PMs e prestadores de serviços domésticos, ambos moradores das periferias cariocas, e, com seus retornos orais, eu ia fazendo uns ajustes textuais e melhorando o seu acabamento estilístico. Minha prova de fogo foi mesmo saber se os PMs leitores de bastidor se reconheceriam no seu mundo sob minha descrição etnográfica, discordando corporativamente de minhas interpretações e análises independentes. As aspas foram reservadas às expressões e categorias do mundo pesquisado para distingui-las e realçá-las, possibilitando a confrontação na narrativa entre os jargões dos protagonistas da pesquisa e os da autora. Ah, o título foi colocado em votação e venceu a frase do hino da PMERJ: "ser policial é sobretudo uma razão de ser".

Escrevi a tese durante a minha gestão como diretora da Secretaria de Segurança Pública do Estado do Rio de Janeiro. E, também, por isso a estrutura capitular teve como fio condutor as questões que tomei de empréstimo das realidades policiais militares pesquisadas e que estruturavam as suas formas de pensar e seus modos de agir. Como autora, organizei os capítulos como uma espécie de inventário de perguntas nativas problematizadas na redação da pesquisa e que ambicionavam respostas das políticas públicas para as polícias fluminenses que eu tentava construir como gestora. A escritura procurou fazer uma dança entre as teorias nativa e dos estudos policiais para explicitar o amálgama do singular com o comum, trazendo ao texto a sociologia do universo policial e a disputa entre as verdades do vivido e do refletido.

A releitura da tese para publicação mostra a originalidade de sua agenda de pesquisa e a atualidade da sua problemática, que, após 25 anos, segue exigindo rumos qualificados de pesquisa e de políticas públicas. Muita coisa mudou na PMERJ e muita coisa seguiu como estava lá em meados de 1990. Muita coisa já não é daquele jeito, mas segue como um registro do "como era", que permite relativizar o descritivismo transvestido em etnografia e emancipado de história, que oculta as continuidades e as impermanências e torna opacas as temporalidades e suas transformações. O meu desafio pioneiro foi passar quatro anos ininterruptos fazendo campo e dando aulas voluntárias dentro da PMERJ e de outras PMs, onde nem sempre havia "banheiro para mulher" nas unidades operacionais. Esse livro, um achado arqueológico que procura os seus leitores contemporâneos para escavá-lo, serve como um documento histórico e inaugural de um modo sistemático, dialógico e contrastivo de explorar a realidade policial militar pela confrontação de saberes e visões de mundo. Serve como um retrato com cores ainda vivas da ruptura da autoridade antropológica, do abandono da hierarquia "sujeito-objeto de pesquisa" que mascara as relações de poder entre sujeito pesquisador e sujeito pesquisado, promovendo o primeiro a condição de ideólogo, porta-voz do lugar de fala do outro e agente tutelar da realidade. Serve, também, como um inventário bibliográfico original que serviu de base, a pedido da Fundação Ford, para a construção da série "Polícia e Sociedade", publicada pelo NEV-EDUSP.

Diz-se que o passado é o que mais muda porque pode ser recontado, revisto e recriado. Por isso convido vocês a reinventar a minha aventura de tirar ronda com PM e ficar de bobeira vagando pelas atividades internas das unidades operacionais, em um contexto de aproximação amistosa entre polícia e paisano. Creio que sua imaginação sociológica irá encontrar numa PMERJ, em que a maioria do efetivo e dos policiais entrevistados era negra e periférica, alguns elementos seminais que foram desenvolvidos em meu percurso autoral. Refiro-me à filosofia, à sociologia e à criminologia nativas policiais, que revelam um modo de ser e atuar no mundo; à questão dos mandatos policiais, à sua permanência como uma procuração ainda em aberto e sua (in)governabilidade atual; ao estado da arte da práxis discricionária como condição do pensar e agir policiais e a baixa visibilidade do processo decisório policial; à centralidade do uso potencial e concreto de força, ao desenho possível das métricas de desempenho e as formas de transparência, *accountability* e responsabilização.

Com vocês reencontrando comigo e com os PMs do Rio a cada avançar de parágrafo e ganhando fôlego para seguir adiante a cada vírgula e ponto, penso que poderemos reabrir juntos a oportunidade de uma janela vinda de um passado nem tão distante assim, que se refaz pela sua leitura como esperança e saudade de futuro.

Aquele abraço,

Jacqueline.

PREFÁCIO

Há humanidade digna, dinâmica, desafiante e desgastante no trabalho policial, e é isso que este livro pode nos levar a compreender, reportando suas agonias e êxtases, sua monotonia e alucinação, sua opacidade e espetacularidade.

Já se vai um quarto de século desde que Jacqueline Muniz contou de suas viagens pelo mundo da Polícia Militar do Rio de Janeiro. Jornada e relato refletem a sensibilidade da antropóloga que ambicionava compreender a realidade policial. Que seguiu adiante buscando como melhor enquadrar e orientar a formulação e condução da política pública de segurança. Suas palavras nos contam de um tempo outro, e por isso mesmo talvez melhor nos sirvam hoje. Permitem-nos vislumbrar a materialidade de então, nos educando para a realidade presente hoje. Chamam-nos a pensar no que mudou, no que permanece. Aproximam-nos do que sejam os fundamentos do ser, sentir, pensar e agir policial.

A marca do relato é a sensibilidade para com o outro, para com a gente policial, adotando como título uma estrofe do refrão do hino da PMERJ, tão reveladora da densidade de ser e fazer polícia. Poder-se-ia dizer, é um *incept*: é o ser e a razão de ser que foram percebidos, apreciados, relatados. É um acesso ao mundo vivo de quem segue polícia e algumas das formas como o fazem.

A primeira parte atende a formalidade contextualizante que situa um estudo doutoral, mas o faz de uma maneira particularmente sensível. Privilegia não a conformação do que devia ser polícia naquele tempo e lugar em termos normativos, mas sim como essa conformação é percebida e vivida desde o ponto de vista das pessoas e relacionamentos sobre as quais tais regras incidiam, contando como elas eram vividas. Essa é a beleza do trabalho de campo, percebendo e refinando o contexto da gente policial, tecendo como tais expectativas repercutem nas pessoas a quem se confia a tarefa do policiar.

A segunda parte desdobra e alarga o que essa sensibilidade captou, relatando as estações de uma viagem pelo ser, agir e refletir policiais. Partilha conosco o resultado do esforço de compreender, assinalando cada passagem com as expressões-síntese que os próprios agentes policiais reconheceriam como sendo autenticamente suas. Relanceie-se o índice e se tem um panorama das faces do que os praticantes reflexivos encontram nas ruas. De como recebem e levam adiante o enquadrar da realidade diante de si para lidar com o que nelas encontram, o *frisson* e a peculiaridade de agir diante da emergência que não admite retardo ou emenda, entremeada com o perigo e com possibilidade do uso da força, encarnando o dever de quem tem que agir e proteger com todos os riscos e consequências do agir e do não agir, sensíveis ao que percebem, sejam suas reputações em função disso. E daí como isso tudo se emaranha dentro de cada agente policial, como se conforma no coletivo da gente policial e como se propõe, e, com isso, se tem alguns dos vergalhões de uma cultura policial de rua.

Jacqueline optou por preservar, sem emenda, suas considerações finais de 1999. Para quem fez tanto quanto ela fez desde então, seria uma demanda desmesurada pedir-lhe que atualizasse o que entendia diante dos intensos 25 anos de estudo e atividade que se seguiram. Mas, novamente, esse contato com o passado traz consigo algo mais do que apenas testemunho. Há algo a ser apreciado quando se percebe quão terrivelmente atuais seguem as preocupações da então doutoranda para tudo o que nos ocupa e preocupa com relação à Segurança Pública.

É quase um impositivo de nosso tempo que tudo que se busca recomendar seja defendido, ou melhor, vendido por sua utilidade. Como se o que vale a pena só valesse pela perspectiva de algum retorno imediato e gratificante. Só que muita coisa mesmo na vida vale a pena que não atende esse dever-ser.

Convido a quem me lê a que leia esse livro. Não porque sua leitura leve a alguma solução pronta, fácil, barata, que sirva de pronto para isso ou para aquilo que esteja hoje "bombando" – o tal retorno imediato e gratificante, mas sim porque vale a pena ler as páginas que se seguem para buscar compreender a questão policial, e mais ainda, apreciá-la com o benefício da perspectiva de quem tem que levá-la adiante, pela pena de uma observadora sensível e alerta. Quem aceitar o convite pode descobrir um início, ou desfrutar de um alargamento, de sua compreensão dos porquês e "comos" do viver e do trabalho da gente que é a nossa polícia.

Rio de Janeiro, dezembro de 2024.

Domício Proença Júnior
Escritor, pesquisador, professor titular da Coppe/UFRJ

SUMÁRIO

INTRODUÇÃO..21

PARTE I
HISTÓRIA, MODELO E CULTURA INSTITUCIONAIS........................31

1
QUAL ESTADO? QUAL ORDEM? QUAL POLÍCIA?........................... 33

2
POLÍCIA E ESTADO: UMA ESTÓRIA POSSÍVEL DE CONFLITOS,
SUSPEITAS E DESCONFIANÇAS... 45

3
AZULÕES OU VERDES-OLIVAS? UM DRAMA IDENTITÁRIO.............. 65

4
"ESTE ESPELHO REFLETE VOCÊ E VOCÊ A PMERJ": O *ESPRIT DE CORPS*
E O SENSO DE MISSÃO... 85

5
O MUNDO DA CASERNA: POLICIAIS MILITARES
VERSUS "MILITARISMO"... 103

6
"O QUE FOI QUE EU FIZ": ENTRE A CULPA E A RESPONSABILIDADE....127

PARTE II
O FIM DA INOCÊNCIA: ELEMENTOS PARA UMA CULTURA POLICIAL
DAS RUAS...137

1
"NA PRÁTICA É OUTRA COISA": A SINGULARIDADE DO SABER POLICIAL
DE RUA 139

2
AÇÃO E ADRENALINA: "SER POLICIAL É PERIGOSO, DIVINO E MARAVILHOSO" 161

3
O CAÇADOR DE AÇÕES: SUSPEITA, PERIGO E DECEPÇÃO 179

4
"UM SUJEITO HOMEM": ORGULHO, PRECONCEITO E RELATIVIZAÇÃO 207

5
O QUE OS "OUTROS" DIZEM DE NÓS 223

CONSIDERAÇÕES FINAIS 231

REFERÊNCIAS 237

ANEXOS 249

INTRODUÇÃO

Em 1992, logo após a conclusão de meu mestrado em Antropologia Social, no Museu Nacional, Universidade Federal do Rio de Janeiro (UFRJ), fui convidada por Luiz Eduardo Soares a integrar a sua equipe de pesquisadores da recém-criada área de estudos sobre violência e criminalidade urbanas do ISER. Os projetos de pesquisa ali desenvolvidos tinham como desafio aliar os rigores do trabalho científico ao compromisso ético de atender às crescentes demandas públicas por informações e diagnósticos qualificados, regulares e acessíveis sobre a problemática do crime e da violência na cidade e no estado do Rio de Janeiro. Durante os três primeiros anos de trabalho, lidamos com o amplo tema da violência através de recortes específicos e complementares, procurando combinar, sempre que possível, ferramentas e recursos metodológicos quantitativos e qualitativos. Nossos estudos contemplaram, principalmente, o universo valorativo da chamada "massa carcerária", as formas particulares de violência praticada contra mulher, criança e adolescente, e as dinâmicas da criminalidade letal, interativa e com fins lucrativos.[1]

Boa parte dessas pesquisas dependia de um contato estreito com as organizações policiais fluminenses e, por sua vez, do acesso as suas bases de dados. Contudo, essas agências ainda não figuravam como o nosso "objeto de pesquisa" privilegiado. Nesse primeiro momento, as polícias entravam em cena apenas de uma forma indireta, isto é, como um insumo importante, porém suplementar às questões relativas ao fenômeno do crime e da violência nas grandes cidades.

É bem verdade que desde essa época já nos encontrávamos insatisfeitos com o nosso conhecimento genérico sobre as agências policiais. Afinal, o entendimento de muitas das questões levantadas em nossos principais estudos requeria uma compreensão mais aprofundada dessas instituições, dos seus integrantes e do cotidiano do seu trabalho. À medida que as nossas atividades de pesquisa avançavam, ia ficando cada vez mais evidente a necessidade de reunir e produzir saberes específicos sobre os meios de força comedida. Mostrava-se oportuno compreender o outro lado da moeda, ou melhor, visitar as polícias por dentro, ultrapassando os estereótipos, as leituras externas e as definições normativo-legais.

---

[1] Os principais resultados desses trabalhos foram reunidos no livro *Violência e Política no Rio de Janeiro*, organizado por Luiz Eduardo Soares e publicado pela Relume & Dumará/ISER, em 1996.

A incorporação do tema "polícia" na agenda de pesquisas veio traduzir o amadurecimento de nossas reflexões sobre o campo da Segurança Pública e a convicção de que era indispensável dirigir algum esforço para uma área ainda muito pouco explorada no Brasil. A implantação do programa de polícia comunitária, em Copacabana, no ano de 1994, surgiu como uma preciosa oportunidade para desencadear nosso primeiro trabalho de fôlego junto às organizações policiais ostensivas. Através da parceria estabelecida com a Polícia Militar do Estado do Rio de Janeiro (PMERJ), coube aos pesquisadores do ISER a tarefa de monitoramento desse programa, desde a sua concepção até a sua efetiva execução.

O trabalho de avaliação do primeiro projeto de policiamento comunitário de larga escala realizado no Rio de Janeiro se estendeu pelos 11 meses de sua duração.[2] Nesse período, acompanhamos as rotinas interna e externa executadas pelos 509 policiais que na época compunham o efetivo do 19.º Batalhão de Polícia Militar (BPM).[3] Sem dúvida, as observações sobre o dia a dia de uma unidade policial ostensiva, e, principalmente, o longo convívio com os "meninos da polícia comunitária" durante os seus afazeres profissionais e nas folgas, constituíram um rico acervo de informações, problemas e indagações relativos ao "mundo policial" que serviram não só para orientar novas pesquisas realizadas na PMERJ e em outras polícias militares, como também para modelar as considerações aqui tecidas.

Dentre as diversas questões que aguçaram a minha curiosidade, procurei neste trabalho dissertar sobre aquelas que me pareceram fundamentais para compreender o universo policial militar e, ao mesmo tempo, ambientar o leitor comum no complexo "mundo" da polícia ostensiva. Decidi que um caminho frutífero seria tentar seguir bem de perto as pistas ofertadas pelos atores que faziam parte da realidade investigada, aproveitando, na medida do possível, os pontos recorrentes, sensíveis e críticos, os quais, de uma forma explícita, subtendida ou enviesada, apa-

---

[2] O programa de polícia comunitária em Copacabana começou a ser desmontado em junho de 1995, logo após o general Nilton de Albuquerque Cerqueira assumir o cargo de secretário de Segurança Pública. A sua completa desativação ocorreu em setembro do mesmo ano.

[3] Além do trabalho de campo no 19.º BPM, as atividades de pesquisa contemplaram o acompanhamento das reuniões mensais dos seis Conselhos Comunitários de Área (CCAs); o mapeamento das ocorrências registradas na área pelas unidades operacionais das Polícias Militar e Civil; a análise dos bilhetes depositados pela população local nas trinta urnas espalhadas pelos bairros de Copacabana e Leme; e breves estudos de caso sobre o policiamento nos entornos do quiosque *gay*, do baile *funk* realizado na quadra do morro Chapéu Mangueira e de algumas boates de prostituição da Praça do Lido. Para uma apreciação dos resultados desta pesquisa, ver Musumeci (1996).

reciam nos seus discursos e atitudes. Por conta dessa opção, os temas aqui tratados foram tomados de empréstimo dos próprios policiais militares que se ocupam de refletir sobre suas corporações, as doutrinas por elas adotadas, as missões atribuídas, a sua forma de estar no mundo, os problemas resultantes da ação ostensiva cotidiana, as cobranças públicas etc.

O problema de fundo que selecionei para conectar os aspectos culturais institucionais e informais trabalhados, respectivamente, nas partes I e II, pode ser resumido apresentado: o "fazer ostensivo da polícia" pressupõe um amplo campo de manobras decisórias dos policiais de ponta no atendimento a toda sorte de eventos insólitos e emergenciais. Essas manobras não guardam uma tradução plena na racionalidade jurídica e tem correspondido a uma zona cinzenta do trabalho policial, permanecendo pouco visível para as corporações, os PMs e a clientela que utiliza os seus serviços. As implicações do recurso discricionário e sua "baixa visibilidade", tanto nas ações individuais consideradas adequadas quanto naquelas interpretadas como arbitrárias e violentas, colocam em evidência a magnitude do desafio posto para a prática policial ostensiva: conciliar, em ambientes ordenados pelo acaso, incerteza e risco, os princípios da legalidade e legitimidade que conformam a vigência do estado de direito.

Na primeira parte, apresento alguns elementos essenciais sobre a história, modelo e culturas institucionais da polícia ostensiva, com ênfase no seu aspecto formal e organizacional. Trata-se de fazer aparecer uma moldura geral que permita contextualizar o lugar sociopolítico ocupado pelas organizações policiais. Através de diversos recortes complementares, a PMERJ é apresentada como uma agência policial específica, com passado, estruturas, experiências e modos de ser particulares que são contrastados com elementos extraídos da bibliografia dos estudos policiais. Essa apreciação se inicia por uma consideração mais ampla que inquire sobre os relacionamentos entre as organizações policiais, burocracias armadas, e as prerrogativas da ação do Estado *(I.1: Qual Estado? Qual ordem? Qual polícia?)*. O descarte de falsas oposições – a vigência dos direitos civis e uso da força, para tomar a mais candente – é um passo necessário. Só a partir da superação da falsa dualidade entre estado de direito e polícia é que se pode compreender a razão de ser das organizações policiais profissionais (meios de força comedida), identificando sua natureza, função e especificidade de ação no Estado moderno. Mostrou-se, portanto, oportuno ressaltar que o processo de construção e ampliação dos chamados direitos civis constituiu uma das principais molas propulsoras para a criação e reforma das polícias urbanas, ou seja, das organizações policiais profissionais.

A seguir, busca-se fornecer algumas evidências da dinâmica de suspeição que tem marcado o relacionamento entre as polícias e o Estado, em particular entre as diversas formas organizacionais da(s) polícia(s) no Rio de Janeiro e o Estado brasileiro *(I.2: Polícia e Estado: uma estória possível de conflitos, suspeitas e desconfianças)*. Isto se faz pela crítica da interpretação marxista da história desse relacionamento, assim como pela consideração de alguns problemas metodológicos relativos ao tratamento dispensado às fontes produzidas pelas polícias, por exemplo. A indicação de outras formas de interação polícia-Estado permite compreender a "rebelião das praças" (1997) e outros movimentos reivindicatórios como continuidade e atualização de histórias que se estendem até o século passado. Outros pontos importantes para a compreensão do lugar de polícia são apresentados ao longo deste capítulo. Destacam-se a necessária distinção entre impulso de violência e uso da força, e o papel das chamadas "competências residuais" (definidas pelos PMs como toda sorte de demandas sociais saídas das ruas e que não estão necessariamente previstas nas atribuições formais da polícia ostensiva). Somam-se a esses elementos, uma apreciação dos expedientes de disciplinarização dos meios de força e da sua crescente militarização, interpretados como uma resposta problemática à inevitável discricionariedade dos policiais de ponta. A criação das polícias ostensivas no Rio de Janeiro passa então a ser o objeto central da análise que se beneficia de uma breve contextualização das concepções ibérica e liberal-democrática da ordem pública.

É a partir desse referencial que a especificidade da PMERJ dos dias de hoje emerge e pode ser percebida como um amálgama de organizações policiais distintas, que propiciou a reinvenção de uma outra tradição, uma outra forma de expressão identitária, enfim, uma outra história *(I.3: Azulões ou verdes-olivas? Um drama identitário)*. Pareceu adequado iniciar essas considerações através de um relato suscinto das formas pelas quais as constituições brasileiras correlacionaram os assuntos de ordem pública, segurança interna e defesa nacional, definindo os papéis, atribuições e instâncias de subordinação das polícias militares. Por um lado, cabe destacar o período de 160 anos em que a PMERJ foi comandada por oficiais do exército. Por outro lado, merecem atenção os problemas derivados da sua atribuição constitucional de polícia da ordem pública e, ao mesmo tempo, de uma força auxiliar e reserva do exército, o que impõe, na ordem prática, duas lógicas radicalmente distintas de engajamento da força: a prontidão para o combate e o pronto emprego nas atividades propriamente policiais. Essa breve descrição permite observar a atualidade das discussões sobre a herança da Doutrina de Segurança Nacional (DSN) e o difícil legado da interação entre o Exército e as Polícias Militares, entre 1964 e 1985. A esses elementos historiográficos se segue a ponderação da forma presente dessa dinâmica expressa, por exemplo, no entendimento do que sejam as tarefas ostensivas contemporâneas e as matrizes que informam o processo formativo dos policiais militares. É dessa forma que se pode fazer aparecer a identidade híbrida e complexa da PMERJ como mais do que a simples soma das antigas Polícias Militares dos Estados do Rio de Janeiro e da Guanabara.

Com esse pano de fundo, se inicia uma apreciação mais detalhada do *éthos* policial militar, a partir da qual se procura compreender a sua natureza e sentido, destacando o *esprit de corps* e o senso de missão (*I.4: "Este espelho reflete você e você a PMERJ": o esprit de corps e o senso de missão*). Desde logo, o lugar dispensado à palavra e seu uso pelos PMs é descrito como parte de um autoentendimento pautado pela incisividade no agir, no qual a postura e aparência, expressões simbólicas do papel do policial militar como agente da Lei, da Ordem e do Estado, têm um lugar decisivo no processo de construção da identidade institucional. Merece consideração a forma pela qual os valores da corporação policial informam uma gramática corporal peculiar, assim como fazem aparecer um senso de missão e uma mística a ele associada que se estendem para além da realidade profissional dos agentes da lei, fazendo-se presentes nas esferas ordinárias de convívio social. O modo mesmo como o senso de missão é concebido e experimentado pelos PMs deixa entrever a perseguição a uma espécie de "cultura da presteza e eficiência" que se traduz no cotidiano da caserna em um tipo de ensaio para a coisa real – o trabalho de polícia. A isso se associam outras considerações sobre a conduta profissional e pessoal dos PMs, que ajudam a conformar um *esprit de corps* alimentado tanto por rituais de passagem calcados na vivência direta do trabalho policial, quanto pelos requisitos da tradição e desempenho da missão policial, valorados de uma forma diferenciada sob a luz do modelo paramilitar.

Os próprios policiais militares diagnosticam a tensão daí resultante (*I.5: O mundo da caserna: policiais militares versus "militarismo"*), onde as dinâmicas históricas, organizacionais e doutrinárias de matriz militar se chocam com os processos, necessidades e percepções propriamente policiais circunscritos pelas demandas por uma ordem pública democrática. Identifica-se, assim, o "militarismo" como uma corrente conservadora que pretende subordinar a realidade de polícia às formas de organização e ação da força terrestre de defesa. A essa perspectiva se contrapõem os "policiais militares realistas", para os quais o modelo militarista oferece mais problemas do que soluções por conta, sobretudo, da diversidade não combatente da ação policial. Nesse particular, é preciso atentar para a experiência norte-americana de paramilitarização das polícias, distinguindo-a fortemente do fenômeno ocorrido no Brasil. O "militarismo" tratado aqui não se confunde com a necessidade funcional nem do uniforme nem da hierarquia no funcionamento de um meio de força comedida. Reporta-se a perniciosa influência do Exército sobre os assuntos de segurança pública, que desconsidera as especificidades do trabalho policial. Nesse contexto, a capilaridade e a baixa visibilidade do "fazer policial ostensivo" trazem à luz a centralidade do recurso discricionário na ação individualizada de polícia que desafia, na prática, os modelos e doutrinas que buscam reproduzir nas PMs hábitos e práticas marciais inadequadas para o cumprimento de suas tarefas.

Esta não é uma discussão abstrata, uma vez que incide de forma dramática na vida profissional e no convívio social dos policiais militares. Os mecanismos de controle disciplinar da organização policial militar mostram-se inadequados para recompensar ou punir os PMs no desempenho de seu trabalho *(I.6: "O que foi que eu fiz": entre a culpa e a responsabilidade)*. De fato, evidencia-se que a rígida disciplina militar revela-se frágil e pouco eficaz quando se trata de fiscalizar as atividades cotidianas e individualizadas de polícia realizadas nas ruas, isto é, as ações propriamente policiais que têm lugar muito além dos muros dos quartéis. Ocorre que, no dia a dia, o policial de ponta se vê diante do dilema da decisão à sombra da alternativa de ser punido seja por fazer de menos, seja por fazer demais, seja até por fazer ou por deixar de fazer. Tal fato não contribui apenas para debilitar e desacreditar os próprios expedientes de controle e supervisão. Ele ainda favorece não só o mascaramento dos processos decisórios, ampliando o medo e a insegurança na escolha do curso de ação, como também propicia a exacerbação de práticas amadoras e arbitrárias nas interações com os cidadãos.

A forma como a estrutura organizacional e os valores institucionais da PMERJ são apresentados, deixa entrever a necessidade de uma abordagem complementar que capture os modos pelos quais os aspectos formais do mundo policial ostensivo são experimentados, interpretados, contraditados e redefinidos pelos PMs no cotidiano do seu trabalho. A segunda parte desta obra busca atender a essa exigência. Dedica-se a relatar, através de casos, expectativas e representações trazidos ao texto pelo recurso etnográfico, os processos informais que emprestam concreção ao mundo ordinário da polícia ostensiva. De uma forma suscinta, trata-se de identificar alguns elementos referenciais que concorrem para a conformação de uma "cultura policial das ruas", entendida como uma síntese complexa e sutil dos estímulos e expedientes ora convergentes, ora contraditórios e paradoxais que servem de guia para os atores que se inscrevem no universo policial ostensivo. Em outras palavras, o que se faz aqui é apresentar um conjunto selecionado de chaves interpretativas pelas quais se pode aproximar do "mundo da polícia" nas ruas.

De imediato, os PMs da *blue line* evidenciam na administração de episódios heteróclitos, informes e descontínuos, o caráter indispensável de se por em operação uma espécie de hermenêutica "nativa" entre o prescrito e o praticado *(II.1: "Na prática é outra coisa": a singularidade do saber policial de rua)*. Em verdade, os esforços interpretativos voltados para a busca de convergência entre "o que está na lei e encontra-se no mundo" e "o que se encontra no mundo e não está na lei" apresentam-se, na ordem dos fatos, como a condição de possibilidade para que a ação policial ostensiva consequente possa ter lugar. Até porque as atribuições da polícia ostensiva confundem-se, em boa medida, com o largo horizonte da ordem pública. No dia a dia, ela é chamada a atuar sempre que ocorre "algo-que-não-devia-estar-acontecendo-e-sobre-o-qual-alguém-tem--que-fazer-alguma-coisa-agora-e-bem" (*Cf.* Bittner, 1990). Os PMs da ordem pública descobrem *on the job* que, na maior parte vezes, não há a oportunidade de um encontro feliz entre os diversos níveis de exigência que circunscrevem a sua ação pontual. Eles aprendem no agora-já das pessoas, situações e acontecimentos, que nem sempre é possível fazer convergir a "letra da lei", a sua interpretação em termos de *enforcement*, os procedimentos de emprego do uso da força, a validação moral do curso de ação adotado e a produção de resultados tangíveis, eficazes e satisfatórios. Por conta disso, observa-se uma renúncia, mais ou menos consciente, daquelas orientações contidas nos manuais e processos de formação que se mostram pouco adequadas a um ambiente de intervenção policial invariavelmente marcado pela contingência, incerteza e volatilidade. Por outro lado, constata-se a valorização da experiência pessoal como uma forma de "saber-ato" que é construído em um processo simultâneo de *"training on the job"* e troca de vivências entre policiais mais e menos experientes. Outros qualificativos, tais como o pragmatismo, a crueza, o sentimentalismo, a nostalgia, a personalização, a "empicopatia", o detalhismo, a adaptabilidade e a presteza, são associados a esse saber em estado de alerta. Um saber reestruturado a cada nova circunstância atendida, preparado para assistir ao "pior de nós mesmos" e disposto a conviver com os lados desagradáveis da vida. Através das múltiplas caracterizações desse saber, procura-se, então, resgatar um conhecimento singular construído nas ruas da cidade e, por meio desse empreendimento, contextualizar os desafios, impasses e alternativas experimentados pelos PMs da ponta da linha em razão da complexa tarefa de preservar uma ordem pública contemporânea.

Assim como em outras ocupações que lidam com o risco, as percepções sobre perigo e a possibilidade mesma de sua experimentação estão presentes de uma forma marcante e própria no mundo da polícia *(II.2: Ação e adrenalina: "ser policial é perigoso, divino e maravilhoso")*. Elas parecem operar como chaves cognitivas que contribuem para a conformação de uma *working personality* policial enriquecida com os estímulos saídos do aqui-e-agora das esquinas da cidade. As expectativas ampliadas da ameaça emprestam cores particulares às formas de estar no mundo, aos modos de agir e classificar os potenciais agressores simbólicos, alvos constantes de atenção e vigília policiais. Além dos significados atribuídos ao perigo e a ameaça, as representações associadas à juventude, à virilidade e ao hedonismo também encontram solo fértil no "divino e maravilhoso" mundo da *cop culture* da PMERJ. Extremamente valorizados por aqueles atores que se pensam talhados para agir em situações de incerteza e risco, esses atributos contribuem para estruturar uma visão de mundo cuja apreensão do tempo se dá pela sua intensidade. Por outro lado, emergem do cotidiano imagens românticas do policial herói, justiceiro e operacional que constrastam com a realidade do trabalho de polícia, ao mesmo tempo que compensam o tédio e a monotonia que também se fazem presentes na desgastante rotina ostensiva. Outro ponto importante no processo de tornar-se nas ruas um "policial de verdade", diz respeito à construção e negociação cotidianas do lugar da autoridade policial, cuja manifestação ocorre de forma capilar, ambulante e individualizada. Aqui as percepções do perigo e risco, assim como as visões espetaculares do dia a dia policial, ajudam a configurar, ora pela adesão a essas construções, ora pelo afastamento, um modo singular de experimentar o exercício da autoridade, desafiando os *streetcorner politicians* a acionar o bom senso policial e a procurar distinguir – em situações difusas, contigentes e desconexas – a sutil fronteira entre o arbítrio e a arbitrariedade.

No mundo policial de rua, os elementos de incerteza, perigo e autoridade compõem uma mistura singular e encontram-se intimamente articulados a uma pedagogia da suspeita que é constantemente alimentada pelas pressões morais exercidas sobre os policiais *(II.3: O caçador de ações: suspeita, perigo e decepção)*. Percebida pelos PMs da *blue line* como uma "atitude saudável" de todo policial e, por conseguinte, como um indispensável "mecanismo de sobrevivência" nas ruas, a suspeita oferta uma forma útil e ao mesmo tempo existencialmente sofrida de olhar o mundo social. O seu preço seria a perda da inocência original. Constata-se que a suspeição não se restringe às atividades ostensivas de polícia, propagando-se por todas as esferas informais de convívio e alimentando o dramático isolamento social sentido pelos policiais. Uma vez que "suspeitar" apresenta-se como um recurso inevitável do cotidiano ostensivo da polícia, parece inescapável a elaboração de estereótipos associados aos indivíduos considerados "suspeitos". Na prática policial, a economia da suspeita tem-se apresentado como uma questão de difícil equacionamento, principalmente por causa da corriqueira moralização das atividades policiais. Na ordem prática, as expectativas morais projetadas sobre o papel, missão e atuação da polícia costumam ser traduzidas em termos de uma cruzada do bem contra o mal, cuja versão funcional pode ser expressa no clássico jargão policial "nós contra eles". O contraponto de um imaginário contaminado pela suspeita é a elaboração de uma economia afetiva da decepção. Os PMs da linha da obrigação vão, ao longo de suas trajetórias, cristalizando uma visão desencantadora da vida urbana contemporânea. Resulta daí uma espécie de sociologia policial do desapontamento que, por um lado, mostra-se muito pouco otimista com os rumos da vida em comum e, por outro, apresenta-se saudosa de um mítico "estado de sociedade", isto é, de um romântico e idealizado estado de total conformidade moral no qual não ocorriam conflitos, crimes e litígios.

Outro traço cultural que merece ser considerado é o propagandeado "machismo policial" que se faz presente nas mais distintas organizações policiais, e aparece sintetizado na linguagem cotidiana dos nossos PMs da ponta da linha através da expressão "eu sou um sujeito homem" *(II.4: "Um sujeito homem": orgulho, preconceito e relativização)*. Suas manifestações, afins aos outros atributos associados à imagem do policial ideal, reforçam o *éthos* masculino dos meios de força comedida, ao mesmo tempo que contextualizam as resistências e obstáculos relativos ao tardio ingresso das mulheres na força policial ostensiva[4]. A partir desse recorte, retoma-se a delicada questão do preconceito instrumentalizado nas ações cotidianas de polícia, identificando a "macheza" policial como um dos muitos lugares de diálogo conflituoso estabelecido com outros mundos sociais elaborados na ampla sintaxe das ruas, em particular aqueles mundos percebidos como "desviantes" e "naturalmente" ameaçadores e provocativos. Por um lado, busca-se evidenciar os riscos e os limites derivados da funcionalidade dos clichês e estereótipos na rotina ostensiva. Por outro, procura-se demonstrar que a própria economia prática policial possibilita comportamentos relativizadores, em razão da oportunidade aberta nas interações de se construir intervalos de disjunção entre valores preconceituosos e atitudes discriminatórias.

Por fim, uma via complementar a essas questões é a administração cotidiana do "estigma" associado à profissão policial *(II.5: O que os "outros" dizem de nós)*. Aqui o que está em jogo é, à luz do clássico paradoxo "vigiar aqueles que vigiam", compreender o modo mesmo como os PMs interpretam e negociam com as imagens negativas construídas pelos "outros" que eles "policiam". Trata-se, ainda, de apreciar as formas pelas quais a experimentação de uma "identidade social deteriorada" compromete as interações com os cidadãos, contribuindo para reiterar o isolamento social expresso na sensação de que os policiais constituem uma "raça à parte".

---

[4] A mulheres, chamadas de PMFem, ingressam na PMERJ em 1982, durante o processo de abertura e redemocratização políticas, e o retorno das eleições diretas para governador no mesmo ano. Ver https://sepm.rj.gov.br/2017/03/forca-feminina-na-policia-militar-corporacao-conta-com-4-482-mulheres/.

PARTE I

HISTÓRIA, MODELO
E CULTURA INSTITUCIONAIS

1

QUAL ESTADO? QUAL ORDEM? QUAL POLÍCIA?

Toda vez que o tema violência e criminalidade urbanas é chamado à discussão, o ponto nevrálgico do debate acaba naturalmente sendo as organizações policiais, cujo papel de manter a lei e preservar a ordem pública é direto e executivo. Nos noticiários, em nossas conversas informais e mesmo nos fóruns governamentais e acadêmicos, somos inevitavelmente conduzidos a enfrentar algumas questões com implicações práticas e, talvez por isso, muito espinhosas em relação às polícias. De um lado, cobramos a pronta atuação e a produtividade dos meios de força policiais no enfrentamento da desordem, do crime e da violência; de outro, exigimos sua adesão e a subordinação incontestável ao estado de direito. Em uma frase, cobramos dos policiais, em cada curso de ação escolhido ou em cada ocorrência atendida em alguma rua de nossa cidade, que produzam resultados efetivos sem violar as garantias individuais e coletivas. Não há nada de absurdo nisso.

A tensão estrutural na realização de um ato que pressupõe o emprego da força ou a sua ameaça e que seja, a um só tempo, produtivo, legal e legítimo é inerente às forças comedidas (Skolnick, 1994). Em verdade, essa tensão – erroneamente interpretada como uma evidência negativa das ações policiais – expressa a própria condição de possibilidade da emergência da polícia como um meio de força singular, cujos doutrina, missão, competências e procedimentos de tomada de decisão são, constrangidos pelo estado de direito, radicalmente distintos das forças combatentes da sociedade. As agências policiais resultam do encontro original e sutil de aspectos do mundo político nem sempre conciliáveis na ordem prática, como o monopólio legítimo do uso da força, a esfera de ação legal e o consentimento dos cidadãos. Diferentemente do que se pode, à primeira vista, imaginar, as agências policiais, por natureza política, por administrarem interesses em oposição, e coercitivas, por produzirem obediências sob consentimento, encontram sua razão de ser na arte de fazer convergir, em nível operacional, esses elementos por vezes conflitantes.

Contudo, o desconhecimento da natureza positiva e estruturante dessa tensão nas atividades de polícia e, até certo ponto, a ausência, no Brasil, de um acervo consistente e disponível de reflexões sobre o estado da arte dos meios de força policiais têm contribuído para a cristalização de falsas oposições tais como "operacionalidade policial X direitos humanos" ou "polícia X direitos civis". Têm, ainda, propiciado a elaboração de conclusões amorais e catárticas do tipo "os direitos humanos atrapalham o serviço da polícia", "o mundo do crime não tem direito, tem dívida", "a polícia só apresenta resultado quando faz serviço sujo" etc.

A naturalização destas imagens é de tal forma corrosiva e afetivamente poderosa – sobretudo durante as ondas de agravamento coletivo do temor – que tende a obscurecer o fato de que as indagações e demandas que fazemos hoje sobre a eficácia do trabalho de polícia e o pleno exercício dos direitos civis são, em grande parte, as mesmas questões que conduziram à ruptura dos padrões arcaicos de vigilância e que possibilitaram a confecção de uma matriz moderna de polícia – a polícia londrina de Sir Robert Peel.

Ainda que pareça surpreendente, a luta pelos direitos civis estava originalmente comprometida com a criação das organizações policiais modernas ou profissionais. Em certa medida, as polícias profissionais surgiram como uma solução operacional, uma "resposta civilizada" às insatisfações públicas relativas às arbitrariedades produzidas pelo uso privado da força e pelas intervenções descontínuas e truculentas do Exército nos conflitos sociais. Assim, como será observado mais adiante, os esforços de institucionalização de serviços policiais profissionais visavam atender as reivindicações humanitárias da época.

A polícia ostensiva, tal como conhecemos nos dias de hoje – com uniformes, cassetetes e armas convencionais, patrulhando as ruas das pequenas e grandes cidades –, é uma recente invenção ocidental. Sua criação remonta às primeiras décadas do século XIX (Critchley, 1992; Devlin, 1992; Harring; McMullin, 1992; McLaughlin; Muncie, 1992). Resulta dos esforços de construção de uma concepção de Estado que identificamos como moderna, orientada pela ambição iluminista de produzir e sustentar a paz através de meios pacíficos e "civilizados".[5]

---

[5] Segundo alguns autores, a aspiração da paz, além de vinculada aos valores iluministas, encontrava-se também atrelada à modesta ética do utilitarismo. Desse modo, a ambição do bem comum não se apresentou apenas como um ideal abstrato, mas como algo que resultaria em vantagens individuais. O desejo de abolir a violência estava, portanto, fundamentado na crença de que a violência e a brutalidade seriam humanamente repreensíveis e também na pragmática conclusão de que elas são tolas e onerosas. Ver Bittner (1990).

De certa forma, esses esforços significaram uma releitura da clássica distinção entre o máximo emprego de violência para abalar a coesão do inimigo na guerra, e o uso mínimo de força necessário para compelir à obediência individual e coletiva nos tempos de paz. Tratava-se de romper a perversa e contraproducente dualidade estabelecida no emprego indistinto dos instrumentos de força existentes. O uso da força comedida na sustentação interna do território conquistado foi, durante um longo período, a face interna das forças combativas no Ocidente. Era, de fato, a mesma força guerreira que conquistava um território e impunha sobre ele a ordem do conquistador.[6]

Certamente o projeto civilizatório de produzir a paz com instrumentos pacíficos não foi, e ainda não é – mesmo tendo transcorrido quase 200 anos de história –, algo cuja experimentação possa ser apreendida como simples ou trivial. Ao contrário, a perspectiva de buscar resolver os conflitos por intermédio de procedimentos entendidos como legítimos e "humanitários" representou uma novidade sem precedentes que possibilitou, por exemplo, a emergência de uma noção de autoridade assentada sobre os princípios da legalidade e do consentimento, e o permanente desafio de viabilizar o seu enraizamento no cotidiano dos cidadãos.

O surgimento e a disseminação das polícias profissionais por todo o Ocidente refletiram, em boa medida, o processo mesmo de construção da perspectiva liberal do estado de direito (Bittner, 1975). As fortes pressões civis pela garantia e ampliação dos direitos conquistados, e os esforços empreendidos pelos Estados para monopolizar o uso ou ameaça do emprego da força na resolução dos conflitos internos propiciaram o ambiente necessário para o debate sobre a pertinência de uma instituição capaz de atender às exigências postas por esse novo mundo. O episódio de criação da moderna polícia de Londres é bastante ilustrativo das preocupações e questionamentos quanto à concepção de uma força policial profissional.

A polícia de matriz britânica foi construída em oposição à ameaça que uma polícia tradicional à moda de França representava à liberdade inglesa. A *police* francesa nasceu com uma vocação totalitária. Ela consistia nos olhos, nos ouvidos e no braço direito do soberano: "deve ela tudo saber para que o governante decida o que permitir ou reprimir". Descende de um arranjo que buscava assegurar a hegemonia de Paris sobre o território fran-

---

[6] A lógica imperial alexandrina, que fundou o modo ocidental de fazer a guerra, dependia dessa dualidade extremada no emprego da força: a conquista guerreira e o policiamento na paz. Ver Keegan (1995).

cês. A amplitude de seu mandato se confundia com a extensão do próprio Estado. Nesse sentido, embutia tarefas que, em outras concepções, eram exclusivas das Forças Armadas, dividindo com elas a responsabilidade da defesa nacional em sua expressão territorial. Grosso modo, pode-se dizer que o modelo francês de polícia agregava missões distintas em uma única instituição. A polícia à moda de França era, portanto, a união do que hoje se distinguem como serviço secreto, polícia de fronteiras, polícia política, serviço de contraespionagem, força paramilitar de ação interna e defesa territorial, polícia de costumes, polícia judiciária, polícia investigativa e polícia ostensiva. A repartição administrativa dessas tarefas em divisões funcionais e territoriais não comprometia nem a sua unidade de comando (firmemente plantada na chefia do Estado), nem o trânsito de informações e quadros entre as diversas atividades.[7]

Sir Robert Peel e seus colaboradores sabiam que o seu projeto de uma nova força policial – moderna e profissional – só conseguiria vencer as resistências no Parlamento e na população se ele em nada lembrasse a *police* francesa (Reiner, 1992). A Inglaterra já tinha vivido uma guerra civil pelo controle do Exército e pela soberania da Câmara dos Comuns. Via-se uma polícia do Estado como um instrumento de tirania, tal como a polícia do Ministro Fouché havia sido para Napoleão e seguira sendo para os Bourbon restaurados. Mesmo após uma breve realização experimental em Dublin, a ideia de se ter uma força policial de tempo integral ainda soava como uma possível arma do executivo contra o Parlamento e a população. Uma das principais razões para as fortes resistências era o receio público de que a existência de tal força fizesse a balança do poder pender favoravelmente para o ramo executivo do governo, conduzindo inevitavelmente a um retrocesso em relação aos direitos conquistados.

Mas a regularidade e o incremento de diversos episódios violentos ocorridos em Londres acabaram por minimizar as resistências e as desconfianças. Em 1820, a cidade experimenta um ano com inúmeros crimes brutais e uma sequência de desastrosos motins e tumultos urbanos – em parte reflexo das guerras napoleônicas – que foram dominados pelas forças militares com graves prejuízos à vida e a propriedade. A manutenção da paz, através das Forças Armadas, mostrou-se falha, uma vez que o uso da repressão armada havia demonstrado não ter nenhum efeito dissuasivo,

---

[7] O antigo aparato soviético do Ministério do Interior e da KGB espelhava este tipo de concepção totalitária de polícia, mesmo quando a polícia ostensiva foi separada em uma força profissional à parte, contraditoriamente designada milícia das grandes cidades.

a despeito de sua ilimitada brutalidade. Outras críticas foram dirigidas às experiências privadas de segurança. Os velhos arranjos comunais de provimento de ordem (milícias, xerifados, *constables* etc.) mostraram-se insatisfatórios para os próprios "homens de bem".[8] Além de produzirem violações, torturas e privilégios, revelaram-se também incapazes de atender aos desafios surgidos com a vida urbana industrial, como o crime, os conflitos sociais e os distúrbios civis. As forças privadas de segurança, além de subordinadas às conveniências de seus integrantes, não podiam constituir uma força de tempo integral. As críticas quanto aos serviços prestados por elas iam desde o uso arbitrário e desmedido da força até a fragilização da autoridade legal do Estado, que franqueava essa mesma autoridade a atores particulares.

Londres parecia ter se transformado em um cenário novo e estranho para aqueles que lá viviam e que passaram a experimentar uma realidade "outra", constituída de personagens, barulhos, fluxos e comportamentos inéditos. Observe o trecho que George Mainwaring escreveu, em 1821, em suas *Observations on the Present State of the Police of the Metropolis*:

> The most superficial observer of the external and visible appearance of this town, must soon be convinced, that there is a large mass of unproductive population living upon it, without occupation or ostensible means of subsistence; and, it is notorious that hundreds and thousands go forth from day to day trusting alone to charity or rappine; and differing little from the barbarous hordes which traverse an uncivilized land [...] The principle of [their] action is the same; their life is predatory; it is equally a war against society, and the object is alike to gratify desire by stratagem or force (Mainwaring, 1821, p. 4-5 apud Silver, 1992, p. 57-81).[9]

Mas os debates britânicos sobre a necessidade de uma organização policial insistiam cada vez mais no desejo de construir uma agência de controle social superior aos desenhos privados de segurança e radical-

---

[8] Os periódicos de Londres na década de 30 do século XIX, assim como os manifestos de Sir Robert Peel, retratam a falência dos modelos privados de segurança com expressões e ênfases muito similares às evocações hoje observadas em relação à "crise da segurança pública" no Brasil. A demanda por uma organização policial (*police*) sustentava-se na "escalada do crime e da desordem", no "temor da população" etc. O apedrejamento da casa do Duque de Wellington, primeiro ministro, serve como ilustração das causas da insatisfação popular quanto aos arranjos de segurança da época.

[9] Cabe aqui um breve comentário: a passagem mencionada, se ocultadas as referências de tempo e espaço, poderia ser literalmente tomada como um dos muitos bilhetes de moradores de Copacabana depositados nas urnas do programa de policiamento comunitário em 1995, no Rio de Janeiro. Ver Musumeci (1998).

mente diversa do fantasma da polícia totalitária à moda de França. Daí o incômodo – expresso inúmeras vezes nos debates da época – de se adotar o próprio termo *police*, de origem francesa, para uma instituição nova e diferente que estava sendo ainda concebida (Ericson, 1992, p. 151-159). Os ingleses queriam uma organização que sustentasse a ordem pública, fizesse cumprir a lei e mantivesse a paz nas cidades. Esta organização não poderia intervir nas lutas políticas, questionar as conquistas civis, nem violar a privacidade dos súditos.[10] Seria uma polícia sem papel paramilitar, exclusivamente orientada para atender as demandas citadinas. Outras organizações, menos pervasivas e capazes, responderiam pela segurança do Reino.

A polícia de Peel resultou de uma série de compromissos com os seus aliados e oponentes: deveria ser um meio de força civil, estruturado sob os princípios da hierarquia e da disciplina paramilitares; com uma administração centralizada e autonomia regional, preparada para a ação em grupo, mas com uma prática cotidiana centrada no indivíduo. Matriz principal da atual estrutura policial britânica, a polícia de Londres teria que ser a polícia dos súditos, do Parlamento – nunca do Estado. Assim a polícia inglesa, paradigma da polícia moderna, nasceu desarmada e sem função investigativa: sua missão estava restrita a "proteger e servir".[11]

Todavia, a pretensão civilizatória de controle dos recursos violentos, tradicionalmente utilizados na resolução de disputas, não significou a eliminação nem a recusa radical à presença de expedientes de regulação. Em verdade, ela estimulou o redesenho e a diferenciação das ferramentas coercitivas, tornando o recurso à força – agora constrangido pela legalidade e legitimidade de seu emprego – uma realidade mais complexa que, evidentemente, passou a exigir institutos e arranjos mais adequados às novas exigências.[12]

---

[10] É evidente que esta perspectiva não vigorou nas Colônias inglesas, cujos arranjos de policiamento aproximavam-se da polícia à moda de França (McCormick; Visano, 1992).

[11] Esse arranjo policial concebido por Peel e seus colaboradores rapidamente propagou-se pelo Ocidente e, submetido a diversos ajustes, serviu de base para o primeiro departamento de polícia americano – o departamento de polícia de Nova York. Ver Skolnick e Fyfe (1993).

[12] O valor atribuído à paz foi suficientemente forte para desautorizar todas as formas de **violência provocativa**. Mas isto não significou a supressão dos mecanismos coercitivos do Estado. O emprego da **força provocada**, por exemplo, continuou se mostrando útil, passando a ser utilizado de forma menos onerosa e sob restrito controle. Note-se que a expectativa da paz e o seu enraizamento como uma nova ética forçaram uma necessária dissociação entre as noções de violência (um ato de força desmedido, arbitrário, ilegítimo e ilegal) e uso da força, sendo esta última a realização de um ato comedido, autorizado, consentido e, por isso, entendido como positivo. A confusão, ou mesmo a busca de um plano de contiguidade entre essas duas categorias, tem

O emprego da força no Estado moderno quando contrastado com as formas anteriores de produção da obediência revestiu-se de sofisticação e preparo técnico. Conforme salienta Bittner (1975, p. 18), um aspecto relevante da implantação da autoridade legal e legítima foi a interposição de distâncias, ou melhor, a proliferação de intervalos de mediação entre os poucos que governam e a maioria governada, entre as leis estabelecidas e suas formas de execução, suas dinâmicas de imposição e de fiscalização.[13] A coerção ou a sua ameaça não estariam ausentes na tradição liberal e, particularmente, nos governos democráticos. Ela se revestiria de uma roupagem singular: sua elaborada simbolização e os diversos ritos que passaram a estruturar a sua manifestação evidenciavam a necessidade de se introduzirem gradações e justificativas, tornando essa ameaça um dispositivo indireto, também objeto de controle, um instrumento de assimilação da autoridade, um recurso definido como último, mas querido como "remoto" (Foucault, 1989). A importância dos modos indiretos de implementação da autoridade e da governança pacífica pode ser ilustrada pelo fato de que o "pontapé na porta", a "detenção para averiguação" começaram a ser vistos como atitudes contraprodutentes, autoritárias e moralmente reprováveis.

A progressiva minimização do recurso à força se fez acompanhar de mudanças significativas na administração da justiça. Os métodos de mutilação e produção de dor física adotados como instrumentos de punição são gradativamente abandonados em nome de expedientes mais racionais e humanitários como a privação da liberdade e a aplicação de multas para os crimes mais leves. Assiste-se, então, aos esforços de difusão do julgamento justo à luz da lei em lugar da paixão da comunidade ou do arbítrio da autoridade.[14]

No contexto deste movimento de especialização e complexificação dos dispositivos de vigia e punição, a substituição da intervenção militar

---

dificultado mais do que contribuído para o aperfeiçoamento dos expedientes de controle, capacitação e treinamento das polícias no que se refere aos gradientes que envolvem o recurso à força.

[13] Apenas como uma ilustração do refinamento dos mecanismos coercitivos, cabe mencionar que em períodos anteriores os impostos eram coletados por soldados armados e o exercício da conscrição consistia na captura de indivíduos nas vilas e cidades por tropas armadas.

[14] Sir Robert Peel sabia que o seu empenho em conceber um novo artefato coercitivo – a polícia ostensiva – não poderia estar dissociado de uma ampla reforma do sistema criminal em vigor, sob pena de sua criação redundar em um retumbante fracasso. Nesse sentido, ao mesmo tempo que modelava a sua polícia, Peel e seus colaboradores dedicavam-se também às tarefas de reestruturação do sistema penal inglês. Ver Skolnick e Fyfe (1993), Reiner (1992) e McLaughlin e Muncie (1996).

intermitente pelo policiamento profissional rotineiro figurava como um dos grandes benefícios civilizatórios resultantes da criação de uma força comedida – uma agência de larga escala estruturada nos moldes das burocracias profissionais. Outros ganhos, como a presença pervasiva e contínua da autoridade pública na vida diária das pessoas e a redução dos custos da coerção oficial para o Estado e para as classes proprietárias exigiram, em algum nível, a cooperação negociada com a sociedade civil. Em termos da ambição humanitária embutida no valor atribuído à paz, buscava-se dramatizar a possibilidade da vida sem violência, mesmo naquelas condições em que a imposição de sanções coercitivas parecia indispensáveis para validar o pacto social firmado entre os cidadãos. A violência necessária para compelir à obediência deveria estar circunscrita, ela mesma, à lei; e a própria lei limitada pelo consentimento dos governados.

Se os expedientes de segurança e o poder de polícia sempre se fizeram presentes em todas as formas de ordenamento político,[15] as agências policiais propriamente ditas – concebidas como entidades profissionais, neutras e universais, voltadas tão somente para a preservação pacífica da ordem pública – constituíram, é preciso insistir, um engenhoso e singular artefato coercitivo do mundo moderno. Cabe ressaltar que antes do advento dos meios de força policiais, o que se tinha eram as formas provincianas de policiamento. Grosso modo, tratava-se de arranjos comunitários de vigilância que iam desde o rodízio, passando por uma infinidade de tipos de milícia, até a conexão, mais ou menos cotidiana, com os Exércitos. Essas composições amadoras combinavam vários critérios de atribuição de responsabilidade, policiamento e punição: desde a responsabilização de grupos ("foi um filisteu que matou, um filisteu tem que morrer"), passando pela distinção entre diferentes justiças e autoridades judiciárias (a comunidade pune até certo ponto, o senhor um pouco mais e o soberano detém o poder de vida e morte), até a delegação da justiça e do policiamento a certos indivíduos pelo soberano (o xerifado, os *constables* etc.).

Entretanto, o surgimento das primeiras cidades industriais impôs outros ambientes e novos desafios, inviabilizando as dinâmicas privadas de vigilância e punição. A emergência do mundo urbano reconfigurou os padrões de sociabilidade, alterou visões de mundo, inscrevendo novos atores na arena política e, sobretudo, introduzindo uma dinâmica técni-

---

[15] Não é demais ressaltar a existência anterior à criação das organizações policiais modernas de diversas agências estatais com funções regulatórias e fiscalizadoras, e, por sua vez, com efetivo "poder de polícia". Este é o caso dos órgãos de coleta de impostos, de controle alfandegário etc.

co-produtiva que propiciou o crescimento e o adensamento populacional nas cidades. Essas transformações, evidentemente, frustraram os arranjos comunais e privados de policiamento até então considerados suficientes.

As grandes concentrações populacionais nos núcleos urbanos contribuíram, de forma decisiva, para inviabilizar as práticas da responsabilização individual ou grupal pela segurança, a existência de esferas isoladas de justiça e julgamento, a delegação individual de autoridade. A isso se somaram, noutro plano, os conflitos sociais e os distúrbios civis, de escala inédita, associados à destruição das estruturas de poder e prestígio tradicionais.

Pode-se dizer que a criação da polícia moderna está intimamente associada à construção do espaço público e às mudanças nele transcorridas. A vida nas cidades, o aparecimento dos espaços comuns e seus fluxos configuraram novas dinâmicas demográficas que vão desde a utilização de espaços coletivos de lazer até o vaivém diuturno entre moradia e local de trabalho. A conquista burguesa da cidadania, à medida que se estendia a outras categorias sociais, redesenhava o acesso às vias e locais públicos, universalizando sua disponibilidade. Nos países europeus, tornou-se inaceitável, no fim do século XIX, o emprego do combate para a sustentação da ordem contra oponentes civis em sua maioria desarmados. Apenas excepcionalmente os Exércitos retornariam às cidades para impor a ordem, mas de forma episódica, no limite da guerra civil.

Do que foi exposto, pode-se facilmente concluir que a implantação das polícias ou das "forças comedidas" anunciava o esforço de transformar a segurança – razão original da própria existência do Estado – em um bem público, universal. Um bem distinto da soberania do Estado (defesa nacional) e que se faria presente de forma pervasiva e capilarizada no interior da vida social (provimento de ordem pública). Um serviço que, como vimos, até metade do século passado era quase que integralmente produzido e controlado por atores e recursos privados. Eis, aqui, mais uma inovação derivada da aposta de sustentar a paz com expedientes coercitivos pacíficos e legítimos. A ideia de segurança como um serviço essencial prestado pelo Estado representou um marco histórico importante, cujo impacto parece ter sido notável no que concerne à garantia dos direitos conquistados, à reconfiguração dos mecanismos senhoriais de poder e ao assentamento da autoridade estatal na vida ordinária.

Creio que a esta altura não causaria nenhuma surpresa afirmar que as organizações policiais estão entre aquelas agências do Estado que mais se transformaram no curso de sua história. Contrariando a visão consensual de que as polícias – mantenedoras da lei e da ordem – tenderiam a ser pouco afeitas a mudanças, os estudos históricos evidenciam que elas passaram por transformações sensíveis desde sua criação até os dias atuais (Bayley, 1994; Morgan; Newburn, 1997; McCormick; Visano, 1992; Bittner, 1975). Alteraram-se a doutrina de emprego da força, a missão, a extensão de seu poder e mandato, os expedientes de fiscalização de suas atividades, os seus métodos de atuação, as tecnologias por elas adotadas etc. Essas agudas alterações resultaram principalmente do fato de que as polícias sempre estiveram inevitavelmente expostas e vulneráveis às críticas públicas.[16] As polícias, desde sua criação, tornaram-se a face mais delicada do Estado. Elas têm se apresentado como o lugar no qual se pode legitimar ou descredenciar o valor atribuído à autoridade. Isso porque as agências policiais representam, por um lado, a encarnação mais concreta e cotidiana da autoridade governamental na vida dos cidadãos (*cf.* Garotinho, Soares *et al.*, 1998); e, por outro, o único meio de força legal, disponível diuturnamente, capaz de responder de forma imediata e emergencial às mais distintas e heteróclitas demandas citadinas por ordem pública.[17]

As atividades de policiamento recobrem o vasto mundo da vida nas cidades e, por conseguinte, toda sorte de acidentes, interações ou conflitos experimentados pelos indivíduos no espaço público. Exatamente por isso as organizações policiais estão constrangidas a acompanhar – em um recorte mais sensível, carregado de tensões e atritos – as reinscrições e os desafios propostos pela multiplicidade de atores que constroem o cenário político urbano. O reconhecimento político das dinâmicas urbanas informais – antes consideradas ilegítimas e ilegais – e o consequente processo de incorporação da alteridade (inclusão de novos cenários e de novos atores

---

[16] A ineficiência dos arranjos policiais mistos como a antiga guarda municipal, somada a queixas de corrupção, brutalidade, insubordinação, levou à criação, em 10 de outubro de 1831, da nossa primeira polícia profissional e de tempo integral: o Corpo de Guardas Municipais Permanentes; uma corporação paramilitar, bem selecionada e bem paga, e subordinada ao ministro da Justiça. As Instruções de novembro de 1831 são claras quanto à preocupação com excessos no uso da força: os "permanentes" deveriam cumprir com o seu dever sem excluir ninguém, devendo ser "com todos prudentes, circunspectos, guardando aquela civilidade e respeito devido aos direitos do cidadão". Ver Holloway (1997).

[17] É interessante notar o significativo grau de convergência entre os policiais brasileiros e de outras polícias quando se reportam à difícil arte de negociar com o papel de autoridade no cotidiano. De um modo geral, suas falas ressaltam o fato de que os descaminhos das políticas públicas são refletidos na polícia, que funcionaria, segundo eles, como um "bode expiatório" para a desaprovação popular. Inúmeras vezes ouvi policiais de várias PMs do Brasil mencionarem a seguinte máxima: "quando o governo falha, acaba sobrando para a polícia. O povo desconta sua insatisfação com os policiais". Para uma apreciação dos depoimentos de diversos policiais ingleses sobre os temas relevantes à vida policial, ver Graef (1989).

no da cidadania) a que está sujeita a produção mesma de ordem pública, se fazem sentir nas organizações policiais que necessitam constantemente se adequar aos caprichos e às críticas de suas mais diferenciadas clientelas. Tudo isso se resume em uma banal constatação: se a polícia é um meio de força extensivo e territorializado, ou melhor, enraizado localmente nas comunidades, o desenho de seus serviços encontra-se diretamente vinculado às mudanças sociopolíticas do ambiente em que ela atua.

No que diz respeito ao dimensionamento de forças, seja das Forças Armadas da defesa nacional, seja das polícias da ordem pública, o que está em jogo é uma percepção, ou melhor, uma visão política da esfera legítima e legal de intervenção, ordenamento e controle da sociedade pelo Estado. A concepção de Estado de uma certa sociedade política (*polity*) contém determinados valores que instruem o que seja aceitável no que se refere às despesas, às estruturas, às missões, aos mandatos e aos comportamentos válidos dos seus meios de força.

É preciso enfatizar que o tipo de Estado constituído, assim como o tipo de ordem pública concebida (se construída por todos, se referida somente a certos grupos, se emanada ou imposta pelo governante), circunscreve, em boa medida, os propósitos e as formas de atuação da polícia, bem como os custos e os benefícios daí derivados. Os arranjos policiais e suas especificidades históricas são parte integrante dos processos políticos através dos quais as conquistas civis ganham forma e redesenham o seu diálogo com o ordenamento estatal.

De certa maneira, os meios de força policiais se inserem em uma espécie de interseção dos condicionamentos de dois níveis: de um lado, a configuração formal-legal da autoridade do Estado e, de outro, o conjunto diversificado de demandas concretas e inadiáveis provenientes do convívio em sociedade. Estes limites transformam-se em objetos de constante negociação, na prática policial. É, por excelência, nos encontros ordinários entre policiais e cidadãos, em alguma esquina ou rua de nossa cidade, que os princípios da legalidade e da legitimidade, que conformam o abstrato "estado de direito", são negociados, reinterpretados, experimentados e mesmo constituídos. É, pois, nas interações dos "agente da lei" com a população que a arquitetura formal dos direitos e deveres constitucionais é concretamente vivenciada, tornando-se, mais do que uma realidade "de direito", uma realidade "de fato", um recurso estratégico disponível e mobilizável pelos atores sociais. As polícias têm o seu campo de atuação exatamente neste intervalo cujo espaço é o da construção mesma da cidadania – lugar de teste (ou da prova de fogo) das categorias formais que emolduram os valores políticos e éticos de uma sociedade.

Se isso procede, parece pouco producente buscar entender a natureza política das polícias pela negação daquilo que constitui o estado de sua arte: um meio de força comedida que, no curso dos eventos, busca dar conta de um dilema posto pela tradição liberal: mediar a tensão entre "o que está na lei e se encontra no mundo" (o mundo da lei) e "o que se encontra no mundo e não está na lei" (as leis do mundo). O desconhecimento de que os direitos civis constituem um dos principais expedientes motivadores para a criação e reforma das polícias conduz, inevitavelmente, ao perigoso caminho de se tentar explicar os problemas, não por aquilo que eles são, mas por sua ausência, ou melhor, pelo que neles faltaria ou deixaria a desejar. O que certamente impede uma visão mais consistente dos "porquês" das próprias externalidades resultantes da ação de polícia.

Como será visto mais adiante, esse tipo de visão tende a ser enganadora principalmente quando procura compreender os pontos mais sensíveis e custosos da atuação da polícia ostensiva. Refiro-me tanto à contraproducente indistinção entre o uso legal e legítimo da força e o emprego da violência nas ações cotidianas de polícia, quanto à pouca atenção conferida à baixa visibilidade dessas ações, sobretudo nas interações ordinárias com os cidadãos.

2

POLÍCIA E ESTADO: UMA ESTÓRIA POSSÍVEL DE CONFLITOS, SUSPEITAS E DESCONFIANÇAS

Maureen Cain, em seu artigo "Trends in the Sociology of Police Work" (1992, p. 3-32), faz uma observação no mínimo curiosa. A autora afirma, com base em uma expressiva revisão de trabalhos acadêmicos, que "os estudos de polícia revelam tanto o pior quanto o melhor que os sociólogos podem fazer".[18] As críticas de Cain se dirigem principalmente àqueles estudos que, segundo ela, teriam promovido "banalidades suaves" à condição de proposições teoricamente fundamentadas. Felizmente, a "lista" de Cain dos trabalhos pouco relevantes é pequena e não chega a desanimar os profissionais de pesquisa que pretendem estudar as polícias. Mas desse inventário pode-se chamar à memória uma velha dica de trabalho de campo: os estudiosos, encantados com os fenômenos que observam, por vezes se deixam convencer ou mesmo se enganar pela realidade que estudam. Na ânsia de demonstrar a consistência de suas hipóteses, esquecem que a "empiria" que recortam é, também, o produto das expectativas do seu olhar no diálogo com as expectativas presentes no olhar do outro.

De fato, certas realidades que recortamos como "objeto de pesquisa" são tão próximas e presentes no nosso dia a dia que guardamos a forte impressão de que sabemos muito sobre elas mesmo sem conhecê-las profundamente. Em alguns momentos, são essas primeiras impressões que orientam nossas curiosidades, indagações e dúvidas. Em princípio, não há nada de errado com estas percepções. Como um ponto de partida, elas podem nos conduzir ao estranhamento do familiar, à descoberta do surpreendente naquilo que parece banal e óbvio – um tipo de exercício tão ao gosto da antropologia.

Com as polícias, em particular as ostensivas, ocorre algo parecido. Estamos, de alguma forma, em contato com elas: através da idealização

---

[18] O trabalho de revisão bibliográfica que consta neste artigo reporta-se à produção acadêmica internacional dos últimos cinco anos anteriores à data de publicação.

heroica e quase sempre romântica dos seriados de TV, dos *thrillers* de ação e dos folhetins policiais; nos noticiários sobre crimes e violência policial; e, no cotidiano, quando paramos em um sinal de trânsito, quando participamos de uma manifestação pública, quando avistamos uma blitz ou simplesmente quando observamos uma radiopatrulha deslocando-se monótona e lentamente por uma avenida da cidade. Os policiais militares fazem parte da paisagem urbana carioca como tantas outras personagens menos identificáveis que eles. Trajados com seus uniformes e em suas viaturas caracterizadas, os PMs se destacam, são imediatamente reconhecidos entre os muitos atores que circulam pelo Rio de Janeiro. Nos encontros indesejáveis, nas emergências ou nas colisões casuais com os "agentes da lei", o reconhecimento de nossa parte é imediato: "chegou a polícia".

Egon Bittner, em seu clássico artigo "Florence Nightingale in Pursuit of Willie Sutton: A Theory of the Police" (1990), ressalta que, dentre as instituições que integram as modernas formas de governo, a polícia ocupa uma posição controvertida. Ela é a agência pública mais conhecida da população e, ao mesmo tempo, a menos compreendida e problematizada pelos estudiosos. Ainda que de forma genérica, todos os membros da sociedade estão, em algum grau, cientes de sua existência: somos capazes de solicitar ou recusar os serviços policiais, assim como acionamos um elaborado e intuitivo conjunto de regras que nos orientam sobre "como agir na presença de uma autoridade policial" etc. De outro lado, quando somos chamados a identificar a missão, os propósitos e o campo de atuação das organizações policiais, salvo exceções, nos restringimos ao mais trivial dos lugares comuns – "a polícia sustenta a lei e combate o crime" –, o que, evidentemente, não faz justiça à riqueza e a complexidade das nossas interações cotidianas com os meios de força policiais ostensivos.

Essa forma econômica e sucinta de atender às indagações "o que é a polícia? e para que ela serve?" também se faz presente na fala dos policiais de ponta, sobretudo entre os recrutas recém-ingressos na PMERJ, que, seguindo à risca o manual, respondem prontamente, e em uníssono: "proteger a sociedade, sustentando a lei e combatendo o crime". As justificativas ordinárias sobre a existência e a pertinência da organização policial aparecem normalmente dissociadas dos planos de experimentação que conformam a realidade das polícias em sua inserção na vida diária das pessoas, prevalecendo a idealização de imagens jurídico-formais que, mesmo fazendo parte da moldura que conforma as instituições policiais, pouco refletem o que as polícias realmente fazem ou estão fazendo à luz dessas imagens. Do mesmo modo, elas parecem ocultar, mais do que indicar, o universo aberto e contingente das nossas expectativas em torno dos serviços policiais.

No âmbito da produção científica também se pode notar que algumas formalizações sobre as polícias, a despeito dos alcances e limites de sua rentabilidade explicativa, ganharam historicamente uma tal força persuasiva que ainda hoje se apresentam como um de pano de fundo obrigatório, uma espécie de senso comum acadêmico que serviria de base para as discussões sobre o papel das organizações policiais. Refiro-me, principalmente, à forma como as relações entre polícia e Estado têm sido tradicionalmente enquadradas. Creio que é neste recorte que as críticas de Maureen Cain parecem mais consistentes.

Uma parte significativa dos estudos sobre as burocracias policiais modernas possui uma inspiração claramente marxista (Shearing, 1992, p. 349-369).[19] Esta perspectiva é informada pela ambição de ressuscitar uma "grande teoria" já conhecida de todos nós: no plano mais essencial e subterrâneo da manifestação dos fenômenos sociais, seria possível revelar um meticuloso e consciente projeto de dominação econômica e política da classe capitalista, que não pouparia esforços para impor sua hegemonia aos mais distintos domínios da vida em comum. As polícias, assim como outras agências de controle existentes, fariam parte de um conjunto bem articulado de aparelhos repressivos do Estado contra as aspirações dos trabalhadores e demais atores subalternos ao poder.[20]

Note-se que a polícia é apresentada como uma das muitas respostas instrumentais concebidas para atender a um único e universal propósito: servir aos interesses dos poderosos (onde quer que eles estejam) e "fazer o serviço sujo", oprimindo aqueles que deveriam permanecer alienados do valor do seu trabalho e dos meios de produção. Nesta linha de entendimento, não parece fazer nenhum sentido estudar as polícias como realidades em si mesmas. Elas não teriam nada de essencial a revelar que não pudesse ser demonstrado pela identificação antecipada dos interesses da

---

[19] O *abstract* deste artigo é suficiente para indicar o enfoque teórico do autor: "*This paper begins with the observation that the legal system in liberal democracies, despite its egalitarian ideals, is used as a recourse in political conflict to maintain structures of dominance. It then draws attention to the theorical requirement to identify the specific mechanisms that provide for this persistent and systematic institutional hypocrisy [...]*".

[20] A ideia de que as forças de defesa, a polícia e o sistema penal constituem instrumentos de violência do Estado a serviço dos caprichos da classe capitalista é detalhadamente desenvolvida por Lenin (1995).

elite governante. Suas missões e objetivos estariam *a priori* esclarecidos, ou melhor, determinados pela racionalidade conspiratória de um Estado inexoravelmente comprometido com os grupos poderosos. Na condição de agentes reprodutores, as polícias estariam somente "cumprindo ordens" em quaisquer situações a elas apresentadas.[21]

Em um mundo político tão mal-intencionado, as iniciativas policiais – tanto aquelas ações consideradas convencionais e propositadas quanto as violentas e ilegais – são, invariavelmente, interpretadas como derivadas das necessidades oportunistas do sistema capitalista. Se as explicações sobre as polícias são buscadas fora delas, parece óbvia a conclusão simplista de que, em qualquer tempo e lugar, elas estariam atualizando, de forma mimética e mecânica, sempre os mesmos propósitos repressivos, variando apenas as aparências que mascaram as suas verdadeiras e originais intenções. Fica evidente que o que parece importar neste tipo de enquadramento é a confirmação, pela demonstração circular, de uma intenção perversa que se faria sentir em todas as esferas da estrutura governamental. O que se tem com este raciocínio é, paradoxalmente, a negação do processo histórico e de suas descontinuidades, uma vez que nesta proposta de organização dos eventos as personagens parecem ocupar um lugar pouco relevante – o de repetidoras de determinações que as ultrapassariam.

Conforme salienta Marcos Bretas (1997b), a historiografia recente brasileira teria se deixado contagiar, em parte, por uma leitura branda deste enfoque, principalmente os estudos desenvolvidos no final da década de 1970. Talvez um modismo universitário da época que impelia os pesquisadores a dar sua contribuição para a luta contra o regime militar no Brasil, engajando-se em "uma visão crítica e comprometida com as causas populares". Apesar da riqueza da documentação analisada nesses trabalhos, as premissas gerais caminham em uma certa direção: demonstrar o papel dos mecanismos de repressão e controle estatais na construção dialética da classe trabalhadora no Brasil desde os tempos da escravidão, tomando como monolítica a relação do governo com os seus meios de força, e destes últimos com a população.[22] O problema central

---

[21] As restrições aos problemas derivados da perspectiva marxista sobre os meios de força policiais e de outras agências de controle não significam a adesão a uma espécie de liberalismo ingênuo que advoga um determinismo de outra natureza: os conflitos de interesses se resolveriam pela mágica do livre mercado, do mesmo modo que os instrumentos do Estado teriam suas imperfeições corrigidas no percurso evolutivo do próprio ordenamento estatal.

[22] Dentre os estudos históricos que se orientaram por esta perspectiva, ver Neder *et al.* (1981); Rodrigues *et al.* (1981).

desses estudos era, portanto, o mesmo: evidenciar que, por um lado, a imposição violenta do projeto burguês – realizado por um Estado comprometido até a raiz com as classes proprietárias – forçava a valorização do trabalho e da disciplina indispensáveis à dominação capitalista e, por outro, propiciava fortes manifestações populares de rejeição e resistência, fazendo emergir uma identidade autêntica para a classe trabalhadora.

Nessa historiografia, o conceito de "resistência popular" é extremamente amplo, incluindo desde a recusa a uma organização industrial do trabalho (ainda rudimentar) até as desordens e os crimes contra a propriedade.[23] É, por excelência, no contexto das chamadas resistências populares que as polícias são mencionadas. Os meios de força policiais entrariam em cena figurando apenas como uma instância de procedimentos formais. Suas aparições nos textos acadêmicos reportam-se tão somente à descrição do cumprimento das estratégias violentas de domesticação concebidas por outros atores – a burguesia e a elite agrária brasileiras. Neste cenário, as posições políticas são retratadas com uma tal ordem de rigidez que parece impossível vislumbrar, nas ruas, interações cordiais entre polícia e segmentos da população ou mesmo o estabelecimento de outras alianças que não aquelas traçadas pelos donos do poder. Tudo se passa como se o mundo das ruas dramatizasse, através da oposição polícia *versus* população, um roteiro já escrito da luta de classes.[24]

Bretas (1997a, p. 32) observa que o tema polícia tem sido sistematicamente inserido como "um apêndice à história das classes populares e do movimento operário, sobre o qual a polícia estendia sua implacável repressão". Talvez por isso, persiste o autor, a "sua abordagem se faça apenas através de relatórios, regulamentos e leis que são produzidos pela alta hierarquia policial ou mesmo em instâncias superiores do poder político". Em síntese, constata-se um recorte apenas formal e enviesado da instituição policial. São raros os trabalhos históricos que têm se ocupado em tentar resgatar os aspectos cotidianos das atividades de polícia, como as interações dos policiais e as pessoas nas tarefas rotineiras de patrulhamento, ou ainda nas contingências surgidas das ruas. Cabe aqui mencionar, por exemplo, a insatisfação dos chamados "permanentes" – integrantes do Corpo de

---

[23] Para uma crítica desta perspectiva, ver Bretas (1997a, 1997b).

[24] É evidente que não se devem desconsiderar as evidências históricas exaustivamente exploradas de que em vários momentos as organizações policiais – sobretudo os modelos pré-modernos – se mostraram úteis como ferramentas dos Estados totalitários, ou como peças integrantes de estratégias autoritárias. Este é o caso dos Estados Policiais à moda de França e das chamadas polícias secretas e polícias políticas que existiram no Brasil desde o advento das organizações policiais na Corte em 1808. Ver Brodeur (1992) e Holloway (1997).

Guardas Municipais Permanentes da Corte – quanto à atribuição a eles conferida de fiscalizar as filas nas fontes públicas de água no Rio de Janeiro, nos anos 30 do século XIX.[25] De fato, não é comum encontrar abordagens que façam aparecer os policiais como sujeitos de suas ações ou que se mostram capazes de descrevê-los como atores que interpretam e decidem sobre as atribuições registradas nas leis e nas regulamentações institucionais. As leituras tradicionais, é preciso enfatizar, tendem a apresentar a polícia como ocupando um papel intermediário, e seus integrantes como seres desprovidos de um saber próprio, de uma visão singular sobre o seu lugar no mundo etc. Em suma, a polícia e os policiais aparecem "apassivados" diante de um jogo do poder mais essencial que a eles só caberia executar.

Mas as críticas de Bretas à historiografia brasileira, no tocante aos estudos de polícia, vão um pouco mais além.[26] O autor chama a atenção para o modo como as fontes documentais têm sido interpretadas quando comenta que os registros policiais, largamente utilizados pelos pesquisadores, costumam ser trabalhados de uma forma que por vezes impede o seu melhor aproveitamento. O ponto principal parece incidir sobre a falsa crença de que a razão conspiratória burguesa (entidade não demonstrável) teria chegado até o nível da fabricação dos registros oficiais. A pressuposição de que a polícia seria "a principal instância falsificadora" de uma história verdadeira da resistência popular acaba introduzindo um problema de difícil solução no manuseio dos dados institucionais: se as fontes policiais (inquéritos, notificações, regulamentos etc.) são sempre monotemáticas, expressando a versão dos atores oficiais e excluindo deliberadamente outros pontos de vista (inclusive o da polícia), qualquer análise realizada a partir delas estaria, em princípio, condenada a somente reproduzir o olhar vigilante e punitivo do poder. Em outras palavras, estas análises estariam impedidas de fazer aparecer a história que não teria sido documentada, e, pior, estariam impossibilitadas de reconstruir as

---

[25] A Divisão Militar da Guarda Real de Polícia, criada em 13 de maio de 1809 por D. João VI e adotada pela PMERJ como a referência simbólica de sua fundação, foi extinta em julho de 1831 em virtude de um grave motim ocorrido no mesmo período, do qual também participou o 26.º Batalhão de Infantaria do Exército regular. Em 10 de outubro do mesmo ano, foi criada uma outra organização policial militarizada – o Corpo de Guardas Municipais Permanentes. Os "permanentes" receberam, em 1866, a designação formal de Corpo Militar de Polícia da Corte; e com a Constituição republicana de 1891, foram transformados na Brigada de Polícia da Capital Federal. A partir de 1919, a então Brigada passou a se chamar Polícia Militar. Ver Holloway (1997) e "Evolução Onomástica e Galeria dos Ex-Comandantes Gerais", Arquivo Geral-AjG/PMERJ, 1999.

[26] A discussão sobre os limites do enquadramento histórico tradicional é apresentada por outros historiadores que se dedicam ao estudo da produção do espaço público, da cidadania e da urbanidade no Rio de Janeiro. Ver Carvalho (1985a, 1985b), Silva (1988) e Carvalho (1987).

próprias falas da "resistência", propósito último desses estudos. A preocupação quase paranoica de resgatar a história oficiosa ou a realidade, de fato, "real", tende a produzir uma camisa de força que nem mesmo a astúcia de um historiador-herói, investido da virtude de apreender todas as entrelinhas e os subtextos, é capaz de superar.[27] Enfim, este tipo de expectativa tende a se converter em um círculo vicioso: perseguir os fantasmas que ela própria produziu.

Uma via alternativa ao pesadelo do oficialismo histórico encontra-se disponível no próprio acervo documental das polícias. Suspenso o raciocínio conspiratório, podem-se libertar os ouvidos para escutar o que os dados têm a dizer sobre as múltiplas vozes que ali se fazem presentes, sobre o modo mesmo como as identidades dos cidadãos e dos policiais são construídas nas ocorrências notificadas. As clássicas fontes policiais, além de indicarem as estratégias de controle, permitem, por exemplo, enxergar uma realidade outra: "[a realidade] da polícia como uma organização imperfeitamente constituída, condicionada pelos limites da técnica e dos investimentos em segurança realizados no período, buscando construir em sua atividade cotidiana nas ruas o modo operativo que vai caracterizá-la" (Bretas, 1997, p. 32-33). Através de um olhar mais dialógico e atento, a polícia "emerge com características próprias, capaz de aliar-se a grupos em conflito em defesa de uma determinada política" (Bretas, 1997, p. 28), incluindo aí a sua política, os seus próprios interesses. Nessa perspectiva, a polícia "deixa de ser um agente de políticas – iluminadas ou nefastas – definidas por grupos no poder, para tornar-se um dos atores, capaz de ter interesse próprios, de participar na definição de seus poderes e atribuições, construindo seu saber específico sobre como controlar o espaço urbano" (Bretas, 1997, p. 28).

É, pois, bastante razoável afirmar que as interações do Estado e as polícias não tenham sido somente marcadas pela comunhão de propósitos ou por uma identificação natural costurada sempre por cima. Até porque isso supõe uma visão homogênea e substantiva tanto da arquitetura estatal quanto dos meios de força policiais. E, mais grave ainda, oferta uma leitura empobrecedora do próprio universo da política. A ideia de que o Estado se moveria como um bloco sólido, uno e coeso, ausente de interesses divergentes entre os grupos e os órgãos que o compõem, e a

---

[27] É curioso observar que nesta maneira de tratar os eventos o pesquisador aparece como algo mais importante que a própria realidade que investiga. Ele seria o principal ator do processo, aquele que em outro tempo resgataria a verdadeira história fazendo justiça à "fala dos oprimidos".

pressuposição de que as suas políticas se fariam cumprir de forma unilateral, isto é, sem negociações internas, sem barganhas e sem mediações com o mundo externo, parecem não fazer muito sentido no mundo político do nosso passado e muito menos nos dias de hoje.

O recente movimento de sindicalização dos profissionais de polícia, sobretudo nos Estados Unidos e na Inglaterra, gerou um intenso debate sobre os "perigos do sindicalismo policial", e pôs em xeque as teorizações mais ingênuas sobre o relacionamento Estado e Polícia (Cain, 1992, p. 3-32). Os estudos dedicados às entidades classistas policiais desmitificaram certos pontos de vista, reposicionando algumas questões antes naturalizadas. O reconhecimento da existência de relações conflituosas e de alianças tecidas entre as polícias e outros órgãos do governo, assim como os *lobbies* políticos construídos por elas junto aos tomadores de decisão e a opinião pública, forçou uma abertura para novas indagações (Reiner, 1978). Os efeitos da mobilização classista policial nas relações da polícia com os cidadãos, a construção de uma agenda comum de reivindicações envolvendo policiais e outras categorias de trabalhadores, a fragilidade dos mecanismos internos de controle sobre os meios de força policiais e a sua capacidade de exercer pressão por mais recursos através da retórica alarmista da "escalada do crime, da violência e da insegurança" tornaram-se objetos de preocupação política e acadêmica.[28] Alguns estudos chegaram a levantar a hipótese de que os policiais – normalmente classificados como "conservadores" – não estariam tão distantes das demandas liberais democráticas que mobilizariam outras categorias profissionais mais "progressistas".

No Brasil, a mobilização trabalhista policial adquiriu tintas fortes e contornos marcantes com a greve das polícias militares em junho de 1997.[29]

---

[28] Na gestão de Margareth Thatcher observou-se um expressivo aumento da ordem de 158% dos recursos destinados às polícias sem que este esforço tivesse sido acompanhado da melhoria dos "índices de sucesso policial". O descompasso entre os investimentos realizados e os benefícios produzidos, somado a outros fatores, levou o próprio partido conservador a rever as promessas de campanha calcadas no lema *"law and order"*. As respostas às pressões policiais, por exemplo, vieram através de um conjunto de reformas voltadas i) para o aperfeiçoamento dos expedientes internos e externos de controle dos departamentos de polícia; e ii) para a melhoria da qualidade dos serviços públicos prestados. Esta nova política ficou conhecida como *"value of money"*. Ver Morgan e Newburn (1997).

[29] Nos anos anteriores, as Polícias Civis de alguns estados, como Espírito Santo e Rio Grande do Sul, esboçaram uma paralisação dos seus serviços, promovendo protestos públicos e passeatas. Todavia, essas manifestações não chegaram a produzir reações públicas de espanto e perplexidade como ocorreu no caso da "greve das PMs". Na época, alguns policiais militares comentaram, de forma jocosa, que "quando a Polícia Civil faz greve, ninguém nota e ninguém sente falta".

Como em uma espécie de efeito dominó, a chamada "revolta das praças", deflagrada em Minas Gerais, acabou se espalhando por outros estados. Durante o período dos protestos, o país assistiu ao que para muitos parecia um episódio inacreditável ou algo sem precedentes na história: aqueles que representariam, na ponta, a autoridade do Estado, desafiavam o próprio Estado. Os PMs das mais baixas patentes (soldados, cabos e sargentos) "promoveram a desordem e a baderna" em vez de proverem a ordem; "quebraram a hierarquia e a disciplina" – exatamente os princípios que justificariam a adoção do modelo policial militar; "desafiaram" o poder executivo representado pelo governador; tudo isso em nome da reivindicação por melhores salários.[30] Os debates sobre o assunto nacional do momento estavam recheados de exclamações que deixavam transparecer que alguma coisa inusitada estava acontecendo: "os policiais apontaram suas armas contra o palácio do governo!" obrigando o Exército a "proteger a sede do poder executivo em Minas". No dia 25 de junho de 1997, o *Jornal do Brasil* publica a seguinte manchete "Minas chama o Exército contra a PM – Rebelião da polícia por salário maior transforma Belo Horizonte em praça de guerra".[31] As opiniões mais exaltadas chegaram a classificar o episódio como um grave "atentado à ordem constitucional" ou como "um espetáculo autoritário e intransigente". Nas conversas informais, muitos faziam apostas e "bolões" sobre quem ganharia a batalha nas ruas (caso ela se concretizasse), as PMs "rebeladas" ou o Exército "despreparado"?[32]

As questões trazidas a público com a greve das PMs reproduziram, em larga medida, o clássico paradoxo dos mecanismos de controle coletivo: "quem vigia e como se vigiam os vigias?" O ponto central girava em torno dos riscos e dos danos que a concessão do "direito à greve" aos policiais – prestadores de um serviço essencial – e a sua "participação política"

---

[30] Na primeira semana de dezembro de 1998, os jornais noticiaram que os Policiais militares do Espírito Santo estavam "quartelados" em sinal de protesto contra o atraso de quatro meses de seus pagamentos.

[31] O editorial do *Jornal do Brasil*, intitulado "Confiança Quebrada", publicado em 25/7/1997, traz as seguintes passagens: "A opinião pública nacional foi surpreendida, ontem, por mais um ato de insensatez inadmissível. A Polícia Militar de Minas Gerais, tida como das mais ordeiras do país, tentou invadir o Palácio da Liberdade, sede do Governo, em sua luta por melhores salários. Quando os agentes da lei, que por definição constitucional devem ser agentes da ordem, deixam-se manipular politicamente a ponto de se tornarem agentes da desordem, é sinal de que alguma coisa vai muito mal nos meandros da corporação. [...] Uma corporação militar em que a hierarquia é quebrada por praças não oferece garantia de segurança à sociedade".

[32] Com a saída dos PMs das ruas, o agravamento da percepção coletiva e difusa de insegurança pôde ser registrado pelas longas coberturas televisivas. Em Recife, vimos as pessoas organizando-se em grupos de amigos para retornarem às suas casas "em segurança" após o trabalho. Nos pontos de ônibus ou nos deslocamentos pela cidade observou-se a conformação espontânea de grupos de vigilância ou de pequenas milícias informais. Os saques e arrombamentos no comércio emprestavam um tom ainda mais dramático à sensação coletiva de medo.

em termos de organização sindical representavam para a sustentação da governança democrática.[33] Para a discussão que, por ora, apresento cabe apenas ressaltar que a "revolta das praças" não constituiu um fato inédito na história de nossas polícias. Esta não teria sido, portanto, a primeira vez que aqueles que deveriam "controlar a população" ficariam "fora de controle", ameaçando o Estado.

Thomas Holloway (1997) descreve um episódio muito interessante transcorrido durante a crise institucional do Império que terminou com a dissolução da Guarda Real de Polícia – a nossa primeira força policial ostensiva. A gota d'água para deflagrar o motim policial de 14 de julho de 1831 teria sido a amotinagem do 26.º Batalhão de Infantaria do Exército regular, uma das unidades que deveria ser desativada em cumprimento ao decreto que estabelecia a redução do tamanho do Exército:

> [...] enquanto os rebeldes do 26º Batalhão de Infantaria eram transportados em navios para longe do Rio de Janeiro, o grosso das tropas da Guarda Real de Polícia deixou seus quartéis, contrariando ordens expressas, e tomou de assalto as ruas da cidade, saqueando lojas, atacando quem passava e, de acordo com alguns relatos, matando diversas pessoas e em geral 'espalhando pânico e terror'. Em seguida a essa onda de violência, as unidades policiais marcharam para o Campo de Santana em franca rebelião, acompanhadas por uma multidão crescente de civis, exigindo a volta do 26º Batalhão e o fim dos castigos corporais para os militares. Na manhã seguinte, o general José Joaquim de Lima e Silva, comandante militar da capital, ordenou às unidades do Exército regular que entrassem em forma na praça da Constituição (hoje praça Tiradentes), a apenas três quadras do Campo de Santana. Só que, em vez de intimidar os soldados rebeldes da Guarda Real, boa parte das tropas do Exército juntou-se aos colegas da polícia, em oposição ao governo. As unidades militares do Rio em peso, inclusive sua força policial, engrossadas por civis que defendiam o liberalismo radical e o nativismo anti-português, além de numerosos espectadores simpatizantes, formaram uma multidão de cerca de 4 mil desafiantes das autoridades constituídas (Holloway, 1997, p. 79).

---

[33] Ver Muniz e Proença Júnior (1996). Neste artigo procuramos identificar os problemas estruturais dos arranjos atuais de segurança que teriam contribuído para o movimento grevista.

Com a extinção da Guarda Real,[34] 22 anos após sua criação, uma das medidas emergenciais adotadas para conter os ânimos exaltados e prover policiamento à capital foi a criação, a toque de caixa, de uma força-tarefa do Exército regular constituída por "oficiais de confiança". Esta força se tornou conhecida por todos, entre outros nomes, como Voluntários da Pátria; e tudo indica que ela tenha exercido atribuições de patrulhamento após a criação do Corpo de Guardas Municipais Permanentes (Holloway, 1997, p. 80-81).

Pode-se dizer que, desde essa época, a lealdade e a confiança esperadas dos meios de força – sobretudo os militares – se tornaram uma fonte de interrogações e de constante preocupação para os que compunham o Estado e pretendiam se manter no poder. Aqueles que dele faziam parte logo perceberam que as alianças com as polícias recém-criadas não estavam naturalmente dadas. Restaurar e manter o controle sobre a capital significava muito mais do que sufocar os agitadores republicanos, conter os capoeiras, disciplinar os escravos de ganho e normatizar o comportamento público. Era preciso também controlar, ou melhor, buscar manter as rédeas sobre os homens a quem o Estado tinha entregado armas e mandato para agir em seu nome.

Creio que se pode dizer que o paradoxo inerente ao indispensável controle sobre os meios de força policiais ("vigiar quem vigia") foi traduzido, no nosso caso, em uma espécie de suspeita estruturante. Um tipo de interação orientada por um certo nível de desconfiança entre as autoridades constituídas e as polícias. Penso que data desta época a construção do discurso de que "faltaria ordem e disciplina" à sociedade e aos próprios meios de força, ambos percebidos como suscetíveis à insubordinação e indiferentes às modernidades que o Estado representava. Parecia ser indispensável ao poder do Estado suspeitar tanto da população quanto das polícias que ele havia criado. A retórica conservadora de que seria necessário disciplinar a vida social "(im)pondo ordem na casa", ainda em moda nos dias de hoje, pôs em evidência uma visão negativa dos conflitos e, por sua vez, uma leitura tão somente punitiva dos expedientes de controle e coerção.

Um aspecto importante, que ajuda a contextualizar esse posicionamento, é o fato de que a criação das organizações policiais se deu concomitantemente ao processo de institucionalização do próprio Estado

---

[34] Os oficiais da Guarda Real de Polícia foram realocados nas unidades do Exército regular, e as praças foram dispensadas, recebendo transporte gratuito para retornarem às suas províncias (Holloway, 1997, p. 81-82).

brasileiro.[35] A ambicionada arquitetura estatal moderna estava sendo inventada e a universalização da autoridade pública estava também, na prática, sendo negociada e imposta. Este é um período marcado pela crise de governabilidade provocada pela abdicação de Pedro I. Como bem colocou Holloway (1997), o próprio Estado poderia ser descrito, nessa época, como um "grande balão de ensaios" do qual faziam parte o esforço de estatização dos serviços de segurança e as iniciativas voltadas para monopolizar o uso legal e legítimo da força. A configuração do sistema policial na Corte teria sido conduzido na base das tentativas e dos erros.[36]

Não foram triviais os primeiros passos para o enraizamento da autoridade pública na vida diária das pessoas. Esse empreendimento não poderia deixar de incluir também as elites. Afinal, o uso exclusivo e privado da força consistia em um forte obstáculo às pretensões do governo executivo. O monopólio estatal do uso legítimo da força resultou, portanto, de um trabalho de construção de alianças, o que de certa forma se refletiu nos primeiros desenhos de polícia que procuraram traduzir uma possível conciliação entre os arranjos privados de poder e o modelo universalizante do Estado.[37] Surgiram daí vários expedientes policiais híbridos, produtos da combinação dos recursos do Estado e dos agentes privados. A Guarda Municipal (rapidamente desativada) e a Guarda Nacional constituem bons exemplos da composição do Estado com suas classes de sustentação e, ao mesmo tempo, do fracasso das estruturas de vigilância financiadas somente por meios particulares.[38]

---

[35] No caso inglês, a polícia de Londres – paradigma das polícias ostensivas modernas – foi o último dos blocos essenciais a ser colocado na estrutura do moderno governo executivo britânico. A conscrição militar, a justiça, o sistema de coleta de impostos, o planejamento fiscal e econômico, os serviços sociais e assistenciais e um amplo conjunto de agências administrativas teriam antecedido à fundação da polícia por várias gerações. Ver Bittner (1990).

[36] É importante notar que o nosso sistema policial antecedeu a adequação do sistema legal às demandas da época. Tinha-se, de um lado, organizações policiais semiprofissionais instituídas e, de outro, a precariedade do aparato jurídico formal, ferramenta indispensável ao trabalho profissional e cotidiano de policiamento. Tudo se passa como se nós tivéssemos invertido a ordem inglesa de fazer as coisas: primeiro criamos a polícia e depois nos ocupamos de definir quando, como e onde ela deveria atuar. Roberto Kant de Lima explora os efeitos perversos daí resultantes e seus impactos quando discute, na contemporaneidade brasileira, os paradoxos da polícia e a perspectiva inquisitorial do sistema jurídico penal brasileiro. Ver Lima (1995).

[37] Conforme adverte Holloway (1997, p. 116), "mais do que uma transição generalizada de mecanismos pessoais e individualizados de controle para sistemas impessoais e padronizados, o que aconteceu no Brasil foi que as duas hierarquias de poder – tradicional e privada, de um lado, e moderno e público, de outro – permaneceram complementares, fortalecendo-se mutuamente".

[38] No Rio de Janeiro, a Guarda Nacional – uma resposta aos anseios das elites agrárias de respaldar o seu poder local – amplia seu poder de polícia à medida que se afasta da Corte, exercendo um papel mais decisivo fora da capital. Ver Rodrigues et al. (1981).

Se, hoje, após transcorridos mais de 200 anos desde a criação das primeiras polícias no Brasil, parte das críticas ao seu desempenho é creditada aos "conflitos de competência" e à "falta de integração", pode-se imaginar o que estes problemas significavam quando da infância dessas organizações. Em verdade, os atritos relativos às atribuições e responsabilidades de cada força expressavam, de um lado, o caráter incipiente da autoridade pública e, de outro, a imprecisão das missões e o improviso das formas de atuação das polícias. Os diversos meios de força se sobrepunham e se estranhavam no desempenho de suas atividades de rua. O Corpo de Permanentes, a Intendência de Polícia, a Guarda Nacional, o Exército regular[39] etc. não se entendiam quanto ao exercício de suas tarefas, competências e subordinações. É farta a documentação que exprime as queixas dos responsáveis por esses órgãos reclamando da atuação, insolência e intromissão dos demais. Nas ruas do Rio assistia-se não apenas aos conflitos entre a população e os meios de força, mas também às confrontações entre estes últimos.[40] Vem de longe a lógica do Estado brasileiro brigando com ele mesmo. Os incidentes mais rotineiros envolviam voz de prisão recíproca, xingamentos e outros insultos, mal-entendidos sobre quem deveria bater continência e as conhecidas "carteiradas". Em certa medida, os policiais davam a sua parcela de contribuição para a produção da desordem. Alguns relatos da época referem-se ao comportamento desmedido e presunçoso dos agentes da lei (Holloway, 1997). Conclui-se que, no dia a dia, a autoridade do Estado era questionada nas ruas pela população e pelos policiais no desempenho das atividades de patrulhamento. Ao que parece, o governo tinha boas razões para não confiar plenamente em suas próprias ferramentas coercitivas.[41]

A origem social das praças também teria contribuído para a emergência de um olhar desconfiado e punitivo do Estado em relação às suas

---

[39] Além dos distúrbios civis e das atividades de controle de multidões, era comum solicitar o Exército para efetuar prisões e prestar atividades de patrulhamento convencional.

[40] Na maioria das vezes as dramáticas disputas só eram resolvidas com a intermediação do ministro da Justiça, que, na época, exercia uma autoridade direta sobre as polícias. Ver Holloway (1997).

[41] Mesmo nos seus primórdios, os nossos meios de força policiais realizavam, na prática, outras coisas além do previsto ou delimitado pelo Ministério da Justiça. As atividades de ordem pública – em boa parte dos casos a sua imposição – ultrapassavam os mecanismos de controle até então imaginados. As demandas, esculpidas nas contingências do trabalho de rua, nem sempre eram passíveis de antecipação pelo Estado e pelas autoridades policiais. Assim, desde o início, parece ter sido difícil para as nossos policiais "cumprirem as ordens determinadas". Isto fica não só evidente nos casos de abuso de autoridade, na arbitrariedade e violência contra certos segmentos da população, mas nos conflitos institucionais entre o Estado e as polícias, e entre estas últimas, no tocante à interpretação e ao cumprimento de suas atribuições cotidianas.

polícias. Os homens armados encarregados de fazer valer a autoridade pública saíam daqueles segmentos populares percebidos como insurretos e indolentes. Os "pobres sem patrão", os ex-escravos, os descendentes de escravos, os mestiços, os artesãos e os biscateiros engrossavam as fileiras dos meios de força. E, como os capoeiras, os estrangeiros, os negros forros e os portugueses de pouca posse, deveriam ser objetos de normatização. Já naquela época responsabilizava-se a composição popular e racial do efetivo pelos excessos cometidos e pela indisciplina; e, por conta disso, discutia-se a necessidade premente de oferecer melhores vencimentos às praças para poder garantir um melhor nível dos recrutas (Holloway, 1997).

A terapia para conter a rebeldia, a falta de dedicação, as constantes deserções e o desleixo das praças foi sempre a mesma – reforçar ainda mais os expedientes de disciplinarização das tropas. São inúmeros os despachos, requerimentos e notificações que evidenciam a necessidade cada vez maior de disciplinar os meios de força e de submetê-los a uma rígida hierarquia, incluindo aí o próprio Exército (Holloway, 1997). A saída vislumbrada por um Estado receoso de sua autoridade e das suas ferramentas de controle era a crescente militarização da força ostensiva. A profissionalização da polícia e a sua transformação em uma burocracia eficaz passava pelo aprimoramento do modelo militar já adotado desde a criação da Guarda Real. A isso se soma a necessidade de afastar os agentes da lei do universo de onde saíram e que deveriam passar a policiar. Mostrava-se pertinente aos olhos das autoridades restringir as praças à sua vida na caserna. O argumento era claro: o afastamento da convivência social reduziria as influências contestatórias e as oportunidades de corrupção.[42]

Caxias, subcomandante dos Voluntários da Pátria e reconhecido pela sua lealdade ao governo, recebeu a difícil "missão" de militarizar o insubordinado Corpo de Guardas Municipais Permanentes (a atual Polícia Militar), e de lhe conferir uma identidade e uma "tradição". Foi durante os sete anos de seu comando que a Polícia Militar do Rio começou a sedimentar uma alma corporativa e que suas praças passaram a ter uma

---

[42] O discurso da valorização da vida na caserna como um remédio eficaz contra a corrupção e a indisciplina – elementos identificados como provenientes do excesso de liberdade presente no mundo civil – ainda hoje faz eco em alguns setores da opinião pública e dentro das organizações policiais. Entretanto, nestas últimas a sua utilidade tem sido sistematicamente questionada. Boa parte dos executivos de polícia tem advogado uma perspectiva inversa – a da reaproximação da polícia com as suas comunidades, entendendo que o "espírito de separação" seria, hoje, um forte obstáculo à modernização das polícias militares. Em suas próprias palavras: "nosso grande fator de resistência interna é a cultura institucional que é apegada ao militarismo".

vida intramuros.[43] O espírito de separação e isolamento se fez acompanhar da mentalidade do "nós contra eles" incutida na tropa em relação não apenas às agências rivais como a Guarda Nacional, mas também em relação à sociedade (Holloway, 1997). O reconhecimento do trabalho de Caxias junto à Polícia Militar veio quase ao final de sua gestão. Em 1837, o ministro da Justiça, defendendo a utilidade da adoção do modelo militar para a polícia, profere o seguinte elogio: "[...] sendo a polícia uma das primeiras colunas que sustentam a paz pública e a tranqüilidade dos povos, mal conseguiriam o seu fim os corpos que delas se acham encarregados se a disciplina militar lhe não der essa boa ordem, asseio e exatidão no serviço" (Holloway, 1997, p. 147).

Não se pode deixar de comentar que as preocupações com a brutalidade policial ou com o emprego da força em uma escala desproporcional à ameaça oferecida pelos "desordeiros" fazia parte do conjunto de problemas cotidianos enfrentados pelos nossos reformadores da polícia. O pano de fundo dessas preocupações era a inevitável constatação de que o exercício do controle coletivo produzia uma situação paradoxal: os agentes de controle dispunham de um razoável grau de liberdade discricionária no uso do recurso à autoridade e no emprego da força.[44] Contudo, a urgência parecia dirigida à produção de elos de confiança e fidelidade com o poder executivo. Assim, em um primeiro momento, a preocupação com o controle visava atender, inicialmente, à segurança do Estado. Tratava-se de resolver o dilema concreto de controlar aqueles que representavam de forma direta e imediata a autoridade instituída. As atenções dessa autoridade governamental temerosa voltaram-se menos para o que os homens armados faziam em suas rondas contra as pessoas, e mais para o que esses agentes poderiam estar fazendo contra o próprio Estado.[45]

---

[43] O tenente-coronel do Exército Luiz Alves de Lima e Silva comandou a Polícia Militar de 1832 a 1839, período que corresponde à institucionalização da força policial como uma organização militar em corpo e espírito. Ver documentação relativa à evolução onomástica e a Galeria de Ex-Comandantes Gerais da PMERJ. Arquivo Geral/AjG; PMERJ, 1999.

[44] Nota-se que desde essa época a tentativa de resposta à discricionariedade da ação de polícia tem sido traduzida como um problema de disciplina e obediência, diagnóstico que certamente impediu uma saída satisfatória para a questão. O incremento de expedientes de controle internos próprios do modelo militar não possui respostas para isso, persistindo o problema até hoje, uma vez que a discricionariedade corresponde à práxis policial, à condição para a tomada de decisão em tempo real.

[45] A dimensão operacional das atividades de polícia foi sendo desenhada no improviso, deixando a impressão de que as técnicas policiais estariam sendo construídas no curso das intervenções. As formas de ação e os critérios que deveriam orientar a sua escolha consistiam em uma grande área cinzenta que pouco distinguia os procedimentos corretos dos errados. Questões concretas do tipo "quem devo parar, por que devo parar, como e quando devo deter, revistar ou interrogar" não teriam sido objeto de sistematização e padronização.

A aposta na militarização da polícia buscava responder a uma dupla exigência operacional: a polícia deveria policiar a sociedade e ser policiada pelo Estado com eficácia. Como bem salientou Holloway, não se pode afirmar que a utilização do modelo militar seria apenas uma confirmação empírica da "propensão à estrutura e à disciplina na cultura brasileira", pois ele atendia a questões de natureza prática relacionadas à organização, preparo e emprego do meio de força policial. Naquela época, este era o modelo organizacional disponível para as forças policiais no Ocidente (Bittner, 1975) e acreditava-se que ele seria capaz de responder às necessidades concretas da época: "[...] a desordem, rebeldia e indisciplina percebidas, bem como a falta de respeito para com a autoridade por parte da população que ocupava as ruas e os lugares públicos da cidade, faziam dessa força policial com características opostas a resposta mais apropriada" (Holloway, 1997, p. 147).

Todavia, a visão política da ordem pública que deveria ser produzida indicava que não eram somente as praças da polícia militar que careciam de disciplina e boa conduta, mas principalmente a população. O comedimento e obediência militares pareciam úteis a uma sociedade percebida como desregrada e desordeira.[46] A maior parte das energias da polícia era gasta na fiscalização da moralidade pública e, por sua vez, na imposição de um comportamento tido como desejável para certas categorias de cidadãos, nos espaços comuns. A capoeira, a violação do toque de recolher, a vadiagem, as aglomerações nos botequins, a prostituição, a embriaguez, a mendicância, o carteado e as rodas de aposta faziam parte do inventário de condutas interpretadas como inconvenientes, as quais os meios de força policiais teriam que reprimir (Holloway, 1997). A aplicação deste legalismo moral, que não está muito distante do que ainda se pode observar nos tempos atuais contra pretos, pobres e periféricos, multiplicava a potencialidade criminosa e "indecente" da população, ao mesmo tempo que fazia aumentar o universo de risco e suspeição poli-

---

Certamente, essas limitações técnicas contribuíam para que o policial no "cumprimento do dever" produzisse violência e brutalidade. Pode-se dizer que o exercício do emprego legal e legítimo da força ficou restrito a observações genéricas que se reportavam apenas à necessidade de tratar a todos com o devido respeito. Este parece ser um problema que persiste ainda em nosso presente. É voz corrente entre os oficiais da PMERJ que a elaboração de expedientes, procedimentos e técnicas voltados para o emprego profissional de força proporcional à ameaça oferecida ainda são genéricos e insatisfatórios para a realidade do trabalho de polícia. Ver Holloway (1997); Skolnick e Fyfe (1993); Kleinig (1996).

[46] Neste período era corrente a ideia de que os jovens rebeldes e indolentes das camadas populares deveriam servir na polícia ou no Exército para se tornarem cidadãos responsáveis. É neste contexto que aparece a expressão "sentar praça" até hoje presente em nossa linguagem. Ver Holloway (1997).

cial. No limite, todos os indivíduos que circulavam pelas ruas do Rio de Janeiro, excetuando as conhecidas e honradas pessoas de bem, a maioria branca e que andava calçada com sapatos, poderiam ser virtualmente enquadrados como elementos com comportamento suspeito. Parece não ter sido uma atividade muito tranquila vagar pelas ruas do Rio de Janeiro na metade do século passado.

De fato, observou-se aqui uma leitura particular da concepção ibérica de ordem pública. Na perspectiva ibérica, o Estado se atribui a responsabilidade de modernizar seu povo. Prover ordem pública ou "policiar", na tradição portuguesa, significava educar e construir uma nação. Caberia ao governo executivo, portanto, a missão de conformar hábitos, de induzir a população a uma certa visão de civilidade, ainda que a oferta desse horizonte viesse a ser feita à custa da imposição e da arbitrariedade. Conforme revela Holloway (1997), a Intendência de Polícia – que tal como a Guarda Real resultou de uma adaptação do sistema policial português – foi implantada, em 1808, com amplas atribuições, muito próximas daquelas conferidas aos alcaides e aos atuais prefeitos. Inúmeras eram as tarefas do Intendente: cuidar dos equipamentos coletivos urbanos – como as fontes de água e a iluminação pública; ajudar na realização de obras públicas; resgatar escravos em quilombos; dar suporte às atividades de higiene e limpeza públicas; fiscalizar os eventos sociais e festeiros; disciplinar jovens rebeldes, estabelecer toques de recolher; normatizar o comportamento público etc.[47]

No nosso caso, a visão ibérica de ordem pública estaria a serviço de uma cultura política orientada pela suspeita. Sua adaptação aos interesses do governo executivo significou mais do que tentar consolidar o monopólio estatal do uso da força. Implicou também na pretensão de monopolizar a produção mesma da ordem pública; o que, forçosamente, excluía as expectativas e visões de ordem tecidas pela sociedade.[48] A penetração

---

[47] O adendo da Constituição do Império do Brasil, de 25 de março de 1824, relativo ao papel das Câmaras Municipais reporta-se à amplitude das intituladas "Posturas Policiais". Os diversos parágrafos do Artigo 66 discriminam o amplo espectro das referidas posturas. O parágrafo primeiro reporta-se aos seguintes aspectos: "Alinhamento, limpeza, iluminação, e desempachamento de ruas, cais e praças, conservação e reparos de muralhas feitas para a segurança dos edifícios e prisões públicas, calçadas, ponte, fontes, aquedutos, chafarizes, poços, tanques e quaisquer outras construções em benefício comum dos habitantes, ou para decoro e ornamento das povoações".

[48] Se na nossa origem buscava-se um monopólio governamental da produção ordem em tudo análogo ao monopólio da força pelo Estado, na prática, ao longo do tempo, as polícias passaram a conviver com uma variedade de arranjos e instituições públicas e civis coprovedoras de ordem, tendendo a se tornar, no mundo democrático, uma instância articuladora e de salvaguarda do interesse público mais do que um agente

contínua da presença da autoridade na vida diária, através das polícias, veio acompanhada da proposição de uma ordem ilegítima, desprovida do assentimento da população. Comportamentos, atitudes e posturas morais faziam parte do universo de controle do Estado, cabendo a ele tutorar a vida em comum informando como agir e de que modo se comportar.[49]

Creio que a indistinção, ou melhor, a confusão entre o monopólio legal e legítimo do uso da força pelo Estado e o monopólio da constituição da ordem social – em nada equivalente à invenção de uma segurança "pública" – contribuiu para realçar ainda mais as manifestações de repúdio e de revolta dos segmentos populares. Tudo isso foi, em boa medida, expresso nos embates entre polícia e população, exaustivamente explorados pelos historiadores. Se isso procede, parece-me razoável supor que as hostilidades entre as polícias e as "fontes de resistência no Brasil" não se reportavam apenas à "imposição de instituições burocráticas de controle aparentemente modernas a uma sociedade carente de outros atributos fundamentais da modernidade" (Holloway, 1997, p. 23). Diziam respeito, sobretudo, à imposição de uma concepção de ordem emanada de cima e voltada para o atendimento prioritário das demandas por segurança do próprio Estado.

O governo liberal democrático inverte essa concepção e as suas prioridades. Neste outro mundo político, não haveria lugar para uma visão suspeitosa por parte do Estado. Isso porque os conflitos adquirem um acento positivo, podendo ser compreendidos como o dispositivo para a sociabilidade política, ou melhor, podendo ser reconhecidos como a precondição para o provimento de ordem pública. Produzir ordem pública, nesses termos, é uma tarefa extensiva a todos os atores. O empreendimento seria, portanto, outro: o de não reduzir os processos de produção social da ordem pública às ferramentas estatais de controle, em particular às polícias.

É, por excelência, na vida democrática que se pode observar, por um lado, a sustentação do monopólio da força pelo Estado e, por outro, a

---

exclusivo e autossuficiente de gestão da ordem pública. Contudo, permanece até hoje a ambição autoritária de subordinação da ordem social, diversa, dinâmica e descontínua em sua natureza, à ordem pública, restrita e derivada de um pacto sociopolítico, e administrada pelo Estado.

[49] Em uma concepção de ordem pública restritiva e imposta, as acusações de vadiagem contra pobres e negros, por exemplo, convertiam-se em um recurso utilizado de forma recorrente pelas autoridades policiais quando precisavam apresentar produção ou "mostrar serviço". Diante da dificuldade de "formar a culpa" em atos criminosos comuns, o enquadramento por vadiagem permitia tirar pessoas das ruas e "dar uma lição de moral". Este corretivo policial, corrente na vida do Império, se fez ainda presente até há bem pouco tempo. Não está muito distante o período em que o cidadão desprovido da carteira de trabalho poderia ser acusado de "vadiagem", sendo "detido e conduzido à delegacia" pela autoridade policial.

desmonopolização estatal do provimento da ordem. De fato, este é um problema de todos. Não se trata aqui de um recuo ou de um enfraquecimento do papel do poder executivo contemporâneo. Ao contrário, trata-se de um realinhamento necessário em virtude da inevitável ampliação do espectro da cidadania. Antes de ser uma realidade formal legal, a ordem pública é algo construído localmente. Ela é cotidiana e comunitária, sendo, portanto, o resultado de distintas expectativas em constante negociação na realidade.

O chamamento de algumas questões relativas ao período de fundação da matriz de nosso atual sistema policial teve o propósito de evidenciar que certos problemas colocados na origem mesma das polícias ainda se fazem presentes como um desafio a ser enfrentado nos tempos atuais. A visão militarizada das forças policiais ostensivas, por exemplo, ainda exerce um fascínio sobre os executivos de segurança pública e no senso comum ilustrado, sobretudo quando o tema a ser discutido é o "lado operacional da polícia" ou o necessário "controle dos homens armados" que fiscalizam o cumprimento da lei no espaço urbano. O argumento da sua tradição tem prevalecido nos debates, mesmo que não tenha sido satisfatoriamente demonstrada, ao longo da história, a rentabilidade do modelo militar no que concerne ao controle sobre o uso legal e legítimo da força e, principalmente, à discricionariedade no mundo policial – justificativa para a sua adoção. A simples proposição de que "tem sido assim em todos os lugares de que se tem notícia" ou de que "não dispomos de um outro modelo para lidar com os meios de força policiais" tem contribuído principalmente para o mascaramento de um problema mais essencial das organizações policiais – o caráter indispensável da discricionariedade das ações cotidianas e individualizadas de polícia e a problemática da baixa visibilidade dessas ações.

Em suma, os diversos ajustes por que passou o sistema policial brasileiro mantiveram sobrevivências e resíduos de outrora. O recurso excessivo aos expedientes de disciplina como uma resposta ao real poder discricionário, a ideia de que ofertar segurança pública equivale a uma gloriosa caçada dos inimigos da "boa ordem e da paz pública", a identificação das questões de ordem pública com aquelas relativas à soberania do Estado, as solicitações para que o Exército atue nos assuntos de ordem pública foram marcantes em nosso passado e ainda têm sido, curiosamente, uma realidade na vida democrática brasileira.

AZULÕES OU VERDES-OLIVAS? UM DRAMA IDENTITÁRIO

> *O oficial de polícia precisa ter uma identidade própria. O nosso problema é que estamos em uma encruzilhada entre coisa alguma e coisa nenhuma. Que tipo de profissional estamos formando com essa vidinha de caserna? Isto nos serve? Nós precisamos formar um especialista em segurança pública.*
> (Oficial com 25 anos de serviços prestados à PMERJ)

> *Nós vivemos uma crise de identidade. Nós, policiais, nos olhamos no espelho e não enxergamos a nossa farda. Ainda vemos o fantasma verde-oliva ou o fantasma do bacharel em Direito. Afinal, o que nós queremos ser?*
> (Oficial reformado com 35 anos de serviços prestados à PMERJ)

> *Na PM nada se cria, tudo se copia.*
> (Máxima jocosa utilizada pelos policiais em diversas Polícias Militares)

Para os profissionais de pesquisa que estudam as organizações policiais no Brasil, os últimos três anos foram intensos e, sobretudo, muito enriquecedores no que concerne ao debate sobre o papel contemporâneo das polícias no provimento da ordem pública democrática. A partir de dezembro de 1995, ocorreram diversos seminários acadêmicos e institucionais em todo o país. Uma parte expressiva desses eventos foi organizada pelas próprias Polícias Militares – em uma singular e inédita demonstração de disponibilidade para a interlocução com os atores externos. Outras iniciativas desta natureza contaram com a colaboração efetiva do Ministério da Justiça, da Secretaria Nacional de Direitos Humanos, das Universidades e das ONGs locais. Estes fóruns apresentaram uma marca distintiva em relação aos encontros científicos tradicionais. Neles, os policiais – executivos de segurança pública – lotaram as plenárias, sentaram-se à mesa para discutir com os estudiosos, as autoridades e os representantes das organizações civis a propagada "crise da segurança pública" e os problemas enfrentados no cotidiano por suas corporações.[50]

Posso dizer que o meu desejo de tentar cumprir essa agenda de conferências e de dar minimamente conta das inúmeras oportunidades para a realização de atividades de campo, surgidas durante os simpósios, traduziu-se em uma verdadeira e instigante maratona. Nesses encontros conheci profissionais de polícia de quase todos os estados. Alguns deles eu reencontrava nos eventos seguintes. Desses divertidos reencontros no aeroporto, durante os voos, no saguão do hotel ou nos grupos de discussão sempre surgia um novo tema a ser debatido e, por conseguinte, uma nova proposta para uma próxima palestra.[51] A cortesia militar dos meus companheiros de seminário e o seu quase secreto gosto pelo livre debate, em particular as "polêmicas criadas com a professora Jacqueline", renderam-me outras visitas às suas corporações. Creio que fomos, ao longo do tempo, rompendo o mútuo estranhamento e nos transformando em "congressistas reincidentes" – um apelido carinhoso que também passei a utilizar nos momentos de descontração.[52]

Mas, na agenda de questionamentos levantados pelos meus interlocutores – composta, é bem verdade, por uma ampla lista de temas que incluía toda sorte de preocupações profissionais como modalidades de

---

[50] No período de dezembro de 1995 a maio de 1997, a Secretaria Nacional dos Direitos Humanos e o Movimento Viva Rio organizaram – com o apoio de distintos órgãos federais, estaduais e civis – uma série de conferências intituladas "Segurança, Justiça e Cidadania" em todas as regiões do Brasil. Seu propósito era levantar o acervo de experiências desenvolvidas em cada estado, produzir um diagnóstico diversificado dos problemas atinentes à segurança e à justiça e ofertar um amplo conjunto de propostas e sugestões. Esse projeto culminou em uma grande plenária nacional que reuniu 155 participantes provenientes de todas as unidades federativas. As recomendações e iniciativas saídas dos grupos de trabalho foram reunidas em uma publicação do Programa Nacional de Direitos Humanos.

[51] Entre os anos de 1997 e 1998, realizei palestras nos cursos de formação e nos eventos extracurriculares das Polícias Militares do Rio de Janeiro, de São Paulo, do Espírito Santo, do Rio Grande do Sul, do Paraná, de Pernambuco e do Distrito Federal.

[52] Nas minhas intermináveis conversas com os policiais, eu passava uma boa parte do tempo sendo também entrevistada e tentando, na medida do possível, saciar toda a sua curiosidade acerca do meu interesse em estudar a polícia e, mais que isso, da minha disposição em partilhar do seu convívio. Responder à pergunta "O que levou uma moça como a senhora a se interessar pela polícia militar?" tornou-se uma rotina nas minhas atividades de campo. Ao final desses colóquios, os policiais, insatisfeitos com as minhas explicações de cunho acadêmico, sempre indagavam sobre a existência de uma motivação de foro pessoal que justificasse a minha "ausência de preconceito contra os PMs". Especulações sobre a "existência de policiais em minha família ou no meu círculo mais íntimo de amigos" lhes pareciam, à primeira vista, uma resposta mais satisfatória, porque capaz de melhor contextualizar a "minha preocupação com a dura vida do policial". Especulações seguidas de encantamento com a persistência de minha resposta: "não tenho parente e nem amigo PM. É vontade de conhecer a polícia mesmo".

patrulhamento, direitos humanos, armas urbanas, perfil profissional, emprego de força, gestão de crise, poder de polícia, técnicas de abordagem e ferramentas de controle –, podia-se observar uma nota dissonante ao fundo que entrecortava, de forma insistente, as longas considerações tecidas sobre a Polícia Militar, sua tradição e o seus atuais desafios. Um tipo de incômodo recorrente que, quando não era claramente explicitado, ainda assim se fazia ouvir através das reticências, de silêncios inesperados ou por meio de manifestações de desconforto e constrangimento. Refiro-me à eminência, nem sempre parda, do Exército nos assuntos de polícia, isto é, ao legado pernicioso deixado pela Doutrina de Segurança Nacional,[53] que, segundo os próprios policiais interlocutores, teria contribuído, de forma decisiva, para "um período de desvirtuamento" das instituições policiais militares. O direcionamento e a mobilização dessas agências para as atividades de segurança interna, isto é, para o combate aos virtuais "inimigos do regime militar" – intervenções, é importante enfatizar, estranhas e contrárias às missões propriamente de polícia ostensiva –, comprometeram sensivelmente a profissionalização das tarefas de policiamento estrito senso, atrasando, em décadas, o processo de adequação dos serviços policiais aos imperativos da complexa demanda contemporânea por ordem pública. Somou-se a isso a consequente fragilização da autoimagem da corporação policial, que foi, em boa medida, contaminada pela memória ainda viva dos duros anos de repressão política.

    Em qualquer espaço formal de debate e até nos momentos de maior informalidade, os oficiais de polícia se veem compelidos a demarcar com veemência as diferenças entre eles e o pessoal do Exército. Em muitas situações, chegam mesmo a se antecipar ao desavisado interlocutor, desfiando um rosário de justificativas e explicações – todas elas, em algum grau, sentidas como custosas e indigestas para a corporação policial militar. Esse esforço de singularização, ou melhor, esse empenho em buscar apresentar uma imagem autêntica e desvinculada, tão somente compromissada com os princípios democráticos, tem-se traduzido em um tardio e, por isso mesmo, exaustivo dever de casa. Tem-se convertido, portanto, em uma espécie de pedágio obrigatório para a própria possibilidade de se construir um diálogo aberto e responsável com os atores externos. Isto ocorre principalmente quando nossos PMs se posicionam diante das

---

[53] Ver Manual Básico da Escola Superior de Guerra (1988). Para uma apreciação das limitações e paradoxos da Doutrina da Segurança Nacional, confira Proença Júnior e Diniz (1998, p. 37-54).

cobranças da sociedade civil organizada. Tudo se passa como se houvesse um acerto histórico de contas pendentes e subliminares carregando a atmosfera das interações com o mundo civil. Talvez resulte daí o receio inicial, e até um certo acuamento, experimentados pelos PMs quando são chamados a permanecer frente a frente com os seus mais ferrenhos críticos e, sobretudo, com os profissionais da mídia.[54]

De certo modo, a dinâmica de reaproximação dos policiais militares com os representantes civis tem sido ainda pontuada por uma estratégica cautela e pela necessidade exegética de passar a limpo as suas diferenças, "encerrando (se possível para os PMs) este capítulo, de uma vez por todas". Em verdade, os momentos inaugurais das reuniões entre os policiais das mais altas patentes e os cidadãos interessados nas questões de segurança pública costumam adquirir um formato próximo ao de uma catarse coletiva.[55] Inúmeros têm sido os eventos institucionais que começam com uma encenação dramática das mútuas lamentações. Ambos os lados apontam as mazelas do outro, contam seus mortos e feridos, informam suas demandas e seus pontos de vista e, ao afinal, procuram mostrar-se – mesmo que de forma amistosa – dispostos à realização de um trabalho cooperativo. Trata-se, pois, de um ritual de passagem voltado para a purgação de uma herança enunciada como "maldita" por uma parte e do oficialato da PMERJ – segmento que insiste em ser reconhecido como um grupo de "servidores públicos que prestam um **serviço civil** (e não "militar") indispensável à população".[56]

A sobrevivência e mesmo o acionamento de uma estética do ressentimento alimentada pelo famoso "caldo de cultura autoritária" têm incomodado especialmente a nova geração de oficiais e praças, que, em

---

[54] Por razões distintas, os administradores de outras polícias – em particular, as polícias inglesas e americanas – também apresentariam um razoável grau de retraimento e resistência no que concerne à tarefa de prestar contas de suas atividades através da mídia ou dos fóruns públicos de discussão. Alguns autores chegam mesmo a mencionar um certo "medo policial do mundo civil". Para uma discussão sobre os mecanismos de prestação de contas, ver McCormick e Visano (1992), Bayley (1994), Morgan e Newburn (1997), Reiner (1992), Skolnick e Fyfe (1993) e Bittner (1990).

[55] Durante o ano de 1995, os pesquisadores do ISER encontravam-se realizando o trabalho de monitoramento qualitativo e quantitativo da experiência de policiamento comunitário de Copacabana, no Rio de Janeiro. Além das atividades de ronda com os "PMs comunitários", nossa equipe acompanhava as atividades dos Conselhos Comunitários de Área (CCA) através das suas reuniões. Para uma apreciação detalhada da experiência e das demandas saídas das comunidades, ver Musumeci (1996).

[56] Ainda que pareça óbvio, não é simples o reconhecimento do profissional de polícia como um servidor público que realiza uma atividade essencial para a vida democrática. A imagem da polícia como um aparelho repressivo a serviço do poder ainda está viva em nosso imaginário político. Para uma crítica desta perspectiva, ver Muniz e Proença Júnior (1996), Bretas (1997) e Balestreri (1998).

sua maioria, é composta de profissionais que possuem menos de vinte anos de polícia. O episódio que se segue retrata de forma ilustrativa e resumida esse tipo de incômodo.

Um oficial superior, integrante da nova geração, contou-me que recentemente, quando estabelecia contatos com profissionais do meio intelectual, sentiu-se "indignado" com a forma pela qual teria sido por eles "tratado e enquadrado". Disse-me que fora "injustamente acusado de colaborar com a ditadura" pelo simples fato de "ter escolhido ser policial e militar". Face ao que considerou uma "provocação desnecessária", meu confidente, visivelmente chateado, teria respondido à interpelação afirmando que "não tinha motivos para não se orgulhar de sua farda" e que durante o regime militar ele, como os referidos intelectuais, se encontrava nos bancos da universidade. Encerrando sua narrativa, o oficial PM apresentou uma resignada e preocupante consideração: "eles [o Exército] fizeram o serviço sujo e ficaram bem com a população. Quem se desgastou com o povo foi a Polícia Militar. O Exército sempre soube fazer a sua propaganda".

Do que foi exposto, pode-se observar que toda a energia consumida na tentativa de fazer aparecer a especificidade da organização policial militar, em contraste com o Exército, anuncia um drama identitário real. O empenho pertinaz – quase obsessão – de afastar o fantasma verde-oliva pela sobre-ênfase discursiva na natureza propriamente "policial" de uma Polícia ostensiva cujo sobrenome é Militar, evidencia um tipo de perseguição incessante à sua própria singularidade. Creio poder dizer que isto revela uma vontade mesma de identidade que, como será apresentado um pouco mais adiante, teria sido, em boa medida, sufocada ou esquecida.

Ainda que, à primeira vista, esta caçada a um outro de si mesmo possa ser percebida como um truísmo – já que parece evidente que "uma polícia é uma polícia" –, considero que se trata, antes, de um profundo processo de releitura interna da cultura institucional da PM, nem sempre visível aos olhos externos. Ela acena para uma tentativa de transformação dos marcos estruturais que, durante um bom tempo, emprestaram um norte à organização policial. A valorização e a visibilidade emprestadas pela corporação à definição Polícia – e de tudo que esta conceituação traz em termos de doutrina, missão, mandato, saberes, técnicas e procedimentos – põem em tela um movimento de resgate de uma tradição que está sendo revisitada e, consequentemente, reinscrita pelos seus atores. Penso que o que está em jogo no ambiente institucional da PMERJ é, fazendo uso de uma metáfora durkheimiana, um tipo de efervescência valorativa. Como alguns profissionais de polícia preferem dizer "um choque de mentalidades" ou "uma quebra de paradigma" que ambiciona passar em revista os seus próprios mitos, os seus próprios altares de adoração.[57]

Não se pode esquecer que, do ponto de vista antropológico, o percurso de convencimento externo de uma diferença que se quer explicitar consiste em um ardiloso caminho de mão dupla, implicando, por sua vez, a conquista dessa mesma alteridade para dentro. A gramática das imprecisões e das ambiguidades, e até a aparente contiguidade entre os meios de força policial e da defesa nacional, são percebidas e experimentadas tanto pelos profissionais de polícia quanto pelos cidadãos, ainda que em temporalidades, contextos e recortes distintos. A questão aqui seria a da transversalidade dessas apreensões, isto é, do modo pelo qual estas percepções são vividas e enunciadas em suas narrativas. Em outras palavras, o drama identitário da PM é, de alguma forma, sentido e objetivado por todos os atores, ora através dos conflitos intracorporativos, ora através das cobranças e das insatisfações saídas do mundo civil.

Existem boas razões históricas para a cristalização das ambiguidades entre a PM e o Exército e, por conseguinte, para a exacerbação de uma "crise de identidade das polícias militares e dos policiais militares" nos dias de hoje (Silva, 1990, p. 179-191). Uma breve visita às Constituições brasileiras pós-república parece-me suficiente para elucidar alguns elementos que concorreram para a conformação deste cenário, em particular a forma de emprego das forças policiais militares no Brasil.

O primeiro ponto a ser considerado é que desde a Carta Constitucional de 1934 compete à União legislar sobre as "normas gerais de organização, efetivos, material bélico, garantias, convocação e mobilização das polícias militares e corpos de bombeiros militares" (Constituição Federal, § XXI, art. 22, 1988). Se a competência da União para interferir nas questões estruturais relacionadas às PMs permaneceu até hoje basicamente inalterada, a sua tradução em termos de subordinação, missões atribuídas e alocação dos seus meios humanos e materiais sofreu significativas redefinições.

---

[57] Alguns oficiais de várias PMs, munidos de uma "visão crítica" de sua própria história, discutem não apenas a utilidade de certos ritos do mundo da caserna, mas também se os patronos, os hinos e demais símbolos de suas unidades operacionais expressariam, de fato, a autenticidade histórica da corporação, ou melhor, representariam de forma adequada a sua missão policial de " proteger e servir".

Note-se que a indistinção entre o provimento local de ordem pública e as atividades de segurança interna foi inicialmente consumada no Artigo 167 da Constituição de 1934, no capítulo dedicado às questões "Da Segurança Nacional". Neste artigo é definido o papel das PMs, que, como "reservas do Exército", passam a gozar "das mesmas vantagens a este atribuídas, quando mobilizadas ou a serviço da união". Também data da década de 30, a legislação especial que determinou que as polícias militares – polícias urbanas – deveriam ser estruturadas à imagem e semelhança das unidades de infantaria e cavalaria do Exército regular (Lei n.º 192, 17/1/1936).

A subordinação das PMs à força combatente é reforçada com a Carta de 1946. No referido texto constitucional, a missão das PMs e o seu emprego são estabelecidos na seção voltada para os assuntos "Das Forças Armadas". A contiguidade estabelecida entre ordem pública, segurança pública, segurança interna e defesa nacional está anunciada não apenas pelo lugar no qual esta relação é definida, mas principalmente pelo conteúdo do Artigo 183, que prioriza explicitamente o emprego das PMs na segurança interna:

> As polícias militares instituídas para a segurança interna e a manutenção da ordem nos estados, territórios e no distrito federal, e os corpos de bombeiros militares são considerados forças auxiliares, reserva do Exército.

Cabem aqui alguns rápidos comentários. Observe-se que não aparece um qualificativo para a "ordem" que deve ser "mantida" pelas PMs. Tudo parece indicar que não se tratava evidentemente de uma "ordem pública" ou de uma "ordem social" constituídas com ou pela sociedade. Mas, inversamente, de uma ordem proveniente do Estado. Outra novidade trazida com o Artigo 183 é a definição das PMs como "forças auxiliares", além da permanência do papel de "reservas" do Exército.[58] Este acréscimo às atribuições das polícias militares deixa entrever que todos os seus recursos deveriam atender, a um só tempo, a duas lógicas radicalmente distintas de engajamento da força: a **prontidão** para o combate "em tempo

---

[58] No final de 1998 realizei uma visita técnica de uma semana à Brigada Militar do Rio Grande do Sul. Meu propósito era, por solicitação da Fundação Ford, conhecer de perto as inovações organizacionais realizadas por essa corporação nos últimos três anos. Em vários momentos de minhas conversas pude detectar o questionamento de distintos oficiais sobre o sentido e a extensão do qualificativo "força auxiliar" mantida pela atual Constituição. De forma crítica, indagavam: "Nós temos que prestar auxílio em quais atividades? Não está claro em quais missões e tarefas do Exército caberia à Polícia Militar auxiliar. O que estamos fazendo no dia a dia que atende a essa exigência constitucional?"

de guerra externa e civil" e o **pronto emprego** nas atividades rotineiras de manutenção da ordem estatal.[59] A possibilidade de responder, simultaneamente, às exigências da prontidão militar – que se traduz em uma forma de espera – e às necessidades contingentes do pronto emprego policial – que consiste em uma forma de ação –, resultava da contiguidade estabelecida entre a "segurança interna" (prioridade 1) e a "manutenção da ordem" (prioridade 2).

Segundo Jorge da Silva, as categorias "segurança interna" e "manutenção da ordem" tendiam a ser interpretadas segundo uma relação de intensidade do emprego da força. Primeiramente, seriam utilizadas as polícias militares na sustentação da segurança e ordem internas. Caso as PMs se mostrassem incapazes ou insuficientes ante a ameaça percebida, seriam empregadas as forças da defesa para reforçá-las ou mesmo substituí-las (Silva, 1990). Relata ainda o autor que a missão de "manter a ordem" estava tão somente referida às ações de controle nas manifestações públicas e atividades de choque, nos casos mais extremados de distúrbios civis (Silva, 1990). Pode-se dizer que até o final de 1969, as polícias militares consistiam em forças-tarefas aquarteladas – um híbrido particular do que hoje são o Batalhão de Operações Especiais (BOPE) e o Batalhão de Choque (BPMchoque). Em verdade, elas não realizavam

---

[59] A ideia de prontidão militar só faz sentido quando a destinação do meio de força é o combate. Ela se aplica, portanto, às Forças Armadas, que poderiam ser definidas como armas combinadas para abalar a coesão do inimigo e destruir idealmente a sua vontade de lutar, sempre através do máximo emprego de violência. Pode-se identificar quatro níveis de prontidão distintos na realidade do combate:
- **Prontidão estrutural** – corresponde à existência das estruturas humana e material – tipicamente identificadas com a presença de oficiais e de uma percentagem de pessoal e equipamentos de linha –, que, pela simples adição de tropa e equipamento, permite iniciar o ciclo de preparo de prontidão operacional. A prontidão estrutural pode ser compreendida como uma forma de economia em tempos de paz, uma vez que permite manter o pessoal qualificado – recurso mais difícil de se obter.
- **Prontidão mobilizacional** – corresponde à existência de estruturas e planejamentos capazes de orientar o correto dimensionamento e provisionamento de pessoas e coisas de tal forma a compor unidades operacionalmente prontas. A prontidão mobilizacional seria mais um esforço de planejamento e autoconhecimento do que, necessariamente, um plano específico.
- **Prontidão operacional** – corresponde à iminência do engajamento, significando um regime de completamento de efetivo, equipamento e suprimentos, assim como o correto funcionamento de sistemas de apoio. Trata-se de um ponto na curva do tempo, ou melhor, um ponto no ciclo de preparação, sustentação e desativação dos meios e recursos. Cabe ainda salientar que a prontidão operacional não pode ser sustentada indefinidamente, podendo ser apenas mantida por poucas horas.
- **Prontidão tática** – corresponde à iminência do combate, significando, entre outras coisas, a disposição para a luta e o aprestamento final das armas (geometria em relação ao eixo de ameaça, destravamento da segurança dos armamentos, avisos e alertas para sistemas e armamentos de apoio).

Agradeço ao Professor Domício Proença Jr. e demais integrantes do Grupo de Estudos Estratégicos (COPPE/UFRJ) pelas suas contribuições na conceitualização dos níveis acima apresentados. Para uma discussão mais aprofundada das questões relativas ao emprego das forças combatentes, ver Clausewitz (1996).

as atividades típicas e usuais de policiamento que haviam justificado a sua origem no Decreto de D. João VI em 1809.[60] As missões de polícia propriamente ostensiva ficavam a cargo de outras agências, tais como as polícias civis, as guardas de vigilância, as guardas civis etc. (Silva, 1990). Conforme Silva (1990, p. 184) descreve em seu livro:

> [...] cumprindo a sua missão constitucional, as polícias militares empenhavam-se na guarda de pontos sensíveis, tais como: estações e torres de transmissão de energia elétrica, legações estrangeiras, instalações industriais essenciais, instalações telegráficas e postais, instalações de tratamento d'água, adutoras, e no controle de distúrbios. Raras eram as missões de policiamento ostensivo, e ainda assim por solicitação da autoridade judiciária ou de outras autoridades, e para o emprego em grandes eventos.

De certa maneira, a Constituição de 24 de janeiro de 1967 reproduz o que já havia sido anteriormente definido como missão constitucional das PMs, invertendo curiosamente as prioridades de suas atribuições. Segundo o Artigo 13, Inciso 4, as polícias militares passariam a ser "instituídas para a manutenção da ordem e segurança interna". É possível que esta inversão estivesse sinalizando uma recondução gradativa das PMs às suas atividades parciais de polícia, já que elas receberam, através de um decreto-lei, a autorização para também exercer o policiamento ostensivo fardado. Contudo, neste mesmo decreto, o governo militar cria a Inspetoria Geral das Polícias Militares (IGPM), um órgão fiscalizador pertencente ao Exército e que se encontra, até hoje, em pleno funcionamento (Decreto-Lei n.º 317, 13/3/1967).

O reforço da subordinação das polícias militares ao Exército, além de criar uma agência de controle direto das suas atividades enquanto uma força paramilitar, incluía ainda a seguinte proibição: o Ato Complemen-

---

[60] Segue a reprodução do Decreto do Príncipe Regente que deu origem à Polícia Militar do Rio de Janeiro: "Sendo de absoluta necessidade prover à segurança, e tranquilidade Pública desta Cidade cuja população, e trafico tem crescido consideravelmente, e se augmentará todos os dias pela affluencia de Negocios inseparavel das grandes Capitaes; e havendo mostrado a experiência, que o Estabelecimento de huma Guarda Militar de Policia he o mais proprio não só para aquelle desejado fim da boa ordem, e socego Público, mais ainda para obstar às damnosas especulações do Contrabando, que nenhuma outra Providência, nem as mais rigorosas Leis prohibitivas tem podido cohibir: Sou Servido Crear huma Divisão Militar da Guarda Real da Policia desta Corte, com a possivel semelhança daquella, que com tão reconhecidas vantagens Estabeleci em Lisboa, a qual se organizará na conformidade do Plano, que com este baixa, assignado pelo Conde de Linhares, do Meu Conselho de Estado, Ministro, e Secretario de Estado dos Negocios Estrangeiros, e da Guerra. O Conselho Supremo Militar o tenha assim entendido, e o faça executar na parte, que lhe toca. Palacio do Rio de Janeiro em treze de maio de mil oitocentos e nove" (Arquivo Geral – AjG/PMERJ).

tar n.º 40, de 30 de dezembro de 1968, determinava que os integrantes das PMs não poderiam, em nenhuma hipótese, receber vencimentos superiores aos dos militares regulares ocupantes de postos e graduações correspondentes.[61]

Mas a ingerência da força armada não teria se restringido às proposições legais. A intervenção na gestão mesma da PMERJ, em particular, foi um fato histórico constante e perturbador. Note-se que em 190 anos de existência, a atual Polícia Militar do Estado do Rio de Janeiro foi durante quase 160 anos comandada por um oficial de alta patente do Exército regular.[62] O quadro a seguir é bastante elucidativo dos longos períodos em que generais, coronéis e outros oficiais superiores do Exército ocuparam o comando da organização policial militar.

Quadro 1 – Comandos das Polícias Militares do Estado do Rio de Janeiro (1809-1999)

Histórico dos Comandos das Polícias Militares do Estado do Rio de Janeiro		
Polícia Militar da Corte, do Distrito Federal e da Guanabara		
Período	Origem dos ex-comandantes	Tempo total de comando
1809-1870	Exército	61 anos
1870-1878	Polícia Militar	8 anos
1878-1961	Exército	83 anos
1961-1965	Polícia Militar	4 anos
1965-1975	Exército	10 anos
Em 166 anos de existência, a antiga Polícia Militar da Guanabara foi comandada por um policial de carreira somente por 12 anos.		
Polícia Militar do Antigo Estado do Rio de Janeiro		
Período	Origem dos ex-comandantes	Tempo total de comando
1835-1892	Exército	57 anos
1892-1893	Polícia Militar	1 ano
1893-1919	Exército	26 anos

---

[61] Esta proibição é mantida pela Carta Constitucional de 17 de outubro de 1969.
[62] Para uma crítica da identificação dos problemas de ordem pública com os assuntos de segurança interna, e do processo de "remilitarização da segurança pública" na era democrática. ver Cerqueira (1996) e Silva (1996).

1919-1922	Polícia Militar	3 anos
1922-1975	Exército	53 anos
Em 1910, o comando foi exercido por 8 meses por um Oficial da PM. Em 1937, o Comando foi exercido por 6 meses por um Oficial da PM. Em 1959, o Comando foi exercido por 8 meses por um Oficial da PM. Entre 1960 e 1974, os 8 comandos provisórios exercidos por oficiais da PM não ultrapassaram um total de 4 meses. Observe que em 140 anos de existência, a antiga Polícia Militar Fluminense foi comandada por um policial de carreira somente por 6 anos e 4 meses.		
Polícia Militar do Estado do Rio de Janeiro (PMERJ)		
Período	**Origem dos ex-comandantes**	**Tempo total de comando**
1975-1982	Exército	7 anos
1983-1999	Polícia Militar	16 anos
A partir do retorno às eleições diretas para o governo do estado em 1982, o Comando da Atual PMERJ passou a ser exercido por um policial de mais alta patente (coronel).		

Fonte: Evolução Onomástica e Galeria dos Ex-Comandantes Gerais, Arquivo Geral-AjG/PMERJ

É interessante também observar que, somente após 23 anos, com a Carta Constitucional de 17 de outubro de 1969, o termo "segurança interna" é retirado do texto que definia a missão das polícias militares. Ainda instituídas para a "manutenção" de uma ordem agora definida como "pública", as PMs receberiam, através de decretos-lei do mesmo ano, a exclusividade do policiamento ostensivo (ver Decretos-Lei n.os 667, de 2/7/1969, e 1.072, de 30/12/1969). Mas a execução das atividades ostensivas não significou um retorno definitivo às tarefas propriamente civis de polícia e o consequente abandono das antigas ações militares. Conforme evidencia o Artigo 25, do Decreto n.º 66.862, de 8 de julho de 1970, as polícias militares deveriam integrar "o serviço de informações e contrainformações do Exército, conforme dispuserem os Comandantes de Exército ou Comandos Militares de Áreas, nas respectivas áreas de jurisdição". Se, por um lado, as PMs deixaram de ser, a partir de 1969, a primeira linha de frente no combate aos "inimigos internos", por outro, elas deveriam fazer o trabalho publicamente invisível de contribuir para a chamada "caça às bruxas".[63] Em outras palavras, suas atividades de segurança interna ainda se fariam sentir por mais algum tempo, evidenciando uma certa esquizofrenia no exercício de suas atribuições: simultaneamente uma polícia ostensiva da ordem pública e um órgão integrante da chamada "Comunidade de Informações" comandada pelo Exército.

Pode-se dizer que resulta deste período o atual desenho do sistema policial brasileiro, com duas agências policiais estaduais realizando, no jargão policial, o "ciclo incompleto de polícia": a Polícia Civil, apenas com atribuições judiciárias e investigativas; e a Polícia Militar, somente com funções de polícia fardada e ostensiva. A atual Constituição democrática manteve esta estrutura, procurando conformar as organizações policiais às atribuições propriamente civis de polícia, ainda que reproduzindo monopólios e quase-monopólios das burocracias armadas vindos das cartas autoritárias. Note-se que estes monopólios tornam as polícias mais fortes que o seu governo eleito, sinalizando riscos à estabilidade democrática e no controle civil dos meios de força. Mas, pela primeira vez, as questões policiais são tratadas, no texto constitucional, em um capítulo específico intitulado "Da Segurança Pública". O Artigo 144 define o que deve ser entendido por "segurança pública", circunscrevendo as missões das polícias brasileiras: "A segurança pública, dever do Estado, direito e responsabilidade de todos, é exercida para a preservação da ordem pública e da incolumidade das pessoas e do patrimônio".

Traçando um plano comparativo com um certo continuísmo das constituições anteriores, observam-se mudanças importantes de enquadramento. Se as polícias militares permaneceram, desde 1934, como "forças auxiliares e reservas do Exército", elas também passaram a estar explicitamente subordinadas "aos Governadores dos Estados, do Distrito Federal e dos Territórios". Ainda que somente referidas ao Poder Executivo,[64] constata-se um avanço no que concerne à autonomia das unidades federativas na elaboração de suas políticas de segurança, incluindo aí a liberdade da governança estadual na definição de um projeto salarial próprio para a PM, desvinculado das Forças Armadas.

---

[63] O ingresso das PMs nos sistemas de informações e contrainformações do Exército motivou o inchaço do seu "serviço reservado", a PM/2, que passou a se ocupar menos com as tarefas internas de sindicância e de investigação criminal e mais com a produção de informações voltadas para a segurança interna. Confira Silva (1990, p. 179-191).

[64] Em outros países, por exemplo, os EUA, as diversas polícias estão subordinadas ao poder executivo (local, estadual ou federal), mas sob estrito controle da justiça. Ver Bittner (1990), Walker (1993) e Ohlin e Remington (1993).

Outro ponto relevante é o deslocamento da obrigação de cumprir uma ordem estabelecida de cima para a ideia da segurança pública como um "direito" e uma "responsabilidade" do cidadão, agora entendido como coprodutor da ordem pública que o circunscreve. Nesta nova concepção, a ordem pública deixa de ser "mantida" para ser "preservada" por todos, com a ação executiva e continuada das PMs ou "polícias ostensivas". Fica evidente a pretensão desta proposta constitucional: reparar os equívocos históricos que, de forma redundante, promoveram a descaracterização legal e política das ferramentas policiais por mais de meio século.

Mas as transformações no mundo das leis não se traduzem automaticamente em mudanças nas realidades do mundo. A polícia militar foi devolvida, somente nos últimos trinta e sete anos, à sua condição de polícia propriamente dita, com plenas tarefas ostensivas, passando a experimentar um cenário urbano radicalmente distinto e infinitamente mais complexo que a realidade mapeada no início do século passado. Era preciso, portanto, aprender de novo a "fazer polícia"; era inadiável "voltar a ser Polícia de verdade". A retomada de sua identidade policial, isto é, a reconstrução do seu lugar e de sua forma de estar no mundo se deu em um outro ambiente socioeconômico, em um outro cenário político. As questões e os desafios da ordem urbana social eram outras;[65] também eram outros os atores, assim como os saberes e a realidade das técnicas policiais.

A partir da década de 1960, o Ocidente assistiu a uma verdadeira revolução em termos de conhecimento e tecnologias de polícia. De um lado, foi consolidado um volumoso acervo científico, e, de outro, alteraram-se o ensino e a instrução, os meios de comunicação adotados, os tipos de veículos, os armamentos, as estruturas organizacionais, as técnicas de emprego de força, os expedientes estratégicos e táticos etc. (Bittner, 1990; Skolnick; Bayley, 1986; Bayley, 1998; Punch, 1983). Mas as modernidades dos assuntos de polícia não foram imediatamente transpostas para a realidade da PMERJ. A transição para a consolidação da vida democrática também se fez sentir na PM, que até os dias de hoje experimenta o descompasso entre as missões contemporâneas a ela atribuídas e a disponibilidade dos meios humanos e materiais para cumpri-las.[66]

---

[65] Para uma discussão sobre a problemática da criminalidade e da violência contemporânea, ver Soares *et al.* (1996); Garotinho, Soares *et al.* (1998); Rico e Salas (1992); Pinheiro (1997); Caldeira (1997); Paixão e Beato (1997).

[66] Por exemplo, o sistema de telecomunicações voltado para o controle e despacho de viaturas – o GPS, uma ferramenta trivial de polícia ostensiva – foi implantado recentemente e ainda necessita, segundo os oficiais e técnicos responsáveis, ser aperfeiçoado e expandido para toda a região metropolitana do Rio de Janeiro.

Silva (1990) chama a atenção para o fato de que a Doutrina da Segurança Nacional – morta pela pena da lei – teria deixado, no presente, as suas marcas no que concerne à instrução e ensino das polícias militares. "Na Escola Superior de Polícia Militar (ESPM) do Rio de Janeiro, por exemplo, até o ano de 1984, os assuntos policiais comuns eram tratados na disciplina Segurança Interna II, sendo a cadeira Segurança Interna I destinada à segurança interna propriamente dita" (Silva, 1990, p. 182). De fato, o problema da formação e do preparo dos quadros policiais militares tem consistido em uma variável importante, não apenas para a afirmação corporativa de uma "identidade policial", mas também para a prestação eficaz dos serviços ostensivos civis de polícia. Se o tradicional modelo pedagógico prioriza o adestramento e o condicionamento militares voltados para a ação padronizada como "tropa" – expedientes considerados necessários às intervenções ao estilo de uma força-tarefa –, o atual horizonte de polícia requer uma ênfase dirigida para o desenvolvimento da capacidade individual de ter iniciativa, criatividade e discernimento para lidar com a variabilidade das circunstâncias contingentes, dos imponderáveis e, sobretudo, das emergências que compõem a realidade do trabalho de polícia.[67] Essa ênfase nas habilidades do *police officer* já havia sido anunciada por Sir Robert Peel. Não se pode esquecer que a individualização das decisões e ações policiais fazia parte da matriz londrina de polícia.

Este não é um desafio trivial. As discussões acerca da reformulação dos currículos, dos conteúdos disciplinares e da própria metodologia de ensino para todos os níveis de formação policial ocupam uma parte expressiva da atenção dos reformadores de polícia. Tal como vem ocorrendo na Brigada Militar do Rio Grande do Sul, outras PMs têm desenvolvido parcerias com as universidades no intuito de atualizar os perfis de entrada e saída do profissional de polícia, e de ofertar uma formação policial mais adequada e de melhor qualidade.[68]

De certo modo, o esforço de se tentar ultrapassar as sentidas limitações da doutrina militar aplicada à polícia conduziu a uma outra armadilha doutrinária: o apego acrítico à perspectiva criminal do Direito. É evidente que, no seu cotidiano, as polícias passam uma parcela do seu tempo estabelecendo contatos com advogados, promotores, defensores públicos,

---

[67] Cabe salientar que faz parte dessa realidade uma dose substantiva de imprevisibilidade. Não há como se ter certeza prévia do curso de ação mais adequado – em particular, se haverá mesmo a necessidade do emprego da força ou simplesmente de sua ameaça.
[68] Acerca do projeto de modernização da Brigada Militar, confira Luz (1998).

juízes e demais operadores do mundo jurídico formal. É fato que elas gastam uma quantidade de horas utilizando e procurando compreender a gramaticalidade da linguagem penal. Também é verdade que, na sua rotina administrativa, as agências policiais – principalmente a polícia judiciária e investigativa – transitam pelos meandros burocráticos do Ministério Público e do Judiciário. Mas a proximidade e mesmo a instrumentalidade do Direito Penal para certas questões de polícia não devem ser confundidas com o amplo espectro da atuação policial, em particular o das polícias militares ou polícias do provimento da ordem pública. É óbvio que a legislação criminal constitui um importante instrumento para polícia ostensiva. Mas é apenas um instrumento tão necessário quanto tantos outros no dia a dia de um PM. O conhecimento, ainda que qualificado, das firulas jurídicas penais (incluindo aí as formas de processamento das leis criminais) não é suficiente para informar o perfil desejável de um patrulheiro que atua em todo tipo de problemas, conflitos e desordens – os quais ou não possuem, em sua maioria, uma tradução na *rationale* jurídica ou não se configuram como realidades propriamente criminais. As atividades de polícia ostensiva – majoritariamente dissuasórias – estão circunscritas pela legalidade, mas, em boa medida, colocam-se em um momento anterior à conformação de um ato difuso em um fato criminal propriamente dito. Mesmo naquelas ocorrências tipificadas como "crime em andamento", o conhecimento formal das leis penais parece ser pouco relevante para orientar um PM a escolher, com rapidez e discernimento, o melhor curso de ação a ser adotado. Afinal, a identificação de uma circunstância como legalmente criminosa é previa e não determina a evolução do evento tipificado como criminoso e, por sua vez, não elimina a dimensão contingente das interações entre policiais e cidadãos. Na prática ostensiva, os conhecimentos penais tornam-se, portanto, uma ferramenta limitada, principalmente quando se trata de instruir os policiais a adotarem uma estratégia de ação ou a decidirem qual recurso tático é mais adequado às circunstâncias em que se está atuando. Por outro lado, como a polícia ostensiva está sempre engajada no atendimento de ocorrências difusas e heteróclitas que interferem diretamente na produção pública de ordem, como, por exemplo, o "resgate de um alienado mental", a "condução de uma parturiente", a "retirada de um bêbado" ou uma querela de vizinhos, a aplicação estrito senso dos expedientes penais pouco pode auxiliar nos processos cotidianos de tomada de decisão policial, mostrando-se residual e, no limite, pouco provável.

A despeito das evidências sociológicas de que a racionalidade jurídica é incapaz de recobrir os fluxos e as descontinuidades da vida citadina – ambiente onde a polícia ostensiva atua –, o ensino do Direito Penal nas academias da Polícia Militar tornou-se uma tradição nas duas últimas décadas. As disciplinas da área jurídica passaram a ocupar uma parte tão expressiva da formação policial que os oficiais PMs saem habilitados a concluir o bacharelado em Direito em, no máximo, dois anos. Além de não recobrir o conteúdo interdisciplinar necessário ao profissional de polícia ostensiva, uma formação policial voltada quase que exclusivamente para as ciências jurídicas parece ter contribuído para o reforço de uma visão criminalizante da ordem pública, extremamente danosa aos serviços ostensivos de polícia. A criminalização do mundo social é correlata ao já mencionado legalismo moral, cujos efeitos perversos em termos de ação cotidiana de polícia são, na maior parte dos casos, irreparáveis. Diferente dos usuais operadores do sistema criminal, os policiais ostensivos estão nas ruas interagindo de forma descontínua com os cidadãos em todo tipo de eventos. Se motivados por um imaginário excessivamente penal – quase sempre revestido de uma atraente aparência legalista –, eles tendem a produzir e multiplicar os fatores criminais que ambicionam prevenir ou frustrar. Como em uma espécie de profecia que se autocumpre, esses policiais, no afã de buscar "enquadrar a conduta criminosa", acabam elevando o universo de elementos suspeitos ao limite da vida social – ela mesma passando a ser, paradoxalmente, identificada como "suspeita" e "ilegal".

Soma-se às tensões derivadas das correntes doutrinárias em circulação na cultura institucional da PMERJ, a fusão político-administrativa dos estados da Guanabara e do Rio de Janeiro, em 1975, que agregou mais um elemento complicador à reconstrução identitária da PM do Rio. Conforme demonstra o quadro a seguir, a atual Polícia Militar do Estado do Rio de Janeiro teria apenas 50 anos de existência organizacional.

Quadro 2 – Evolução Onomástica da Polícia Militar do Estado do Rio de Janeiro – PMERJ (1809-1975)

Evolução Onomástica da Polícia Militar do Estado do Rio de Janeiro – PMERJ		
Ano	Antiga Guanabara	Antigo Estado do Rio de Janeiro
1809	1. Divisão Militar da Guarda Real de Polícia	

Evolução Onomástica da Polícia Militar do Estado do Rio de Janeiro – PMERJ		
Ano	Antiga Guanabara	Antigo Estado do Rio de Janeiro
1831	2. Corpo de Guardas Municipais Permanentes	
1833	3. Corpo Municipal Permanente da Corte	
1835		1. Guarda Policial da Província do Rio de Janeiro
1844		2. Corpo Policial da Província do Rio de Janeiro
1858	4. Corpo Policial da Corte	
1865		3. Corpo Policial Provisório da Província do Rio de Janeiro
1866	5. Corpo Militar de Polícia da Corte	
1889	6. Corpo Militar de Polícia do Município Neutro	4. Regimento Policial do Rio de Janeiro
1890	7. Regimento Policial da Capital Federal 8. Brigada Policial da Capital Federal	
1893		5. Regimento Policial do Rio de Janeiro
1897		6. Brigada Policial do Rio de Janeiro
1901		7. Regimento Policial do Rio de Janeiro
1905	9. Força Policial do Distrito Federal	
1911	10. Brigada Policial do Distrito Federal	
1919	11. Polícia Militar do Distrito Federal	
1924		8. Força Militar do Estado do Rio de Janeiro

Evolução Onomástica da Polícia Militar do Estado do Rio de Janeiro – PMERJ		
Ano	Antiga Guanabara	Antigo Estado do Rio de Janeiro
1939		9. Força Policial do Estado do Rio de Janeiro
1947		10. Polícia Militar do Estado do Rio de Janeiro
1960	12. Polícia Militar do Estado da Guanabara	
1975	Polícia Militar do Estado do Rio de Janeiro – PMERJ	

Fonte: Evolução Onomástica e Galeria dos Ex-Comandantes Gerais, Arquivo Geral-AjG/PMERJ

Como se pode notar, a PMERJ constitui-se em um híbrido institucional originado do amálgama de, no mínimo, três organizações anteriores: a Polícia Militar do Distrito Federal, a Polícia Militar da extinta Guanabara e a Polícia Militar do antigo estado do Rio de Janeiro. A unificação dessas corporações significou um total realinhamento organizacional e administrativo da máquina burocrática – implicando desde a reestruturação do Estado Maior e dos níveis de comando, passando pelo reordenamento dos batalhões e demais unidades operacionais, até a assimilação e ordenamento de efetivos, instalações e equipamentos. Se consideramos que as polícias militares são, dentre as agências do estado, organizações de larga escala, o processo de reestruturação resultante da criação do novo estado do Rio de Janeiro não foi algo banal em termos dos impactos internos provocados. Até bem pouco tempo a PM do Rio sentia os efeitos da fusão. Ainda existem no interior da corporação profissionais na ativa, na reserva e na reforma de origens institucionais distintas:

- os policiais que ingressaram na PM do Distrito Federal;
- os policiais que ingressaram na PM da Guanabara;
- os policiais que ingressaram na PM do Rio de Janeiro; e
- os policiais que ingressaram na atual PMERJ.

Entre outros problemas administrativos gerados com as distintas origens institucionais, destacam-se as complicações burocráticas produzidas no percurso de ascensão profissional. São muitos os policiais de igual patente e com o mesmo tempo de serviço que já cumpriram os interstícios e as exigências necessárias, e que não puderam ser promovidos por ausência de vagas no quadro de promoção. Afora os entraves de natureza burocrática e gerencial, cabe assinalar os conflitos derivados das singularidades institucionais trazidas pelos policiais das suas organizações de origem. Hábitos, prioridades e procedimentos de atuação distintos e de longa data rotinizados passaram a conviver em uma nova organização. A conformação de valores, expectativas profissionais e rotinas diversos em uma outra realidade organizacional não foi, e nem poderia ser, mecânica e imediata. É bem provável que práticas policiais consentidas e tradicionalmente adotadas nas pequenas e médias cidades ou nas áreas rurais cobertas pelos "treme-terra" (PMs fluminenses) destoassem do estilo e da performance dos PMs da capital e da região metropolitana. Afinal, além de um cenário distinto dos problemas de ordem pública, essas polícias estavam expostas a diferentes orientações de comandos e políticas de policiamento.

Pode-se dizer que a PM carioca, a partir de 1975, passou a enfrentar dois grandes desafios: de um lado, a novidade de fazer policiamento ostensivo contemporâneo, ou melhor, a necessidade de redesenhar as suas atividades-fim ao contexto das demandas atuais; e, de outro, a reconfiguração administrativa de suas atividades-meio – suporte indispensável ao exercício dos serviços policiais propriamente ditos. Para alguns policiais da "antiga geração", a PM do Rio teria sofrido uma diversificação e uma ampliação do seu universo territorial de cobertura, sem que esse crescimento tivesse sido, contudo, acompanhado dos devidos investimentos em estruturas, em recursos humanos e materiais. O descompasso entre estes níveis teria, em boa medida, comprometido a "modernização" da PMERJ, introduzindo outros constrangimentos à sua capacidade de prestar um serviço eficiente, eficaz e efetivo.

Um experiente sargento, proveniente da PM da Guanabara, narrou-me, com uma razoável dose de comicidade, "o lado bom da fusão das PMs". Na sua versão bem-humorada, o único ponto que teria sido objeto de consenso dentro das forças teria sido a escolha da cor do fardamento da PMERJ. Segundo ele, acabou prevalecendo o uniforme "azulão" da Guanabara – uma espécie de ícone emblemático do esforço de integração. Para o meu confidente, os PMs fluminenses se sentiam "diminuídos" com a sua antiga farda. "Feia e sem prestígio", a cor cáqui do seu fardamento – que "parecia que estava sempre suja e com poeira" – era facilmente confundida, na época, com os uniformes dos lixeiros, motoristas de ônibus e entregadores de cargas. Conclui dizendo que o azulão da PM, "que todo mundo vê à distância", transmite "respeito e autoridade"; características identificadas como indispensáveis, pois, afinal, "os PMs são ostensivos porque gostam de aparecer".

Dos distintos aspectos relacionados à crise identitária enfrentada pela PMERJ, cabe ressaltar o adiamento que a influência direta do Exército, assim como a sustentação no presente de sobrevivências herdadas da junção estabelecida constitucionalmente entre ordem pública e segurança interna, provocou na construção de um universo próprio de reflexões e de técnicas dirigidas à complexidade das atribuições e atividades civis de policiamento. É voz corrente que "polícia não se improvisa". Nesse sentido, parece oportuna a elaboração de políticas públicas efetivas voltadas para um real dimensionamento das questões policiais, sem as quais se tornam limitados ou pouco produtivos os esforços isolados de melhoria da qualidade e extensão dos serviços prestados.

4

"ESTE ESPELHO REFLETE VOCÊ E VOCÊ A PMERJ": O *ESPRIT DE CORPS* E O SENSO DE MISSÃO

> *Canção do Policial Militar*
> *Em cada momento vivido, uma verdade vamos encontrar. Em cada fato esquecido, uma certeza nos fará lembrar. Em cada minuto passado, mais um caminho que se descobriu. Em cada Soldado tombado, mais um sol que nasce no céu do Brasil. Aqui nós todos aprendemos a viver demonstrando valor, pois o nosso ideal é algo que nem todos podem entender na luta contra o mal! Ser Policial é, sobretudo, uma razão de ser. É enfrentar a morte, mostrar-se um forte no que acontecer. Em cada pessoa encontrada mais um amigo para defender. Em cada ação realizada, um coração pronto para agradecer. Em cada ideal alcançado, uma esperança para outras missões. Em cada exemplo deixado, mais um gesto inscrito em nossas tradições. Em cada instante da vida nossa Polícia Militar será sempre enaltecida em sua glória secular! Em cada recanto do Estado, deste amado Rio de Janeiro, faremos ouvir nosso brado, o grito eterno de um bravo guerreiro!*
> (Ten Cel PM Horsae – PMERJ)

Ele é um policial militar! São muitos os significados passíveis de serem extraídos de uma frase tão sucinta e econômica, particularmente do qualificativo "militar". A indicação mais óbvia e que atende à exigência cognitiva de produzir e seguir emprestando algum sentido às nossas interações sociais é aquela que aponta para a apreensão de uma diferença – qualquer uma – que teria sido rapidamente percebida. Que anuncia, de forma sensível e explícita, o reconhecimento de um "outro" que experimentaria uma realidade também imaginada como outra, sobretudo quando comparada, à primeira vista, com a nossa própria maneira de estar no mundo. Neste jogo de estranhamentos, comum a qualquer dinâmica interativa, toda pista ou qualquer traço que capture as singularidades identificadas nesse "outro" visto como "diferente" adquire uma importância estratégica: a de fornecer, ainda que de forma provisória, a possibilidade de tradução dessas mesmas singularidades. Se, como afirma a reflexão antropológica, qualquer significado é melhor do que o incômodo intelectivo da sua possível ausência (Lévi-Strauss, 1976), então os artefatos afetivos e metafóricos como as imagens, e até mesmo os clichês e as caricaturas que se colam aos atores com os quais interagimos, podem se mostrar rentáveis ao exercício de buscar a sua decifração e o seu entendimento.

Se contrastados com os cidadãos comuns, os policiais militares, os janos guardiões contemporâneos das entradas, saídas e fluxos da ordem pública, não são nem tão exóticos assim, nem tão despercebidos. Talvez, ao seu modo, eles sejam diversos e se queiram em boa medida equivalentes. Em suas irônicas, críticas e próprias palavras, os chamados PMs que entrevistei anunciam a seguinte advertência para os "civis" que os observam, solicitam os seus serviços e os vigiam: "não somos ETs, também saímos dessa sociedade que está aí". Mas o que deles é possível imediatamente apreciar?

A construção do *éthos* policial militar, ou melhor, a ressocialização no mundo da caserna imprime marcas simbólicas que são visíveis ao primeiro olhar, que se mostram evidentes logo no primeiro contato. O espírito da corporação encontra-se cuidadosamente inscrito no gestual dos policiais, no modo como se expressam, na distribuição do recurso à palavra, na forma de ingressar socialmente nos lugares, no jeito mesmo de interagir com as pessoas etc. Creio que mesmo uma pessoa desinteressada e distante do universo dos policiais militares é capaz de notar algumas características peculiares e até pitorescas do seu comportamento.

A preocupação em fazer um uso restrito e consentido da fala vem acompanhada da obrigação de apresentar um discurso comedido e, sempre que possível, firme, impessoal e objetivo.[69] Na experimentação da vida aquartelada, parece haver pouco espaço para a adoção da palavra como um recurso estratégico de mediação ou como um artefato de livre circulação: a palavra é, ela mesma policiada, distribuída e sopesada de uma forma hierarquizada. As cotas e a permissividade que ordenam o "falar" e "o que se pode dizer" espelham a estrutura verticalizada das patentes. De certa maneira, a palavra costuma ser acionada como uma instância reativa, isto é, como um expediente de emissão tão somente de respostas, seja na interação com os oficiais superiores, seja no contato com o cidadão. Um

---

[69] A forma econômica, quase cifrada da fala policial é comumente caricaturada nos programas humorísticos. Neles sempre aparece um PM confinado às falas "positivo e operante" ou "negativo operante".

tipo de procedimento discursivo em nada estranho para atores que foram cuidadosamente "adestrados para não fazer questionamento" e produzir resultados imediatos "evitando a conversa", quase sempre entendida como um prenúncio para o bate-boca e para o descontrole. A arte da retórica ou da construção de uma arquitetura argumentativa tende a ser compreendida, salvo raras exceções, como um tipo de mascaramento da premência dos fatos, uma espécie de fuga planejada de algo mais imprescindível – a tomada de decisão. Ela se apresentaria como um artifício com sinal negativo; uma forma capciosa de engano ou de falseamento do real, cujo propósito seria o adiamento de intervenções e de iniciativas consideradas, do ponto de vista policial, urgentes e necessárias.

De fato, o falar, sobretudo o falar questionador e propositivo, "não é o forte" dos policiais militares, que preferem se orgulhar de serem talhados para "agir", cumprindo com devoção e presteza as suas atribuições. Constata-se, então, no mundo da PMERJ, um receio e até um certo temor da palavra e do seu potencial como um dispositivo de produção e de negociação de realidades. O seu uso, quando inadiável e intransferível, costuma ser assimilado como uma missão com um razoável teor de risco, objeto mesmo de autopoliciamento e, em muitos casos, também objeto de autocensura. Frequentemente associadas a uma visão pejorativa do ardiloso mundo da política, a palavra e a sua livre utilização tendem a ser percebidas como entidades desacreditadas e impeditivas da ação. Nessa ordem de entendimento, o falar desinibido e desmesurado é quase igual à inação ou ao intolerável "prometer e não fazer nada". Talvez por isso o bom uso da oratória no meio policial militar traga embutido uma ênfase eminentemente pragmática e funcional. Reduzida à sua instrumentalidade, a palavra é transvestida em uma espécie de palavra-ato que se mostraria capaz de converter a obediência em uma ação efetivamente cumprida. Sua serventia estaria, portanto, confinada em uma forma aparentemente segura: a emissão e a recepção de missões, ordens, instruções, notificações e responsabilidades. De todo modo, o uso parcimonioso, formal e autorizado do expediente discursivo – encenado principalmente na presença de oficiais superiores, autoridades e "cidadãos prestigiados pela força policial" – é apresentado para o mundo externo como uma das muitas demonstrações do caráter sedutor da etiqueta e da cortesia militares.[70]

---

[70] A experimentação da vida aquartelada na polícia põe em tela inúmeras características que têm sua raiz nas tradições militares estrito senso. A cortesia e a etiqueta militares adotadas pela PM orientam-se pelo "Regulamento de Continências, Honras e Sinais de Respeito das Forças Armadas". Para uma abordagem do universo cultural das Forças Armadas, ver Castro (1994).

Somam-se a essa negociação peculiar com a palavra os inúmeros sinais emitidos pela linguagem corporal. Certos movimentos milimetricamente desenhados no espaço, tais como a forma impávida de caminhar; o jeito exaustivamente ensaiado de deixar o corpo "descansar"; o modo vigilante, observador e, ao mesmo tempo, discreto do olhar; a pose ereta, fazendo sempre um invejável ângulo de 90° com a base; a gesticulação econômica e precisa evidenciam, entre outras coisas, o apego afetivo e moral à similitude estética sobretudo quando no uso do fardamento. Anunciam que toda essa teatralidade retrata o amor aprendido pela disciplina – valor em boa medida reiterado no corpo por uma espécie de obsessão pela correção postural.[71] A imposição de uma autovigília no que se refere à apresentação e ao asseio pessoais pode ser notada na aversão ao desleixo e o incômodo sentido em relação às coisas que estariam fora do prumo ou do seu devido lugar. Os sapatos bem engraxados, a vestimenta sem dobraduras e amassados, o corte de cabelo muito bem batido, o semblante integralmente exposto pela ausência de barba parecem complementar a necessidade constante de conferir atenção ao modo pelo qual se deve apresentar e divulgar a imagem da PMERJ.[72]

É evidente que todo esse cuidado ritual com a aparência individual é algo aprendido e reforçado durante os anos que os policiais militares passam na Academia de Polícia. Além das horas gastas diariamente com as atividades relativas ao aprendizado da "ordem unida" – que visa condicionar os cadetes a agirem e a se pensarem como uma fração de tropa sempre engajada, solidária e indivisa –, outras tarefas extracurriculares, tais como o cuidado pessoal com os fardamentos recebidos, o serviço de limpeza dos alojamentos, as tarefas de manutenção dos equipamentos e instalações escolares, o rígido cumprimento dos horários estabelecidos para as mais distintas atividades etc., complementam a rigorosa pedagogia militar de introjeção do *éthos* corporativo e sua vontade de norma e de uniformidade. O empenho exaustivo com a imagem institucional está,

---

[71] A literatura antropológica descreve, com muita propriedade, os modos mais diversos pelos quais os grupos sociais e distintas culturas têm utilizado o corpo como uma matéria-prima privilegiada para inscrever as suas marcas. Em relação ao lugar do corpo na construção identitária de grupos urbanos, ver Rodrigues (1980), Perlongher (1987), Caiafa (1985) e Silva (1993).

[72] Conta um oficial PM, hoje reformado, que quando era recruta teria sido submetido ao chamado "teste do algodão" – uma prática pedagógica oriunda do Exército brasileiro. Por ocasião da revista matinal da tropa, o oficial instrutor costumava escolher algum praça e, na frente dos demais, passava um pedaço de algodão em seu rosto para checar se a barba estava bem-feita. Caso as fibras do algodão ficassem retidas na face, o recruta era imediatamente retirado para executar de forma exemplar o seu asseio pessoal.

por excelência, voltado para produzir interna e externamente uma visão virtuosa e austera da organização policial militar. Nesse sentido, é importante frisar, qualquer tarefa atribuída (desde uma atividade propriamente policial até as tarefas cerimoniais da etiqueta militar) deve sempre ser executada com o máximo de capricho e presteza possíveis, incluindo aí, principalmente, a atenção espartana com a aparência e a higiene pessoais do representante da corporação uma ambição do oficialato aquartelado que contrastaria com o suposto descuido atribuído às praças responsáveis pelo policiamento nas ruas.

Toda vez que me encontro diante de um oficial da PMERJ, imediatamente vem à minha mente a seguinte questão: como eles conseguem, após um dia inteiro de trabalho, aparentar ter acabado de sair do banho? Até bem pouco tempo, essa minha despretensiosa impressão estava somente dirigida aos padres e pastores. Penso que os policiais militares buscam causar a impressão de que nunca se encontram desprevenidos, largados ao sabor do acaso, do imprevisto ou da deriva que, em boa medida, conformam o ambiente do trabalho policial ostensivo. De algum modo, isso operaria como uma espécie de contraponto simbólico à experimentação da incerteza e a consequente percepção ampliada do perigo. A disciplinarização do corpo e o seu requinte apresentam-se, portanto, como uma espécie de testemunho da possibilidade de intervir e contornar aquilo que se mostra arredio, inesperado ou contingente. Os PMs, particularmente os oficiais, procuram estar sempre impecáveis, encenando um estado continuado de prontidão, ou melhor, de engajamento cerimonial. Seu visual, principalmente quando fardados, estaria, fazendo uso do próprio jargão policial, sempre "pronto" para ser passado "em revista" pelo Comando e pela sociedade.

Certa ocasião, fui convidada a realizar a minha primeira palestra no curso de formação de oficiais da PMERJ. Tudo foi, como de praxe no meio militar, impecavelmente planejado e combinado. Apesar do meu interesse infantil de fazer uma ronda em um carro convencional de patrulha com a sirene ligada – um desejo próximo daquelas aventuras cinematográficas que estão sempre sob condições totais de controle –, fui informada de que, "para não causar constrangimentos na vizinhança" e à minha própria pessoa, uma viatura "descaracterizada" viria me buscar para conduzir-me até a Academia D. João VI, situada em Sulacap, na periferia da cidade. Conhecedora da pontualidade dos policiais militares na elaboração de sua agenda de compromissos, organizei-me para estar "a postos" no horário combinado. Durante o percurso fui conversando sobre o dia a dia da polícia com os PMs encarregados da missão de conduzir-me até a escola. Logo que entrei nas suas instalações – amplas, modestas e muito bem cuidadas –, fui recepcionada por outros oficiais que aguardavam, também "a postos", a minha chegada para conceder-me as honras militares destinadas a todos os visitantes. Eu ainda tinha alguns minutos antes de começar a aula matinal para os cadetes. E meus anfitriões, sempre hospitaleiros, ocuparam-se de apresentar-me às dependências da Academia. Já em um imenso pátio interno e coberto, fui vaidosamente atraída por um grande espelho cujas proporções capturavam minha imagem de corpo inteiro. Não resisti a uma parada estratégica para checar como estava o meu visual, dando uma última arrumação no cabelo e na vestimenta. Entretida na minha breve sessão de futilidade, notei que acima da base superior do espelho encontrava-se escrito na parede a seguinte frase: "Esse espelho reflete você e você a PMERJ". Imediatamente comentei com um dos meus cicerones, em tom jocoso: "Ah! não são só as meninas que gostam de espelho!". Ao que fui imediatamente esclarecida por um dos oficiais acompanhantes: "todos os alunos quando se dirigem às dependências da escola passam obrigatoriamente por aqui. Antes de iniciar suas atividades eles corrigem a postura, checam o fardamento e veem se está tudo no lugar". Informou-me, ainda, que em todas as escolas da PMERJ eu encontraria esse mesmo espelho com a referida advertência. Concluiu gentilmente sua explicação dizendo-me que é "indispensável à autoridade policial militar uma apresentação digna e respeitosa", compatível com a missão constitucional recebida. "Muito PM é desatacado na rua porque tem pinta de malandro, porque quer imitar o jeitão de bandido. Ele pode até ser honesto, mas fica desacreditado. Um policial militar desalinhado perde 50% da sua autoridade e do respeito do cidadão".

    O *éthos* policial militar apresenta-se a tal ponto internalizado que as suas manifestações soam como algo extremamente normal, natural e corriqueiro para um "integrante da força". Por outro lado, ele evidencia – pelo caráter exagerado e ostensivo de sua ritualização, sobretudo quando observado de fora da vida intramuros – que se trata de um conjunto de valores institucionais que é constantemente cultivado e policiado por todos os membros da organização.

A conduta militar do policial é exercida como uma espécie de patrimônio incomensurável que se recebe, que se preserva e que, fundamentalmente, deve permanecer sendo um bem ambicionado e perseguido ao longo da carreira profissional. É anunciada como o "grande diferencial" que permitiria destacar o PM de outros servidores públicos e demais atores do universo civil. Pode-se dizer que "a conduta esperada do policial militar" consiste em um lugar ritual privilegiado para encenar a aceitação e o orgulho do pertencimento, para exibir a honra e a distinção não apenas para o mundo externo, mas, principalmente, para dentro da própria PMERJ. O zelo por uma conduta militar querida como "exemplar" e o esforço cotidiano realizado para o seu aprimoramento servem como instrumentos de contraste entre os policiais militares. São acionados como uma importante referência simbólica para todos os integrantes, um requisito indispensável para a aquisição de prestígio junto aos superiores e para legitimar o emprego carismático e meritório da liderança. Tem-se, pois, uma rigorosa pedagogia voltada para produção de comportamentos uniformes que, ao mesmo tempo, propicia dinâmicas internas sutis de diferenciação. O contraste e os acréscimos pessoais no cumprimento do que foi ensinado pela formação militar parecem resultar do próprio imperativo de perseguir, "com obstinação e adestramento", a similaridade e a simetria dos indivíduos e dos seus movimentos. Talvez se possa dizer que as brechas para alguma individualização brotem da paixão mesma pela similitude. A constante e obrigatória busca do ideal de uma conduta homogênea favorece o aparecimento de gradações e particularidades no empenho individual de buscar se aproximar do comportamento coletivo idealizado como uma "boa praça".[73]

Fica evidente que a formação e a doutrina militares forjam elementos valorativos comuns entre distintos meios de força que apresentam um modelo militar de organização profissional, notadamente as PMs (as polícias ostensivas da ordem pública) e o Exército (a força terrestre da defesa nacional). A chamada tradição militar, ancorada nos princípios da hierarquia e da disciplina e na sua idealização, de fato, empresta cores específicas às grandes organizações burocráticas armadas cuja centralidade é o emprego ou a ameaça do uso da força. Elas revelam propriedades únicas se comparadas com os outros órgãos prestadores de serviços essenciais – em particular, aqueles que se conectam com a produção de

---

[73] São inúmeras as referências sociológicas acerca do impacto exercido pelas "Instituições Totais" sobre a construção do lugar do indivíduo e as possibilidades negociadas de individualização. Ver Mauss (1974, 1981).

ordem pública e suplementam os mecanismos oficiais de controle social difuso, como as agências assistenciais e de infraestrutura urbanas. Uma vez que a sua personalidade institucional está dirigida, por excelência, para o mundo da ação, os meios de força desenvolvem qualidades específicas para atuar em cenários adversos como a dinâmica de engajamento voltada para o pronto atendimento, ou melhor, a capacidade de mobilizar, com razoável rapidez, os seus recursos humanos e materiais para ofertar respostas imediatas aos distintos problemas colocados. Esta capacidade de atender às demandas emergenciais (presteza), de ofertar respostas às situações críticas e de tomar decisão e atuar, de forma continuada, em cenários de crise é – por ora – suficiente para indicar a existência de uma configuração identitária singular. Dessa conformação desdobra-se uma linguagem própria para conviver com o perigo e com o risco e para administrar, individual e coletivamente, a expectativa de experimentá-los ora de forma intensa e progressiva, ora de forma difusa e descontínua. Essa disponibilidade para vivenciar no cotidiano episódios limítrofes, inusitados e até mesmo imponderáveis, favorece a produção de uma mística profissional em torno dos PMs que, como narra a Canção do Policial Militar, fizeram o juramento de, "na luta contra o mal", "enfrentar a morte, [e] mostrar-se um forte no que acontecer".

    Outros elementos encontram-se diretamente associados a essa mística profissional. O *esprit de corps*, por exemplo, apresenta-se como um ingrediente indispensável à subjetividade policial militar. O perigo e os riscos vividos – e, em parcelas significativas dos casos, idealizados de forma extremamente romantizada – são compartilhados tão somente com os pares, favorecendo a elaboração de fortes sentimentos de união e cumplicidade. De fato, o espírito de corpo, valorizado e disseminado internamente, tem alguma base na realidade do trabalho de polícia e é, em boa medida, um expediente afetivo propositado.[74] Oficiais e praças da PMERJ são unânimes em dizer que "a polícia é um tipo de profissão que você não pode chegar em casa contando tudo que fez no seu dia de trabalho". Por um lado, a experimentação mesma da pura disponibilidade para conviver com o perigo ou a sua ameaça e, por outro, a inserção regular em ambientes desenhados pelo acaso e por um alto teor de incerteza (afinal, um tranquilo atendimento assistencial pode se converter em um quadro

---

[74] Mesmo naquelas polícias que não adotaram integralmente o clássico modelo militar, optando por uma estrutura mais flexível e descentralizada, observa-se uma expressiva valorização do espírito de corpo. Ver Bittner (1990), Skolnick e Fyfe (1993) e Reiner (1992).

de resistência ou oposição armada à presença policial), fazem prosperar imagens associadas à fraternidade e ao companheirismo policiais. Tudo parece indicar que os policiais não poderiam, na rotina do seu trabalho, prescindir emocionalmente da crença no auxílio inquestionável e dos sólidos elos de lealdade de seus pares, particularmente daqueles que fazem parte de uma mesma guarnição que policia as ruas. Esses dispositivos afetivo-morais operam como recursos estratégicos que ajudam a administrar a tensão expressa, ora no tédio da espera por um episódio inesperado ou violento em uma ronda que, até então, seguia monótona e previsível, ora no estresse de experimentar, de forma ininterrupta, toda sorte possível de interações descontínuas e fugazes com os cidadãos. Pode-se dizer que uma das coisas que governam o centro da ação de polícia é a ideia latente de que "um de nós pode estar correndo perigo em serviço" e que o "nosso companheiro de farda", agindo certo ou errado tecnicamente, necessita inquestionavelmente de ajuda. A camaradagem estrita e a solidariedade fraternal entre os PMs são ensinadas nos quartéis, objeto de regulamentação disciplinar, e reforçadas nas ruas. Sua força corporativa cresce na proporção da iminência do risco ou de sua efetiva experimentação dentro e fora da corporação policial militar. Se no âmbito externo o chamado "corporativismo policial" se manifesta, desde as situações de risco típicas do trabalho de polícia, passando pela defesa inconteste da PMERJ ante as críticas externas, até as pressões classistas, no plano interno, ele se faz presente, sobretudo, como um mecanismo que serve, paradoxalmente, de defesa contra os possíveis exageros na aplicação do regulamento disciplinar e de proteção para possíveis desvios policiais.

O processo de formação das praças e dos oficiais enfatiza o sentimento de unidade inclusive no próprio "adestramento militar". Conforme relataram alguns instrutores, uma tropa transforma-se em uma fração pronta para encarar os desafios da profissão policial quando, repetida vezes, ela é aprovada no teste da união. Diante da suspeita de que alguma praça teria cometido uma indisciplina dentro da escola, e da advertência de que todo o grupo será indistintamente punido, espera-se que a tropa se comporte como "tropa", expressando a sua unidade de grupo pelo silêncio ante o interrogatório, e que o próprio insubordinado, retribuindo eticamente a solidariedade grupal anunciada pelo sacrifício, apresente-se como o verdadeiro culpado.

Além da atividade policial, outras profissões que, de uma maneira distinta, relacionam-se com as questões relativas à vida e à morte, como a medicina, o sacerdócio etc., são também revestidas de uma roupagem mística e despertam uma razoável dose de mistério e curiosidade. A literatura antropológica, sobretudo aquela dedicada aos estudos da religião e da magia, descreve com muita propriedade os processos simbólicos de constituição de trajetórias que guardam a pretensão de lidar, de forma mais intensa, com os estados excepcionais da fragilidade e do descontrole humanos como o medo, a hostilidade, a doença, o transtorno mental, as manifestações de ódio e violência etc. Grosso modo, a dinâmica de construção social dessas carreiras é, em maior ou menor grau, estruturada por uma gramática que cobra dos seus inscritos um tipo de adesão total, que reivindica dos seus sujeitos uma vinculação social substantiva e totalizante (*cf.* Mauss 1974 e 1981). Isso pode ser observado no exercício disciplinado da abnegação e da entrega ao ofício; na experimentação do sofrimento individual provocado pelos períodos forçados de afastamento e de privação das boas coisas da vida; na valorização do sacrifício como um passaporte necessário para a realização de uma causa nobre etc. Muitos policiais militares, quando se reportam à sua vocação, à sua escolha profissional – em verdade, "uma escolha de vida" – e às suas atribuições como servidores que receberam a missão de "proteger e servir", fazem uso de uma estrutura de narrativa muito próxima dos testemunhos de vida que informam as conversões religiosas e demais processos profundos de reconstrução biográfica. Enunciados marcantes, tais como "no cumprimento do dever sacrificamos nossa própria vida" ou "a farda é a minha esposa e a amante é a minha mulher", plasmam a sintaxe policial militar. Evidenciam uma simbólica expressionista, em boa medida exegética, voltada cuidadosamente para a corroboração do pertencimento a um mundo novo (a corporação), inaugurado por um novo nascimento, isto é, "o nascimento para a vida policial militar". Um tipo de pertencimento no qual a fidelidade e o amor dedicados à corporação e à própria *persona* institucional assimilada pelos indivíduos devem ser encenados nos espaços mais distintos de sociabilidade dos conversos, até mesmo nas esferas mais triviais do mundo social, como uma festa de aniversário de criança, por exemplo. Na administração cotidiana dessa subjetividade, parece ser preciso se manter vigilante, em uma espécie de estado existencial de prontidão, jamais perdendo de vista o comprometimento de sempre "honrar a farda" "em cada ação realizada", "em cada ideal alcançado", em suma, "em cada exemplo deixado".

A construção dessa nova identidade, cujo momento zero é ritualizado, por exemplo, no recebimento de um outro nome, o "nome de escala" afixado na farda com o tipo sanguíneo, se dá no ingresso para as escolas e academias – o primeiro e, sobretudo no caso do oficialato, o principal estágio de introjeção e da aceitação de uma visão de mundo, propositadamente concebida como distinta das contingências, das intempéries e da imprevisibilidade a que estariam expostos os atores sociais para além dos muros seguros dos quartéis. Fazendo uso de um jargão antropológico, o período passado nas escolas constitui-se em um rito de passagem estendido e reencenado em cada etapa do percurso profissional: na aquisição de uma graduação mais elevada, no alcance de uma posição de comando, no rodízio entre as atividades de policiamento etc. Assim como nas experiências de afastamentos vivenciados por certas trajetórias religiosas, a carreira policial militar parece reforçar a necessidade de uma marcada descontinuidade com o chamado "mundo civil".

Na condição liminar de alunos-oficiais e alunos-praças, os futuros policiais militares vivenciam a sua transição através de uma total imersão no novo mundo oferecido. Os alunos-oficiais, por exemplo, são submetidos a um regime de internato durante, aproximadamente, os três anos de formação escolar. De forma mais aguda do que os soldados, que permanecem no máximo um ano dentro do Centro de Formação e Aperfeiçoamento de Praças (CFAP), os cadetes ou futuros oficiais experimentam, de uma maneira mais intensa, a elaboração do *self* policial militar – aquele que, evidentemente, é idealizado pela corporação. Em verdade, não são os soldados, os cabos e os sargentos – os atores que na prática fazem a polícia, atuando nas atividades de policiamento propriamente ditas – os maiores representantes da cultura institucional. O fardo de sustentar e impor as tradições policiais militares recai, por excelência, sobre o oficialato responsável pelas atividades executivas e administrativas de comando e planejamento das políticas da força ostensiva. Diferentemente daqueles que ingressam como praças na organização e que trabalham nas ruas, os oficiais apresentam uma personalidade institucional melhor elaborada, reproduzindo de forma mais explícita e com maior convicção a desejada personalidade policial militar.[75]

---

[75] Em várias polícias militares, os candidatos a cadetes chegaram a ingressar nas Academias com dezesseis anos de idade. Este é o caso, por exemplo, da Brigada Militar do Rio Grande do Sul, que há pelo menos vinte anos aceitava cadetes adolescentes. Conforme foi-me explicado, esses garotos completavam os estudos de segundo grau na própria Academia, tornando-se aspirantes muito jovens.

A despeito do maior ou do menor grau de adesão individual à cultura institucional da PM, todos os policiais militares (oficiais e praças) trazem consigo um dilema construído no período de formação escolar: eles são "adestrados" para intervir nos conflitos sociais, e, paradoxalmente, não são educados para compreender que esses mesmos conflitos constituem uma forma de sociabilidade, ou melhor, uma forma legítima de negociação da realidade social. A percepção reificada da obediência e da disciplina militares camufla e, em boa medida, exclui a disputa de interesses e o dissenso como uma forma de estruturação positiva da vida em sociedade. Busca-se, como vimos, ainda que idealmente, a uniformidade das ações e dos comportamentos. Os próprios profissionais de polícia – principalmente a nova geração de oficiais e praças – reconhecem os elementos de substantivação do seu universo aquartelado, expressando sua insatisfação através do jocoso provérbio "na PM nada se cria e tudo se copia": uma clara alusão à adoção integral do modelo organizacional e burocrático do Exército brasileiro, e ao discreto espaço concedido às idiossincrasias individuais, à criatividade e talento dos membros da organização.

Estudiosos de diversas polícias estrangeiras, quando se reportam ao processo de construção identitária dos policiais, enfatizam que o ingresso na carreira policial significa muito mais do que a simples aquisição de uma identidade profissional ou a adesão a uma "cultura organizacional" – noção hoje muito em moda. Essa identidade se apresenta para os postulantes como um estilo de vida, uma forma mesma de se pôr no mundo (Skolnick, 1994; Chan, 1997; Muir Jr., 1977). Cabe salientar que as exigências operacionais direta e indiretamente derivadas do trabalho policial e da sua complexa natureza – intervir ininterruptamente, através do recurso legal e legítimo da força, em um conjunto de eventos heteróclitos e voláteis, circunscritos por cenários de incerteza e risco – ultrapassam em muito as competências e as atribuições formais, projetando-se sobre a existência diária e privada do policial.[76]

O mesmo se pode constatar em nossas polícias, principalmente nas polícias militares, que são extremamente zelosas e apaixonadas pela

---

[76] Na *International Police Review*, maio/junho de 1998, foi publicada uma matéria sobre o crescimento das taxas de suicídio nas polícias americanas, em particular a Polícia de New York. Segundo a reportagem, construída a partir da pesquisa realizada pela Columbia University, entre 1992 e 1994 o suicídio correspondeu a 37,0% das mortes de policiais, superando os índices de homicídio. Dentre as características que informam o perfil do policial com propensões suicidas destacam-se o sexo e a idade. A grande maioria é do sexo masculino, possui acima de cinquenta anos e já se encontra aposentada ou próxima de concluir o seu tempo de serviço na força. Uma das hipóteses consideradas no estudo publicado refere-se ao sentimento de perda de uma identidade que interfere em todos os domínios da vida do policial.

sua tradição. Se a carreira policial militar é ofertada aos seus inscritos como uma forma privilegiada de inserção no mundo, então parece fazer todo o sentido anunciar a esse mundo que "ser policial é sobretudo uma razão de ser", em tempo integral, ou melhor, "em cada instante da vida". O Regulamento Disciplinar a que estão sujeitos os policiais da ativa e na inatividade normatiza, entre outras coisas, a conduta social desejada para a "família policial militar": um PM deve sempre se comportar como um espelho da PMERJ, zelando pelo "bom nome da classe", quando abre um crediário, quando escolhe os seus locais de lazer, quando faz amigos, quando se vê como qualquer cidadão envolvido em um conflito no trânsito ou em uma querela interpessoal, quando se relaciona com seus familiares etc.[77] O cumprimento da disciplina policial militar nos mais diversos níveis de interação social, e mesmo na inatividade, exige uma tal ordem de fidelidade à corporação que acaba por possibilitar o seu efeito inverso: parece quase impossível para um integrante da força conduzir a sua vida privada e social ao seu próprio modo sem, no limite, romper alguma regra e contrariar parte das centenas de transgressões previstas no Regulamento Disciplinar. A vontade draconiana de uma normatização excessiva do comportamento, e a crença absoluta na capacidade das regras de traduzir, e ordenar, todos os fluxos da vida comum tendem a motivar uma outra realidade, distinta daquela que seria moral e eticamente ambicionada: a lealdade dos indivíduos na transgressão, a unidade silenciosa e cúmplice na indisciplina que dá vida ao conhecido "código do silêncio" nas polícias.

Um outro aspecto diretamente relacionado à conduta policial militar e à sua manifestação como uma realidade que se faria sentir em todas as esferas da vida social, é o agudo senso de missão – valor profundamente enraizado nos PMs. Uma carreira estruturada por um imaginário carregado de alegorias que se ocupam em capturar as mais nobres e heroicas virtudes humanas não pode prescindir de uma certa estética missionária e militante. Como ocorre em outros meios de força militarizados, os policiais militares estão sempre, e de alguma maneira, engajados em uma missão inadiável e intransferível. A capacidade de ação coordenada como unidade e de pronta resposta às tarefas atribuídas assumem uma relevância superior à necessidade mesma de refletir sobre a pertinência da ordem superior emitida, ou melhor, sobre a utilidade propriamente policial da missão conferida.

---

[77] O Anexo I do Regulamento Disciplinar da PMERJ (RDPM), atualizado pelo Decreto n.º 6.579, de 5 de março de 1983, lista um conjunto de 125 transgressões, algumas das quais serão apresentadas mais adiante.

É razoável afirmar que, na vida intramuros, toda e qualquer solicitação vinda de cima é apreendida como uma inquestionável missão que deve ser "prontamente obedecida", exceto se implicar formalmente em uma ação ilegal ou criminosa por parte do subordinado. O regulamento disciplinar é suficientemente claro ao afirmar que o exercício da "disciplina consciente" classifica como insubordinação atitudes como "não cumprir ordem recebida"; "retardar a execução de qualquer ordem" e "deixar de comunicar ao superior a execução de ordem recebida tão logo seja possível".[78] Ante a possibilidade de cometimento involuntário de uma falta disciplinar, vale a presteza em atender a qualquer demanda institucional determinada, não importando a sua conectividade com as atividades-fim de polícia. Em outras palavras, "tudo" – e esse tudo abarca uma diversidade de coisas – merece ser tratado como uma missão: ser escalado como motorista para um oficial superior, uma autoridade civil ou um visitante; servir como ajudante de ordens; organizar uma partida de futebol; doar sangue quando solicitado; pintar as instalações do Batalhão; realizar pequenos consertos de mecânica e eletricidade; atuar como cicerone; providenciar aspirinas ou cigarros; servir de escolta ou de acompanhante para um visitante ilustre; realizar tarefas de jardinagem; atuar como garçom; representar a corporação em algum evento etc. Esses exemplos fazem parte de um rol ilimitado de missões que concorrem para a "colaboração espontânea à disciplina coletiva e à eficiência da Instituição".[79]

São notáveis os dispositivos de mobilização, disponibilidade e controle dos recursos das organizações policiais militares sobre o desempenho de tarefas internas à força, ou melhor, à execução das atividades distintas do policiamento propriamente dito e relacionadas ao exercício da prontidão militar. A capacidade do modelo militar de produzir respostas imediatas para qualquer demanda burocrático-organizacional – desde estacionar o carro de um visitante até providenciar relatórios ou manter uma fração a postos para atender alguma demanda de última hora – empresta à corporação policial uma aura positiva de autossuficiência e revela uma indispensável habilidade do seu pessoal para o improviso, para a ação na derradeira hora, "a hora da verdade" do "agir intempestivo". O policial militar é em boa medida um *faz tudo*, que deve estar sempre "pronto" para resolver – com a devida presteza e seriedade – toda missão a ele atribuída.

---

[78] Confira o Regulamento Disciplinar da PMERJ – RDPM/Diretoria Geral de Pessoal/EMG/PMERJ.
[79] *Ibidem.*

Em 1996, por solicitação do Ministério da Justiça e do Programa das Nações Unidas para o Desenvolvimento (PNUD/ONU), fui ao Espírito Santo realizar um exaustivo levantamento sobre a bem-sucedida experiência de policiamento comunitário conhecida como "Polícia Interativa". Minha visita técnica estava prevista para um total de duas semanas e, como se pode presumir, a agenda de compromissos, assim como o suporte de pessoal e veículos necessários à realização do trabalho de avaliação, foram providenciados pela PM capixaba. Tudo havia sido impecavelmente confeccionado, incluindo aí a emissão dos bilhetes aéreos, as reservas de hotéis, as inspeções nas unidades operacionais (BPMs e Companhias), as audiências com o Governador e seu secretariado, entrevistas nos jornais, rádios e TV locais etc. Logo à minha chegada no aeroporto de Vitória, fui recepcionada por um conjunto de oficiais PMs que me saudaram com as devidas honrarias militares e me entregaram um roteiro de atividades absolutamente detalhado e cronometrado. Confesso que jamais havia recebido algo tão bem elaborado. De imediato, não acreditei que se poderia cumprir tudo aquilo que estava previsto. Mas tudo foi prontamente concluído. Os longos percursos entre uma e outra cidade, as visitas aos Batalhões, os encontros com as representações comunitárias, a testagem dos sistemas de informações foram devidamente realizados nos horários estabelecidos pelo cronograma. À medida que os dias passavam, eu ia ficando cada vez mais surpreendida com tanta eficiência. Até as atividades de lazer tinham sido concebidas: as visitas aos pontos turísticos, as paradas para as fotos, as idas aos shoppings e aos restaurantes foram feitas com os meus anfitriões PMs – sempre dentro dos horários estabelecidos. No meu único dia de folga, desejei, como qualquer mortal, ir à praia. Desejo prontamente atendido: dois sargentos levaram-me às lindas praias de Vila Velha e, sob o olhar sempre atento e gentil dos meus cicerones, tomei banho de mar, comi uma maravilhosa moqueca capixaba e bebi alguns chopes, sozinha, é claro, pois meus amigos "não bebem em serviço".

Na metade dessa minha incursão, eu já estava prestes a acreditar que o mundo, tal como a vida da caserna, poderia existir sem acidentes, desencontros e coisas do gênero. Diante do menor imprevisto, sempre havia uma rápida solução de contorno. Pelo rádio da viatura, o cabo PM informa: "Senhor, pegamos uma pequena retenção no trânsito, mas a professora já está chegando". Sempre que havia, portanto, a possibilidade de alguma coisa não ocorrer com a perfeição desejada, eu ouvia desculpas antecipadas e percebia uma certa apreensão, mais uma vez acompanhada de rápidas soluções. Tudo, evidentemente, ia sendo feito para causar uma merecida boa impressão da corporação e dos seus integrantes. De minha parte, eu sempre achava que estava ocupando demais meus dedicados e eficientes anfitriões. Na condição de visitante, senti-me inúmeras vezes, fazendo parte de um "teatro de operações". Acho que "a visita da professora Jacqueline" poderia ser lida como uma eficiente operação militar. Ir ao banheiro dentro dos Batalhões convertia-se em uma verdadeira manobra tática que implicava vistoria, desocupação, deslocamento e ocupação: "a senhora não repara, mas as instalações do quartel não foram feitas para mulheres, assim a senhora vai usar o banheiro do comandante". Lembro-me que tentar comprar cigarros foi uma tarefa impossível, pois os policiais se antecipavam em todas as coisas, inclusive preencher as fichas dos hotéis, providenciar artigos de higiene pessoal como sabonetes e pasta de dente ou antialérgicos para minha implacável rinite. Raros eram os momentos em que eu ficava efetivamente sozinha. A disponibilidade e a pronta atuação de meus incansáveis e diuturnos tutores também incluíam troca de turnos e, dessa forma, eu nunca me encontrava "desguarnecida". Pelo interfone do hotel um sargento me informa: "Doutora, eu fui destacado para render o sargento beltrano e estou à sua disposição". Não consegui sequer usar o serviço de despertador dos hotéis por onde passei, os PMs também se incumbiam de fazer esse serviço. Nessa intensa convivência com os oficiais e praças capixabas acabei sendo, pouco a pouco, contagiada pela felicidade juvenil evidenciada a cada encerramento de uma missão. Não havia como não entrar nesse clima. Assim, também passei a estar "engajada e pronta", e comecei a partilhar com meus "companheiros de guarnição" o sabor de cada tarefa cumprida.[80]

Creio poder dizer que a missão, o seu caráter extensivo ou os múltiplos sentidos a ela atribuídos, assim como a teatralidade sociológica de sua execução, parecem servir como um tipo de ensaio para a vida real de

---

[80] Cabe registrar que não foi diferente o contato com outras Polícias Militares. As minhas inúmeras visitas realizadas à Brigada Militar do Rio Grande do Sul, às Polícias Militares do Rio de Janeiro, de São Paulo e de Pernambuco foram pontuadas pela presteza e pela cortesia militares. Sem o suporte sempre oferecido por essas instituições e por seus integrantes, teria sido impossível realizar as pesquisas e mesmo as atividades de consultoria que motivaram boa parte de nossos encontros. Em verdade, os policiais militares são exemplares na elaboração de cerimoniais impecáveis. A preocupação com "o bom nome da classe" e o esforço de reverter a estigmatização das PMs estavam sempre presentes como uma importante estratégia a pontuar as interações. Alguns oficiais chegavam mesmo a explicitar que eu "poderia ver qualquer coisa" que julgasse importante para o meu trabalho. Do seu ponto de vista, não havia nada mais a ser escondido. Ao contrário, era importante conquistar parceiros e, quem sabe, futuros "defensores da polícia militar". Nessas diversas polícias, ouvi casos que poderiam ser classificados como histórias de conversão. Contaram-me que vários opositores e críticos das PMs (principalmente os "defensores dos direitos humanos"), quando tiveram a oportunidade de conhecer a PM de perto, teriam mudado a sua imagem da organização, tornando-se importantes "defensores da PM".

polícia, uma espécie de grande preparação para o real da coisa – o trabalho nas ruas. Se isso procede, esses expedientes buscam principalmente enaltecer as virtudes derivadas da disciplina e da hierarquia consideradas necessárias ao nível do engajamento desejado. Operariam, em uma ordem simbólica, como dispositivos de reforço da própria cultura institucional (para dentro e para fora), através da exibição planejada do caráter virtuoso do meio de força policial.

Para Jerome Skolnick, além dessas características gerais que se fazem presentes na carreira policial, identificam-se alguns elementos-chave saídos da realidade mesma do trabalho de polícia. Trata-se de aspectos que circunscrevem o ambiente policial propriamente dito, como o perigo, a autoridade e a eficácia. Essas variáveis, saídas da experiência concreta nas ruas, combinam-se de uma forma única se comparadas a outras profissões, gerando respostas cognitivas e comportamentais próprias às polícias (Skolnick, 1994, p. 41). Nos termos do autor, elas concorrem de forma decisiva para a produção de uma *"working personality"* policial, desenvolvendo uma disposição cognitiva singular e útil no enfrentamento do dilema prático posto para os meios de força policiais: produzir ordem pública sob o império da lei (Skolnick, 1994). Se o modelo de organização militar conforma a chamada cultura institucional, os elementos saídos do ambiente policial (as ruas) emprestam conteúdos diferenciados a essa cultura, ou melhor, inscrevem aquilo que seria específico das realidades policiais. A *"working personality"* policial a que o sociólogo se refere seria, nesta perspectiva, o produto da interação entre o modelo de organização adotado e o que é, na prática, experimentado como singular nas atividades efetivamente policiais. Sob esse prisma, as características que foram até o momento mencionadas sobre a realidade da PMERJ dizem respeito a uma grande moldura cultural que compassam todos os integrantes da PM, mas que se faz sentir de uma forma diferenciada segundo a divisão do trabalho policial. Conforme já foi mencionado, aqueles profissionais que realizam atividades majoritariamente aquarteladas, em particular o oficialato, tendem a reproduzir com maior fidelidade os princípios e os valores do mundo policial militar. Já os profissionais que estão voltados para as atividades-fim da organização, para o policiamento nas ruas, tendem a ser mais devotos a uma espécie de "cultura policial das ruas". Estes últimos pertencem, em sua maioria, ao mundo das praças, que é, de acordo com a estrutura hierárquica, constituído das patentes mais baixas da organização – os soldados, os cabos e os sargentos.

5

O MUNDO DA CASERNA: POLICIAIS MILITARES *VERSUS* "MILITARISMO"

> *Ser militar é o nosso diferencial. Eu gosto de usar farda e você vê que a outra polícia à paisana é uma bagunça, ninguém sabe quem é quem. Eu sempre quis ser policial militar. Mas o que estraga a Polícia Militar é o militarismo.*
> (Soldado PM com 5 anos de serviços prestados à PMERJ)

> *Nós ficamos tão preocupados com o lado militar que alguns colegas esquecem que são policiais. Eles têm uma mentalidade mais fechada, mais apegada ao militarismo.*
> (Oficial PM com 20 anos de serviços prestados à PMERJ)

> *A corporação tem que ver também a nossa condição. O comando cobra, o governo cobra, a sociedade cobra, todo mundo cobra do policial. Tem que olhar para a nossa situação, para o material humano do policial.*
> (Cabo PM com 15 anos de serviços prestados à PMERJ)

As imagens que evocam o universo propriamente militar estão sempre presentes em qualquer discussão sobre as questões relativas à segurança pública. No caso das polícias ostensivas brasileiras, que adotaram historicamente o modelo militar de organização profissional, essas figuras se fazem presentes não só no nome (Polícias Militares), como também na própria estrutura burocrática.[81] A PMERJ está dividida internamente em Organizações Policiais Militares (OPMs) executivas, setoriais e operacionais, que prestam os serviços de policiamento. Assim como no Exército, ela possui Estado Maior, Cadeia de Comando, Batalhões, Companhias, Destacamentos, Regimentos, tropas etc. Seu pessoal

---

[81] Diferente dos nossos meios de força ostensiva, que adotaram integralmente o desenho organizacional do Exército brasileiro, outras polícias que realizam, no linguajar policial, o "ciclo completo policial" (investigação e patrulha) fazem uso de uma estrutura quase militar, uma espécie de adaptação do clássico modelo militar. Ver Bayley (1994), Morgan e Newburn (1997), Skolnick e Bayley (1988), Reiner (1992) e McCormick e Visano (1992).

encontra-se distribuído hierarquicamente em graduações ou patentes militares, conforme demonstra o quadro a seguir, que relaciona os postos e a suas referidas atribuições.

Quadro 3 – Estrutura militar hierárquica da PMERJ

CÍRCULOS	POSTOS	FUNÇÕES[82]
CÍRCULOS DOS OFICIAIS		
Superiores	Coronel Tenente-Coronel Major Capitão	Os oficiais que compõem os círculos superior, intermediário e subalterno são preparados, ao longo de sua carreira, para exercer funções de comando, chefia e direção.
Intermediários **Subalterno**	Capitão Primeiro Tenente Segundo Tenente	Na cadeia de comando e controle, os oficiais intermediários – em particular os capitães – destacam-se como o principal elo de comunicação com o círculo das praças.
PRAÇAS ESPECIAIS	Aspirante Oficial Aluno Oficial	
CÍRCULO DAS PRAÇAS		
Subtenentes e Sargentos	Subtenente Primeiro Sargento Segundo Sargento Terceiro Sargento	Os subtenentes e sargentos auxiliam e complementam as atividades dos Oficiais, quer na administração e no emprego dos recursos materiais e humanos, quer na instrução e no adestramento das praças. Devem ainda desempenhar as atividades de policiamento ostensivo peculiares à Polícia Militar.
Cabos e Soldados	Cabo Soldado	Os cabos e soldados são, essencialmente, os profissionais que devem executar as tarefas de policiamento.

Fonte: PM/1 – Estado Maior – PMERJ

---

[82] O Estatuto da Polícia Militar do Estado do Rio de Janeiro, aprovado através da Lei n.º 443, de 1 de julho de 1981, apresenta o plano de carreira do servidor policial militar, estabelecendo as atribuições para cada patente.

As metáforas militares também colorem as expectativas públicas em relação às polícias ostensivas. Alegorias associadas à simbologia da guerra como o "combate", o "confronto", o "inimigo" são empregadas tanto no senso comum quanto na mídia para descrever as ações da polícia e para cobrar iniciativas e formas de intervenção. Também são frequentes as fabulações que vinculam a função de polícia a uma "guerra contra o crime" e, mais recentemente, a uma "guerra às drogas". Alguns aspectos, sobretudo aqueles mais imediatamente apreensíveis, favorecem a cristalização dessas metáforas, parte delas até condizente com a realidade policial militar. Nossos PMs, ou melhor, os soldados, cabos, sargentos etc., não fazem uso de uniformes como os agentes ostensivos da recém-criada Guarda Municipal;[83] eles utilizam "fardas" bastante assemelhadas aos trajes de combate dos militares regulares. Nessas fardas estão fixados diversos apetrechos, como uma tarja com o "nome de guerra" ou "nome de escala", as divisas correspondentes aos graus hierárquicos e outras insígnias referentes à trajetória institucional do PM. Como vimos anteriormente, eles também executam a ritualística própria do mundo militar.

Contudo, as mais distintas associações entre o universo da PM e o mundo propriamente militar das Forças Armadas não se restringem às aproximações decorativas e superficiais. Como foi observado, essas associações possuem raízes históricas profundas. Elas desencadearam consequências importantes e, em boa medida, pouco benéficas às instituições policiais militares.

O debate, hoje, em torno da crise institucional das polícias militares, aquecido pela perspectiva sempre presente de "unificação das Polícias Militar e Civil", empenha-se em tentar dissociar a forma de organização militar das polícias ostensivas da controversa "ideologia militar" batizada pelo público interno da PM de "militarismo". Em outras palavras, esse esforço procura distinguir a utilidade da adoção do modelo militar profissional – implantado nas PMs brasileiras, desde 1831, com a criação do "Corpo de Permanentes" – do chamado "militarismo", identificado como um imaginário construído à luz da Doutrina da Segurança Nacional, e que teria se cristalizado no interior das PMs como a visão predominante do lugar da polícia.[84]

---

[83] A Guarda Municipal da cidade do Rio de Janeiro ou a Empresa Municipal de Vigilância S.A. foi instituída na gestão do prefeito César Maia, através do Decreto n.º 12.000, de 30 de março de 1993, de acordo com as prerrogativas legais discriminadas pela Lei Orgânica do Município.

[84] Alguns estudiosos de polícia falam de um processo de "militarização ideológica" da segurança pública e das polícias militares no Brasil. Um tipo de perspectiva que ainda vigora, a despeito do retorno à democracia. Consultar Cerqueira (1996) e Silva (1996).

No jogo argumentativo, são muitas as proposições favoráveis e contrárias ao suposto caráter indispensável e imprescindível do desenho militar aplicado às polícias. Uma das questões normalmente consideradas pelos que defendem a estrutura militar reporta-se ao peso de sua tradição histórica no ordenamento das agências policiais e ao alto custo derivado de uma possível mudança do desenho organizacional. O eixo geral da argumentação pode ser apresentado da seguinte maneira: "sempre fomos assim e em outros países as forças policiais ostensivas também adotaram ou adaptaram a sua organização a um modelo militar". Para aqueles que defendem a tradição, a própria história das polícias ocidentais ao mesmo tempo que revelou os problemas oriundos da modelagem militar, sobretudo as agudas limitações no controle da discricionariedade inerente à ação policial individualizada ou em grupo, também teria apontado os caminhos para o seu ajustamento às demandas provenientes de uma ordem pública complexa e contemporânea.

Como se vê, esta linha de raciocínio, atenta às opiniões contrárias e procurando responder às exigências dos novos tempos, admite a necessidade de "modernizar", ou melhor, de aperfeiçoar o desenho militar que traria ao menos a virtude de já estar sedimentado nas PMs. A questão principal não seria a experimentação de um outro modelo mais adequado à realidade ostensiva da polícia – empreendimento considerado extremamente arriscado por uma parte significativa do oficialato policial[85] –, e sim a racionalização da máquina burocrática existente, introduzindo uma perspectiva gerencial e atualizada dos recursos policiais que fosse capaz de romper com o círculo vicioso do malfadado "militarismo".

É evidente que todo esse empenho argumentativo também se volta para dentro da corporação. Ele traz à cena o embate interno entre posicionamentos radicalmente divergentes: tem-se, de um lado, o segmento progressista da PM, isto é, aqueles que se intitulam os "policiais militares realistas" preocupados com o ingresso da PMERJ no terceiro milênio, e, de outro, a "mentalidade conservadora" representada pelos "policiais militaristas", que, segundo os primeiros, ocupam-se de sustentar uma visão equivocada da missão e do papel das polícias ostensivas, reproduzindo falsos paralelismos com as forças da defesa nacional.

---

[85] Do ponto de vista das praças, a resistência de setores do oficialato à mudança do modelo militar pode ser compreendida como uma defesa dos próprios interesses corporativos, uma vez que a adoção de uma outra arquitetura organizacional poderia reduzir privilégios, suprimir alguns postos hierárquicos superiores e algumas funções alocadas nas atividades-meio.

De acordo com os reformadores progressistas, o caminho mais frutífero para superar os entraves existentes, principalmente a melhoria da qualidade dos serviços prestados pela PMERJ, seria a realização de intervenções tópicas no âmbito da cultura institucional, preservando a estrutura militar que supostamente atenderia às exigências técnico-operacionais próprias dos grandes meios de força. Esta proposta, em certa medida conciliatória com a tradição institucional, visa a eliminar, na medida do possível, os vícios e desvirtuamentos produzidos pelo "militarismo". Intervir na cultura militarista corresponderia ao empreendimento de trazer a polícia para o seu devido lugar, isto é, de transformar a polícia em Polícia, enfatizando as diferenças radicais de propósito, doutrina, emprego da força, performance etc. entre as forças comedidas voltadas para controle social e as Forças Armadas orientadas para o combate. De fato, esta é uma empresa mais do que propositada, se consideramos que as PMs passaram a cuidar realmente do policiamento ostensivo nos grandes núcleos urbanos somente nos últimos cinquenta anos. Sob esse aspecto, pode-se dizer que o seu acervo de reflexões e técnicas acerca de tudo aquilo que se relaciona com o provimento de serviços policiais nos espaços metropolitanos é bem recente.

Penso que a confluência de diversos fatores relacionados à nossa história política, às definições constitucionais relativas ao provimento de ordem pública e às missões da PM, assim como a explícita ingerência do Exército na vida institucional das polícias militares, compromete em muito a tentativa de demarcar com excessiva nitidez se o modelo militar teria levado à consolidação do imaginário militarista, ou se a concepção militarista da segurança pública sedimentada no Brasil teria poluído esse mesmo modelo, exagerando as suas limitações.[86] O passado recente de uma ditadura militar e os longos períodos em que a PMERJ foi comandada por generais e coronéis do Exército tornam essa discussão um pouco mais complexa e por vezes parecem criar uma enorme cortina de fumaça que obscurece as proposições. É razoável supor que a cultura institucional da PMERJ tenha adquirido contornos mais radicais, e que certos estímulos autoritários possam ter prosperado em um ambiente de restrições de direitos, produzindo efeitos danosos dentro e fora da organização. Isso fica mais evidente nos expedientes de socialização no interior dos quartéis

---

[86] As dificuldades encontradas no levantamento de uma literatura qualificada sobre as polícias da América Latina impossibilitaram a elaboração de um estudo comparativo entre aqueles países que também experimentaram regimes de exceção e possuem polícias estruturadas militarmente.

e nos procedimentos de interação com os cidadãos (o real trabalho de polícia). De todo modo, a discussão acerca da necessidade de "desmilitarizar" a segurança pública e, em especial, as polícias militares esbarra na seguinte questão: seria o modelo militar inadequado às polícias, ou seria o "militarismo" que o reveste? Talvez caiba aqui um questionamento anterior: o modelo e suas formas de institucionalização são tão independentes e autônomos como aparecem normalmente situados no jogo argumentativo? O caso das polícias norte-americanas pode ser bastante útil para melhor compreender as vantagens e as reais limitações do modelo militar, uma vez que o mundo americano, diferentemente do brasileiro, não experimentou uma ditadura militar e muito menos a sobreposição dos assuntos de defesa, segurança interna e ordem pública.

Segundo Egon Bittner (1990), a adesão cada vez maior dos departamentos americanos de polícia à arquitetura quase militar ocorreu no bojo de um processo crescente de "profissionalização" dos serviços policiais, inaugurado a partir do final da década de cinquenta. A "militarização" americana das polícias não dizia respeito a uma concepção de segurança pública atrelada aos assuntos de defesa atinentes às forças combatentes. Buscava-se, inicialmente, apenas atender às críticas de corrupção, violência, racismo e politicagem dirigidas ao sistema policial vigente. Do ponto de vista dos reformadores, a utilização do modelo quase militar poderia responder de forma eficiente a essas críticas, emprestando um maior rigor à disciplina e aos mecanismos de controle.

Em verdade, a estrutura quase militar mostrou-se um recurso extremamente atraente para os planejadores de polícia e isso não aconteceu sem alguma razão. Em primeiro lugar, considerando as analogias de superfície entre as Forças Armadas e as agências policiais, não parecia ser inteiramente desproposidado experimentar os métodos de organização interna das primeiras no contexto das segundas (Bittner, 1990). Um ponto que foi muito enfatizado pelos reformadores americanos refere-se ao fato de que ambas as organizações se configuram como instrumentos de força e que as ocasiões para o seu emprego e distribuição apresentariam algumas dinâmicas de incerteza e risco comuns. Espera-se que o pessoal das Polícias e das Forças Armadas seja mantido em um estado altamente disciplinado de preparação e de alerta, de forma a poder responder com presteza às situações típicas de confronto, por exemplo.

Em segundo lugar, as polícias americanas – não muito diferente do que tem ocorrido com os nossos meios de força – foram, durante um bom tempo, a cachaça predileta dos políticos locais e, em parte por essa razão, tornaram-se vulneráveis às artimanhas das disputas partidárias e aos esquemas de corrupção. Inúmeros autores mencionam o tradicional uso eleitoral dos departamentos americanos de polícia, que teriam se convertido em preciosos objetos de barganha.[87] Tem-se que o tráfico de influências e a utilização dos recursos policiais como expedientes de reforço do capital político eram uma constante nas administrações municipais:

> *Police reform was literally forced to resort to formidable means of internal discipline to dislodge undesirable attitudes and influences, and the military model seemed to serve such purposes admirably. In fact, it is no exaggeration to say that through the 1950's and 1960's the movement to "professionalize" the police concentred almost exclusively on efforts to eliminate political and venal corruption by means of introducing traits of military discipline* (Bittner, 1975, p. 53).

Por quase um século, as intervenções nas polícias americanas resultaram de manobras político-partidárias.[88] De acordo com Bittner (1990), este foi um dos principais motivos pelo qual essas organizações foram as únicas agências públicas de larga escala que não se beneficiaram dos avanços da ciência da administração. Diante da ausência de recrutamentos laterais para posições de supervisão e do desenvolvimento incipiente de quadros definidos a partir das habilidades técnicas adequadas às funções estabelecidas – expedientes necessários a organizações cujos profissio-

---

[87] O uso eleitoral das agências policiais também tem sido uma constante na realidade das polícias brasileiras. No nosso caso, pode-se mais apropriadamente dizer que o modelo militar não se mostrou imune à chamada "politicagem". Policiais militares de diversas patentes e de distintas PMs no Brasil reclamam da forte interferência política no interior das organizações policiais. Alguns chegam a mencionar que "A PM é do Governador e não da sociedade" ou que "as PMs possuem vários patrões", em uma clara alusão aos inúmeros "favores" atendidos aos parlamentares e políticos locais. Segundo esses profissionais, tem sido uma rotina o empenho do efetivo da PM por critérios estranhos às recomendações técnicas. Em resposta às pressões dos políticos são implantados Destacamentos Policiais Militares em locais desnecessários, criando duplicidade e desperdício de recursos. Não é incomum encontrar municípios pequenos que possuem proporcionalmente mais policiais do que outros que possuem índices críticos de insegurança. Do mesmo modo, policiais militares são cedidos para realizar trabalhos alheios às tarefas de policiamento ostensivo, como servir de motorista e de segurança particular para deputados e políticos locais, os chamados "babás de autoridade" ou "ajudantes de ordem". No intuito de minimizar os efeitos das demandas dos políticos sobre os escassos recursos policiais, a Brigada Militar do Rio Grande do Sul conseguiu recentemente aprovar, junto à Assembleia Legislativa, a "Lei de Fixação do Efetivo", que determina a aplicação do pessoal segundo critérios profissionais de alocação dos meios policiais.

[88] Pouco a pouco, o Poder Judiciário foi perdendo a sua expressão no que tange ao controle externo das polícias (ver Bittner, 1975). Para uma discussão sobre o lugar da discricionariedade no sistema criminal, ver Walker (1993).

nais alocados na atividade-fim desfrutam de um alto poder decisório –, as mudanças foram implementadas principalmente através da rígida aplicação de regulações e de procedimentos internos que reforçavam a necessidade cada vez maior de disciplina.[89]

Não resta dúvida de que a "militarização" americana emprestou alguma ordem ao caos experimentado na época pelos departamentos de polícia. A promessa trazida pela modelagem militar de que os mecanismos de correição e expurgo dos quadros indesejados seriam mais velozes e eficazes do que os instrumentos anteriormente adotados produziu, é bem verdade, uma espécie de alento – ainda que parcial e provisório – para o complexo problema do controle das ações policiais em seu conjunto, dilema que até hoje permanece desafiando os estudiosos e administradores de polícia.

Todavia, os méritos da estruturação militar dos departamentos americanos de polícia não foram suficientemente demonstrados ou mesmo arguidos de forma convincente nem pelos administradores policiais, nem pelos estudiosos. De acordo com Bittner (1975), uma boa parte dos trabalhos que fazem referência a essa modelagem aplicada às polícias ou a considera uma espécie de realidade natural das organizações, ou critica apenas os seus aspectos mais visíveis e exagerados, especialmente a orientação punitiva que é objeto de questionamento inclusive dentro das próprias organizações policiais. Do ponto de vista do referido autor, a atenção deve se voltar para o próprio modelo, indagando sobre a sua capacidade de realizar o que promete, isto é, de ofertar mecanismos de controle e fiscalização eficazes e adequados às atividades reais de policiamento. Trata-se, portanto, de buscar aferir a rentabilidade das ferramentas militares na administração da ameaça e do uso de emprego da força por atores que dispõem de um alto grau de discricionariedade e que atuam diuturnamente nos cenários urbanos, em tempos de paz.

---

[89] Para alguns estudiosos, os reformadores teriam também adotado o método militar porque não dispunham de outras opções para reduzir a influência política e assegurar a disciplina interna. Como uma boa parte dos indivíduos que trabalhavam nas polícias tinham alguma experiência militar, a construção de uma estrutura militar policial poderia ser realizada sem a ajuda e a preocupante interferência externa. De qualquer forma, os trabalhos históricos evidenciam que, até a Revolução Industrial, eram poucas as organizações de larga escala que existiam além da militar. E a maioria dessas organizações – as agências de grandes negócios, as burocracias governamentais etc. – geralmente possuíam uma arquitetura organizacional assemelhada ao desenho militar. Em certa medida, a organização de polícia seguindo as linhas militares teria sido um acidente histórico. Se outros modelos eficientes estivessem disponíveis na época, as polícias poderiam ter sido organizadas de forma diferente. Ver Bittner (1975), Skolnick e Fyfe (1993) e Reiner (1992).

Observou-se que, como em outras organizações militares e quase militares, os departamentos de polícia americanos são governados por um vasto número de regulamentos e normas que buscam normatizar a sua rotina organizacional. Contudo, essa constatação trivial veio acompanhada de uma importante consideração: não muito diferente do que ocorre com as nossas PMs, notou-se um expressivo contraste entre o volumoso acervo de regras que regulam os padrões de comportamento no interior da burocracia policial e a precariedade de diretivas relacionadas à administração das questões policiais enfrentadas quotidianamente na interação com os cidadãos (Bittner, 1990).

O caráter desproporcional entre a proliferação de mecanismos que regulam a vida interna dos departamentos de polícia "militarizados" e uma certa negligência com a fabricação de códigos e procedimentos voltados para o pronto emprego nas ruas conduz à óbvia inferência de que as áreas reais de ação de polícia, uma vez que não estão devidamente contempladas pelos regulamentos administrativos e disciplinares, seriam abordadas de forma compensatória e pouco sistemática pelas "notas de instrução" e pelas "ordens do dia".

Assim como acontece no nosso caso, os defensores americanos do modelo quase militar, conhecido como o "modelo burocrático profissional", ainda acreditam que este tipo de descompasso pode ser simplesmente resolvido com a extensão gradual das regulações já existentes aos domínios das atividades propriamente policiais que se encontram desreguladas. O fato de que tal adição resulta em um conjunto de regras esquizofrênicas, que trazem orientações contraditórias e até mesmo incompatíveis, não é devidamente levado em conta. Ao contrário, está implícito que o policial pode e deve ser instruído sobre como interagir com os cidadãos de forma a não afetar o sistema disciplinar interno.[90] A falta de apreciação quanto ao fato de que o desenvolvimento consequente de métodos profissionais de discricionariedade para o controle do crime e da manutenção da paz, constrangidos pelo imperativo do pronto emprego policial, compromete a aplicação das regulações burocrático-militares – normatividades quase sempre restritas às necessidades da prontidão militar –, não é resultante de um esquecimento ingênuo. Reporta-se a um tipo de perspectiva que confunde os expedientes da disciplina militar com os mecanismos profissionais de controle e fiscalização, e que elege os primeiros como um

---

[90] Para uma crítica desta perspectiva, ver Kleinig (1996, 1997), Ohlin e Remington (1993) e Delattre (1996).

fim em si mesmos, independentemente da demonstração empírica da amplitude do seu sucesso nas atividades policiais de ponta (*cf.* Bittner, 1990; Kleinig, 1997).

Conforme já foi mencionado, a utilização dos métodos de disciplina importados da burocracia militar não ocorreu sem alguma justificativa. É preciso registrar que, tanto nas polícias americanas quanto nas nossas PMs, esses dispositivos possibilitaram algum controle sobre certas práticas como a corrupção, os favoritismos pessoais, a intromissão dos políticos etc. Do mesmo modo, introduziram uma forma de avaliação dos comportamentos desejados.

Muito embora essas ferramentas tenham sido proveitosas em um largo conjunto de situações internas às forças policiais, elas também deixaram evidente as suas limitações. Se antes da aplicação do método militar as polícias não dispunham de padrões claros que definissem a conduta certa daquela considerada errada, com a sua introdução passou-se a ter algum critério para distinguir os bons policiais dos desviantes. Mas, uma vez que os padrões estabelecidos consideram, quase que integralmente, os assuntos conectados com a disciplina interna, os resultados dos julgamentos à luz desses padrões, com raras exceções, não estão relacionados com o trabalho que o soldado-policial desenvolve nas ruas ou nas comunidades.[91] Inversamente, o reconhecimento costuma ser conferido àqueles que possuem um bom comportamento dentro dos quartéis, e não nas ruas, onde as obrigações efetivas de polícia são de fato realizadas.[92] Cria-se, com isso, uma situação no mínimo curiosa: a maior parte das iniciativas adotadas pelo policial de ponta em sua ronda convencional – desde as ações preventivas e dissuasivas até as intervenções repressivas – tende a se tornar invisível para o próprio policial que atuou, para a sua corporação e, fundamentalmente, para a sua principal clientela, os cidadãos. Boa parte dos atendimentos realizados pelos PMs se desfaz no ato mesmo do encerramento satisfatório da ocorrência, ingressando no universo intangível da chamada "cifra negra" ou "cifra oculta" policial. Isto ocorre com maior frequência sobretudo naqueles atendimentos que

---

[91] É evidente que a estabilidade organizacional e, por sua vez, o moral da tropa requerem que as recompensas e as sanções sejam distribuídas metodicamente, isto é, que elas sejam aplicadas de acordo com regras racionais e explícitas. Afinal, não é uma tarefa fácil assinalar débitos e créditos para performances que não estão reguladas ou que se configuram como práticas informais a despeito de sua pertinência.
[92] A fragilidade destes expedientes pode ser demonstrada quando se observa que, em muitos casos noticiados na mídia, os policiais militares envolvidos em sequestros, acusados de corrupção e brutalidade apresentavam uma folha disciplinar impecável.

resultaram de uma intervenção proativa ou da iniciativa do próprio PM e que, por diversas razões circunstanciais, não se adequaram ao sistema de registros adotado e ao finito repertório normativo-legal. Levando-se em conta este importante traço da rotina policial, pode-se dizer que a terapia disciplinar extraída do mundo militar tem propiciado a cristalização de fortes obstáculos para o desenvolvimento de um modelo profissional do papel de polícia que contemple esta realidade – particularmente se entendemos que este papel deve significar, na prática, o emprego de habilidades técnicas e a confiança pública nos atores que fazem uso de uma ampla discricionariedade e recebem o consentimento legal para usar a força, incluindo aí a força letal.[93]

Como se pode observar, os problemas derivados do "militarismo" à moda americana não são muito distintos das questões críticas identificadas nas PMs brasileiras. Constata-se que a disciplina militar que visa a fortalecer a cadeia de comando e controle tem, paradoxalmente, produzido um efeito inverso nas organizações policiais. Este efeito é bem mais corrosivo do que parece à primeira vista. Como, na prática, os oficiais superiores não partilham das atividades policiais de seus subordinados, eles tendem a ser percebidos pela tropa como meros "disciplinadores" que estariam distantes e alheios aos problemas policiais surgidos no dia a dia. Nas diversas PMs em que pesquisei, as praças costumam referir-se ao oficialato, principalmente aos tenentes e capitães que estão em uma posição hierárquica intermediária em relação à linha de frente, como profissionais que teriam "uma vida fácil" porque "não tiram polícia" e, por conseguinte, só saberiam "aplicar o regulamento".

É evidente que se deve considerar que as visões e as expectativas saídas da "ponta" ou da *blue line* expressam, por um lado, os conflitos de interesses existentes entre os níveis profissionais – divergências comuns em qualquer grande organização. Por outro lado, não se pode menosprezar o fato de que a manutenção nas PMs de uma estrutura hierarquizada com mais de dez níveis de graduação (patentes), reminiscência de um período em que as ordens eram passadas de viva voz para centenas de homens agrupados, propicia um excesso de verticalização pouco adequado às

---

[93] São inúmeros os estudos acadêmicos que se dedicam a refletir sobre o estado da arte do emprego da força no âmbito das atividades policiais. Este empreendimento não tem sido uma tarefa fácil, pois o uso da força consiste no centro da ação de polícia, e tem sido, paradoxalmente, alvo de abordagens inconsistentes e pouco elucidativas. Dentro do rol de interpretações empobrecedoras destacam-se aquelas que classificam o emprego da força como uma variante da violência consentida. Para um tratamento mais qualificado da questão, ver Bittner (1990), Geller e Toch (1995), Geller e Scott (1992) e Alpert e Dunham (1997).

necessidades e dinâmicas de pronto emprego que caracterizam as agências policiais. O distanciamento entre aqueles policiais que estão alocados nas atividades-meio (tarefas internas à força) e as mais baixas patentes lotadas nas atividades-fim compromete o fluxo de comunicação, sobretudo da base para o topo, favorecendo o insulamento das tarefas de policiamento ostensivo. No cotidiano da organização, os policiais superiores, absorvidos com as inúmeras demandas organizacionais intramuros, raramente estão disponíveis para "ajudar os policiais de ponta", ou melhor, para aconselhá-los na administração das dificuldades derivadas do trabalho nas ruas. Resulta daí que o seu importante papel como uma liderança não pode ser efetivamente projetado para os PMs que se encontram na linha da obrigação. Diferentemente do que ocorre nas Forças Armadas, onde se espera que o oficial conduza os seus homens na cena do combate (mesmo que ele jamais tenha a chance de fazê-lo), o policial superior com um posto análogo é alguém que pode apenas ordenar uma "grande missão" para a sua tropa e fazer muito pouco *por* ela no ato mesmo do cumprimento da tarefa determinada. Na administração diuturna dos episódios heteróclitos e contingentes que conformam a dinâmica do provimento de ordem pública, as praças, contrastando com os seus correspondentes no Exército, são compelidas a, ou melhor, necessitam tomar decisões por sua própria conta sem qualquer contato com os seus superiores.

A propósito da ortodoxia da modelagem militar aplicada às polícias, Bittner (1990) observa que, quanto maior o grau de confiança e crença dos oficiais superiores nos expedientes normativos que regulam a vida dos policiais aquém dos muros seguros dos quartéis, menos livres eles estão para censurar as práticas desreguladas e informais que porventura desaprovam e que são constantemente adotadas, inclusive pelos policiais considerados promissores segundo os critérios internos de avaliação. De fato, a economia do controle ofertada pelo desenho militar faz com que a multiplicação das normas disciplinares desvinculadas da rotina policial nas ruas seja acompanhada do incremento de licenciosidades nos terrenos desprovidos de uma regulação adequada. Isto pode ser traduzido da seguinte maneira: se um policial é considerado um profissional excelente nos termos da burocracia militar, sua performance além dos muros tende a ser menos "policiada", isto é, as cobranças relativas ao seu desempenho policial na interação com os cidadãos costumam ser mais tolerantes e flexíveis, principalmente pela ausência de procedimentos e instrumentos pertinentes de fiscalização do trabalho policial.

Por outro lado, "fazer vista grossa" para certas transgressões, tais como a quebra da pontualidade e a falta injustificada ao serviço, tem-se convertido em uma manobra usual de reforço dos frágeis elos de lealdade que irrigam a cadeia de comando e controle da PMERJ. No entanto, cabe salientar que os possíveis benefícios advindos desta solução de contorno são provisórios e restritos, pois, além de deixarem explícito o hiato existente entre as ferramentas disciplinares e a prática policial, ainda contribuem para desacreditar qualquer esforço de supervisão e controle.[94]

Constata-se que a confusão normalmente estabelecida entre os requisitos da disciplina militar e as ferramentas de controle tem dificultado o desenvolvimento eficaz destas últimas, abrindo espaço para a sedimentação de um círculo vicioso: quanto maior a fragilidade dos mecanismos de controle e fiscalização, maior a necessidade de uma rígida disciplina militar, que, por sua vez, enfraquece ainda mais o emprego dos primeiros. Em parte por essa razão, o mundo das interações dos policiais e cidadãos tem consistido em um espaço de baixa visibilidade e, mais grave ainda, aberto a toda sorte de interpretações individuais e particularizadas possíveis. Se consideramos que o balcão de atendimento da polícia ostensiva é capilarizado, individualizado e ambulante, sendo concretamente exercido em cada esquina ou rua da cidade por um policial ou por uma pequena guarnição móvel, o amadorismo dos procedimentos de interação tende a confinar a ação de polícia ostensiva ao limitado universo do bom senso e da boa vontade individual e ao perigoso mundo dos preconceitos sociais.

Quando se observa que os processos de tomada de decisão, ou melhor, que as escolhas entre as alternativas de ação disponíveis em uma dada ocorrência são basicamente orientadas – segundo os próprios PMs – "pela intuição e pelo empirismo", fica-se com a nítida impressão de que a pertinência das regras existentes é menos relevante do que a produção da sua abundância. Não importando a razoabilidade desses expedientes, os policiais devem sempre estar cientes de que eles podem ser chamados a prestar conta por desobedecê-los, mesmo que a suposta "falta disciplinar" ocorra em benefício de uma ação policial mais satisfatória e consequente. Este é o caso das conhecidas e corriqueiras "arribações" praticadas no dia a dia pelos policiais da ponta da linha. Os PMs comunitários de Copacabana

---

[94] Observou-se nos departamentos americanos de polícia que, em virtude da limitação colocada pelos regulamentos, a estratégia encontrada pelos policiais superiores para promover a lealdade de seus subordinados tem sido cobrir certas transgressões disciplinares, sendo mais flexíveis na interpretação e aplicação dos regulamentos. Ver Bittner (1990) e Skolnick (1994).

vez por outra "arribavam", isto é, saíam de seus setores de policiamento para atender a uma determinada demanda sem cobertura policial e que se encontrava fora de sua área de atuação.

É fato que uma parte da leitura da "ordem do dia" – rito matinal realizado no interior das unidades operacionais da PMERJ – é dedicada ao tratamento que a polícia deve dispensar aos cidadãos, ou melhor, reporta-se formalmente ao modo como o policial deve agir com os agressores, com uma multidão desregrada, com esposas ameaçadas, com vítimas de acidente etc. Contudo, essas "preleções" – quase sempre estruturadas em um formato discursivo unilateral e realizadas durante a "ordem unida" – impedem a troca de experiências e informações sobre o dia a dia nas ruas. Restritas, em boa medida, ao reforço das ferramentas disciplinares e às "notas de instrução" do comando, elas concedem muito pouco espaço para que os policiais das mais baixas patentes possam discutir de maneira franca e aberta as questões concretas que informam as pendências, as dificuldades e as estratégias de intervenção adotadas ante os problemas identificados nas rondas.[95] Em verdade, os PMs patrulheiros normalmente ouvem silenciosos e "em forma" as advertências e a divulgação das escalas de serviço.

Não é difícil concluir que o policial de ponta, a despeito de sua liberdade discricionária ocultada, experimenta doses dramáticas de insegurança no desempenho de suas atribuições, já que a realidade do seu trabalho está frequentemente em conflito com uma ou outra regra disciplinar estabelecida. Embora essas regras possam não ser relevantes para o episódio gerenciado, o PM sabe que sua performance será avaliada de acordo com essas mesmas regras. Deve ele, portanto, evitar, na medida do possível, a sua violação, mesmo que isto envolva escolher conscientemente um curso de ação policial inadequado à realidade do problema enfrentado. Neste cenário, parece bastante razoável (ainda que pouco eficaz) que um PM decida registrar ou não uma ocorrência muito mais com base no seu desejo de sobreviver dentro da organização policial militar do que pelos méritos policiais do caso em tela.[96] No ano de 1995, enquanto eu acompa-

---

[95] A filosofia comunitária de polícia, que tem se tornado a coqueluche das agências policiais em todo mundo, procura ofertar uma resposta para os dilemas experimentados pelo policial de ponta, enfatizando a importância da capacidade decisória daqueles profissionais que interagem diretamente com os cidadãos. Ver Trojanowicz e Bucqueroux (1994), Rico e Salas (1992), McLaughlin e Muncie (1996) e Bayley (1998).
[96] Este tem sido um problema recorrente em vários departamentos de polícia que adotaram traços da modelagem militar. Ver Bittner (1990), Skolnick e Fyfe (1993), Bayley (1994) e Morgan e Newburn (1997).

nhava as rondas dos PMs comunitários em Copacabana, pude observar o receio e até mesmo o medo desses jovens policiais em adotar estratégias alternativas para a resolução dos problemas por eles diagnosticados. Em diversas situações relativas, por exemplo, à população de rua, os PMs se viam paralisados pela dúvida, ainda que tivessem concebido formas criativas e competentes de intervenção. A preocupação desses policiais diante de um problema concreto era sempre a mesma, e pode ser resumida da seguinte maneira: o oficial superior falou somente sobre "o que não pode" e não determinou "o que pode" ser feito. Assim, na dúvida sobre o que se pode fazer, "é melhor não fazer nada" para evitar uma punição futura. Eis aqui uma das bases para a lógica reativa e defensiva do modelo policial burocrático profissional.

Tal como foi constatado na realidade das polícias americanas, a disciplina burocrático-militar compete de forma improdutiva com o controle positivo e profissional das práticas policiais. Não sendo capaz de fornecer orientações efetivas sobre como agir nas situações reais, e limitando-se a ser rentável apenas nas atividades intramuros, ela acaba por restringir a possibilidade de intervenções consequentes, encorajando o indesejável – as transgressões nas ruas – e, em boa parte dos casos, uma forma de atuação eminentemente reativa, ou melhor, dependente do acionamento pelo serviço emergencial.[97] O que se assiste no dia a dia das atividades ostensivas, particularmente entre os policiais mais experientes, é o recurso à indisciplina para melhor trabalhar, isto é, a sutil violação dos regulamentos na expectativa de melhor prestar o serviço policial "fazendo o certo policial pelo errado militar".

Vários autores observaram que a tensão entre as dinâmicas legais e legítimas de atuação policial e a rigidez dos regulamentos disciplinares militares têm motivado o desenvolvimento de comportamentos dissimulados, altamente teatralizados, sobretudo no universo das mais baixas patentes que se encontram na linha da obrigação (*cf.* Reiner, 1992; Bittner, 1990; Skolnick, 1994; Chan, 1997). O chamado "cinismo policial" é acionado como um tipo de reação crítica aos dilemas e contradições experimentados dentro das organizações armadas e no cotidiano das atividades de polícia. Aparentar cumprir as normas, mostrar-se dócil e afinado com as

---

[97] Segundo os dados fornecidos pelo Comando de Policiamento da Capital – PMERJ, 77,15% das ocorrências atendidas e notificadas pelo 19.º BPM no ano de 1998 – Batalhão que cobre os bairros de Copacabana e Leme – foram provenientes do Serviço Emergencial 190, caracterizando a natureza tão somente reativa do policiamento ofertado na área.

exigências da conduta disciplinar militar, simular obediência cega aos princípios que regulam a vida institucional das agências policiais, têm-se apresentado como uma estratégia racional de sobrevivência no interior das corporações policiais. Tem-se, portanto, configurado em uma forma habilidosa e informal de conciliar as demandas do trabalho nas ruas com as exigências da burocracia militar. Uma vez que não existe uma relação direta entre conhecer as regulamentações e sustentar a aparência de estar compromissado com elas, a primeira coisa que um jovem PM aprende nos seus primeiros dias de trabalho nas ruas é que ele deve esquecer tudo que aprendeu na escola e nos manuais. O efeito imediato do chamado "choque de realidade" traduz-se na atitude de cinismo entre os policiais. Todo o policial de ponta aprende com os PMs mais antigos e "cascudos" que "a prática é outra coisa". Que para sobreviver no interior da organização policial militar é preciso adquirir uma dose razoável de distanciamento que seja capaz de fornecer alguma proteção afetiva contra a adesão incondicional ao rigoroso *éthos* policial militar. Na administração ordinária da vida policial tem parecido indispensável procurar equilibrar-se na fronteira entre as pesadas demandas institucionais (internas à força) e as pressões derivadas da multiplicidade e da fluidez que conformam o trabalho nas ruas. Assim, é bastante comum observar nas praças da PMERJ uma postura por vezes refratária, marcada pela ironia sutil e por uma certa indiferença em relação às advertências transmitidas nas instruções diárias. De posse do seu saber prático, que informa que "a bomba explode sempre na ponta", os soldados, cabos e sargentos sabem que, para "tirar polícia" de verdade, de antemão terão não só que produzir alguns arranhões no código disciplinar, como também procurar descaracterizar as possíveis indisciplinas.

 É um fato sociológico banal que as regras e convenções por si mesmas não fazem aparecer a realidade que anunciam. Nesse sentido, a produção excessiva de regras pouco relevantes ou estritamente rígidas tende a tornar quase impossível para a *thin blue line* realizar o seu trabalho sem rotineiramente violá-las. Os PMs que estão na ponta da linha se veem motivados a desvalorizar os procedimentos e a descobrir atalhos, desprezando as possíveis justificativas para a sua existência. Não resta dúvida de que isso reforça a preocupante e generalizada sensação de que eles estão entregues à sua própria sorte e de que os oficiais superiores estariam mais interessados em se "proteger" do que em ver os objetivos da polícia serem realmente alcançados.

Um outro ponto problemático reporta-se ao fato de que a relevância ocupacional concedida à disciplina burocrático-militar é acrescida da cobrança pública e institucional por resultados. A pressão exercida interna e externamente sobre agências policiais para produzir resultados visíveis e mensuráveis contribui em boa medida para a ampliação dos efeitos perversos derivados da precariedade das regulamentações relativas às atividades concretas de polícia. Bittner, assim como Skolnick, argumenta que a ênfase sobre o cumprimento das regulações internas, tomadas em si mesmas, já é suficiente para desencorajar a elaboração de abordagens cuidadosas nas interações policiais/cidadãos. Afirmam ainda que, quando esta ênfase aparece combinada com a necessidade sempre imediata de apresentar resultados, tem-se uma influência extremamente perniciosa sobre a natureza do trabalho policial (Bittner, 1990; Skolnick, 1994; Skolnick; Fyfe, 1993; Punch, 1983, 1996). Isso porque o conhecido produtivismo policial naturalmente é traduzido naqueles aspectos mais apreensíveis e delicados da atividade de polícia, tais como detenções para averiguação, apreensões, prisões, ocupações etc. Em suma, trata-se de produtos que alimentam o negócio do sistema criminal e que, ao mesmo tempo, revestem com alguma materialidade a dimensão pouco tangível da segurança pública.

Observa-se nas organizações policiais que adotaram o modelo militar ou quase militar duas formas distintas e independentes de prestação de contas: a disciplina interna, que é explícita e continuamente auditada; e o tratamento com os cidadãos, que, com raras exceções, é desprovido de normas e procedimentos claros e coerentes internamente. Em virtude desse descompasso, parece óbvio que o balanço positivo na primeira ordem de cobrança motive uma excessiva flexibilidade na segunda. A frequência com que isso ocorre no dia a dia parece aumentar proporcionalmente em função da pressão cada vez maior por demonstrações de produtividade que corresponde aos "saldos operacionais": cada vez mais corpos e coisas apreendidos, cada vez mais números "para fazer estatística para o político". Nesse sentido, não basta que o PM seja apenas um obediente soldado-burocrata, ele deve ainda "mostrar serviço" contribuindo para a contabilidade das ocorrências, o que, na prática, tende a significar prisões e flagrantes.[98]

---

[98] Um dos problemas graves do produtivismo policial enfrentado por todas as organizações policiais tem sido a fabricação de ocorrências e a simulação de flagrantes que revelam e reforçam lógicas discriminatórias, desiguais e excludentes.

Deixando de lado qualquer exagero, os estudos de polícia revelam que há poucas dúvidas quanto ao fato de que o cumprimento da rígida disciplina burocrático-militar recompensa as ações policiais desreguladas nas ruas, deslocando invariavelmente o ônus dessa incongruência para os encontros entre policiais e cidadãos (Skolnick; Fyfe, 1993; Bittner, 1990; Kleinig, 1996, 1997; Delattre, 1996; Elliston; Feldberg, 1985). As agências policiais caracterizadas pela fiel reprodução dos expedientes disciplinares do modelo militar possibilitam, mesmo que sob uma roupagem legalista, que os policiais não transgridam apenas para realizar "prisões e apreensões", mas também produzam estas últimas para dissimular suas faltas disciplinares ou suas deficiências técnicas na condução de uma dada ocorrência. O caso a seguir é bastante ilustrativo deste tipo de situação.

Um Cabo PM contou-me que, na sua época de soldado, teria vivido um episódio dramático e estressante. Certo dia, quando "puxava o trânsito" em uma rua movimentada da cidade, sacou seu revólver e atirou na direção de um automóvel suspeito cujo motorista não tinha acatado os seus comandos manuais e verbais de abordagem. Os disparos de sua arma acabaram provocando tumulto e o descontrole de um outro veículo que atravessava discretamente o cruzamento. Conta que o referido carro, após rodopiar na pista, parou em cima da calçada e que o condutor parecia estar desmaiado. Enquanto corria transtornado para socorrer a vítima de sua ação imprudente e equivocada, o PM reprisava o seu grave erro. Durante os segundos que gastou para chegar até o lugar do acidente, ele imaginava o fim de sua carreira e se indagava se era possível construir alguma explicação para os seus superiores e para o "cidadão de bem" que ele havia vitimado. O cabo relatou-me que a tensão e o desespero vividos nesses intermináveis segundos deram lugar a uma sensação de alívio quando constatou que a vítima, apenas assustada, era um "marginal procurado pela polícia" que foi imediatamente detido. Conclui a sua breve narrativa me dizendo que havia sido, a um só tempo, visitado pelo azar e premiado pela sorte. A sua impulsividade havia adquirido uma razoável justificativa: tratava-se de "uma ação enérgica de combate ao crime".

Dessa breve estorinha cabe destacar uma importante consideração: a ênfase nos expedientes disciplinares, em detrimento da elaboração de mecanismos de controle e monitoramento estruturados a partir de uma concepção de C^3IC – comando, controle, comunicação, inteligência e computação –, dificulta, na prática, que os policiais ultrapassem as esferas de atuação tão somente reativas e desenhem ações proativas com autonomia responsável e competência atribuída. A perspectiva de se buscar um controle eficaz através da limitante disciplina militar tem subvertido o próprio treinamento dos PMs. Bittner (1990) comenta que, até o início dos anos oitenta, os melhores programas de instrução policial norte-americanos tinham como propósito primeiro converter o calouro em um soldado obediente e cumpridor dos regulamentos internos, mais do que em executores competentes na arte de manter a paz e controlar o crime. Tratava-se antes de priorizar estratégias capazes de formar profissionais sobre os quais a organização pudesse exercer controle, do que de capacitar profissionais autônomos e autodirigidos, enfim, policiais qualificados para fazer uso legal e legítimo dos expedientes discricionários indispensáveis à atuação policial. Em razão disso, a maior parte da carga horária destes programas era dedicada ao ensino das regulamentações internas dos departamentos de polícia, um tipo de realidade não muito distinta do que também acontecia nas escolas da polícia militar na mesma época.

Como se pôde notar, o militarismo à moda americana colaborou para deslocar as condutas inadequadas para as áreas desreguladas, mais propriamente as relações polícia/cidadãos. De fato, a suposição de que, com o tempo, essas áreas seriam incorporadas e normatizadas de forma eficiente não tomou lugar, a despeito dos esforços de implementação de ferramentas de controle externo e de dispositivos de *accountability* (*cf.* Skolnick; Fyfe, 1993). Isso porque o emprego de métodos realistas de controle do crime e de preservação da ordem pública mostrou-se profundamente incompatível com o estilo das regulações correntes da disciplina interna. A prática teria demonstrado o fracasso da tentativa de fazer convergir, em um único sistema de controle, as formalidades burocráticas militares e os procedimentos que governam o processo discricionário de manobrar com a dimensão fluida e contingente das ruas (Skolnick; Fyfe, 1993; Bittner, 1990; Kleinig, 1996, 1997; Delattre, 1996; Elliston; Feldberg, 1985). A ênfase sobre o primeiro recorte tem correspondido, no dia a dia, à redução do cuidado com o segundo. A identificação deste dilema pode ser resumida da seguinte forma: se, por um lado, cabe ao policial interagir com os cidadãos empregando o "poder de polícia" com competência profissional e confiança pública, então parece dispensável moldá-lo como um soldado-burocrata. Por outro lado, se o policial deve ser formado como um soldado-burocrata, então dele não se poderá esperar que tome decisões profissionais sob condições de incerteza e risco, sobretudo no vasto e pouco visível campo da prevenção.

As críticas de Skolnick e Fyfe (1993) à "militarização" americana enfatizam essa incompatibilidade entre a modelagem militar e os níveis de discricionariedade exercidos pelos policiais na linha de frente. Os autores esclarecem que a forma piramidal do modelo militar teria sido originalmente concebida para estruturar a distribuição gradual da discricionariedade, concedendo àqueles que se encontram no topo da organização o exercício mais amplo da autoridade em sintonia, evidentemente, com o amplo espectro de tomada de decisão exigido do posto ocupado. De fato, no mundo militar, os generais e demais comandantes são os responsáveis pelas **grandes decisões** que envolvem **grandes estratégias**, e que exigem a mobilização de um número expressivo de pessoas e meios, assim como a responsabilização pelos cursos de ação escolhidos.[99] Cabe salientar que não está franqueada ao mundo das praças a deliberação sobre os níveis de preparação para o combate e mesmo sobre a sua condução.

Ainda que o centro da ação, tanto da força militar quanto da polícia, seja a ameaça e o emprego da força, esta justificativa não é suficiente para fundamentar a assimilação da burocracia militar pelas agências policiais. Este modelo certamente é a melhor arquitetura organizacional para as forças combatentes, uma vez que se mostra capaz de coordenar os esforços de um expressivo número de pessoas que trabalham coletivamente para resolver conflitos de larga escala como a guerra. Entretanto, excluindo os eventos de massa, as demonstrações do próprio meio de força, os distúrbios civis e as situações excepcionais de ocupação territorial e de confronto com grupos armados, os policiais geralmente trabalham sozinhos ou em dupla, atuando em um vasto número de conflitos pequenos, isolados e desconectados. Todos os dias, longe da vista dos oficiais supervisores, os PMs das ruas tomam "decisões de baixa visibilidade" que têm grandes efeitos sobre a vida e a liberdade das pessoas. Neste exato momento, por exemplo, é possível imaginar que os PMs que patrulham o Rio de Janeiro estão decidindo se multam ou advertem um motorista imprudente; se destroem uma bagana de maconha ou se encaminham o adolescente infrator; se conduzem à delegacia um marido agressor; se atiram ou não em uma pessoa emocionalmente transtornada que ameaça disparar o seu revólver; se dispersam uma rodinha de cerveja na esquina ou se apenas retiram o bêbado inconveniente; se tentam imobilizar um criminoso que faz uso de um refém como escudo humano ou se aguardam a chegada do apoio tático etc.

---

[99] Para uma discussão sobre as singularidades do campo dos estudos estratégicos e do estado da arte dos meios de força da defesa, ver Clausewitz (1996) e Proença Junior e Diniz (1999).

Creio que é oportuno questionar a pertinência da relação entre as grandes estratégias do mundo militar real e as atividades policiais ordinárias, tais como responder a acidentes automobilísticos e realizar os primeiros socorros; conduzir o tráfego; checar diversos tipos de licenças e documentos; mediar querelas familiares e interpessoais; resolver disputas entre cidadãos; transportar doentes para o hospital; conduzir uma criança perdida; escoltar autoridades e intervir em um crime em andamento.

Não se pode esquecer que as inúmeras decisões tomadas individualmente pelos policiais nas ruas, e inscritas no microcosmo social de forma descontínua e pervasiva, ofertam possibilidades extremamente limitadas de revisão objetiva no ato mesmo de sua execução. Em princípio, não haveria nada de preocupante com isso se essa miríade de pequenas e singulares decisões não tivesse um impacto de proporções espetaculares na vida dos indivíduos e das comunidades que vão do desconforto da revista corporal, passando pelos abusos e desacatos a autoridade, chegando à detenção e até a morte. Na maior parte dos casos em que os PMs tomam decisões e escolhem o curso de ação que consideram mais apropriado, não se tem relatos precisos e muito menos o recurso remoto e frequente da gravação em vídeo – ferramenta que ajudou a elucidar alguns casos dramáticos de brutalidade e racismo policial, como os episódios violentos da Favela Naval em São Paulo e na Cidade de Deus no Rio de Janeiro. Somente *a posteriori* pode-se determinar se a multa emitida foi bem aplicada, se a detenção ou a soltura foi adequada, se o tiro disparado feriu gravemente, se o emprego da força estava justificado técnica e legalmente etc. Note-se que quando os cidadãos se beneficiam do exercício discricionário dos policiais (por exemplo, quando, em vez de receberem uma multa, recebem apenas uma advertência), qualquer oportunidade de revisão oficial acerca da propriedade da decisão policial desaparece no momento mesmo em que os atores envolvidos na ocorrência abandonam a cena do seu encontro com a polícia.

Cabe salientar que a confusão estabelecida entre as ferramentas de controle e os dispositivos da disciplina militar é ainda mais perversa nas situações em que a sabedoria ou a razoabilidade da decisão policial é contestada. Neste nível, salvo raras exceções, a revisão limita-se à tentativa de capturar o que já se transformou em algo inefável. Certamente, esta não é uma disfunção sem relevância. A tentativa de circunscrever o grande espaço discricionário dos PMs das mais baixas patentes pelo recurso prioritário à disciplina militar não tem atendido sequer às próprias expectativas da força policial. Regras extremamente rígidas e firmes parecem mais satisfatórias para os trabalhos mecânicos e pouco reflexivos, sendo, portanto, de utilidade duvidosa para as situações discricionárias fluidas que constituem o escopo de atuação policial (*cf.* Muir Jr., 1977).

É evidente que, na maioria das agências responsáveis por tratar com emergências, entre elas as polícias que agregam o componente do uso da força, é absolutamente crucial a coordenação precisa e o controle direto e imediato de um amplo grupo de pessoas especializadas, que devem fazer o seu trabalho com o máximo de competência e o mínimo de hesitação. Sem tal controle e precisão, a capacidade de pronto emprego fica drasticamente reduzida e, por sua vez, a possibilidade de produzir respostas eficazes torna-se limitada. A natureza imediatista e contingente das ações de polícia ostensiva demanda expedientes de controle e monitoramento compatíveis com a realidade do trabalho policial nas ruas. Alguns autores chegam a sustentar que uma concepção organizacional que priorize a qualificação e o alto nível decisório de seus profissionais seria mais adequada às agências de polícia (Skolnick; Fyfe, 1993; Skolnick, 1994; Bittner, 1990). As considerações desse tipo buscam uma aproximação com outras atividades que acumulam *experts,* como a medicina e o magistério universitário, e cujo recurso à discricionariedade é também bastante elevado na linha de frente: assim como os policiais de ponta decidem se devem ou não atirar; são também os médicos, e não os administradores hospitalares, que decidem se operam ou medicam; são ainda os professores, e não os decanos e chefes de departamento, que aprovam os alunos. Diferentemente da estrutura militar, o conhecimento e a habilidade técnica acumulada pelos profissionais da medicina e da educação são, em boa medida, congruentes com o exercício da autoridade responsável necessária ao desempenho do seu ofício. Para aqueles pesquisadores que defendem a assimilação pelas polícias de traços organizacionais provenientes dessas profissões, uma das principais ferramentas identificadas como capaz de contribuir para a produção de controle qualificado é, precisamente, a dimensão ética da atividade policial (Elliston; Feldberg, 1985; Kleinig, 1996, 1997; Ohlin; Remington, 1993; Delattre, 1996). Estudos acadêmicos recentes têm-se dedicado a explorar as correlações positivas entre a instrumentalização dos valores éticos e o exercício da discricionariedade nos processos decisórios policiais de "baixa visibilidade". Alguns opositores a essa perspectiva argumentam que o campo da ética é extremamente subjetivo e, por sua vez, frouxo para regular o comportamento esperado dos policiais. A premissa que está por trás desse raciocínio é muito simples: no desempenho de seu trabalho nas ruas, os policiais estariam suscetíveis a toda sorte de estímulos atraentes e perversos, oriundos não apenas do mundo do crime, mas também dos cidadãos e das comunidades. Para fazer frente à grandiosidade do mal, ou melhor, às inúmeras oportunidades de desvio de conduta, seria necessário reforçar ainda mais os mecanismos disciplinares e as consequentes ferramentas de punição. Esta é, no mínimo, uma perspectiva curiosa, uma vez que ela anuncia o seu próprio fracasso. Diante da impossibilidade de eliminar o pecado humano, caberia, por antecipação, suspeitar daqueles profissionais aos quais, paradoxalmente, insistimos em conceder poderes consideráveis sobre a vida dos cidadãos. É evidente que esta forma de enquadramento não reduz o problema da transgressão e acaba por funcionar como uma profecia que se autocumpre, exponenciando o universo dos policiais indisciplinados.

Enfim, guardadas as devidas imprecisões, fica-se com a impressão de que a burocracia policial militar, em virtude da fragilidade dos seus mecanismos de fiscalização, em vez de estimular o desenvolvimento de iniciativas proativas por parte dos policiais, mostra mais o seu vigor pela implementação de sanções e pelo reforço indesejado das áreas invisíveis do trabalho policial. De uma forma paradoxal, os PMs costumam ser orientados a produzir comportamentos positivos por intermédio de uma visão negativa das regras estabelecidas. Resulta daí que a lista do que "não se pode fazer" tende a ser sempre superior ao inventário de procedimentos positivos que atenda às demandas reais do trabalho policial, orientando de forma pragmática sobre "o que", "porque", "como", "onde" e "quando" fazer.

6

"O QUE FOI QUE EU FIZ": ENTRE A CULPA E A RESPONSABILIDADE

> *Na PM a motivação para trabalhar é a punição.*
> (Oficial PM com 12 anos de serviços prestados à PMERJ)

> *O PM não tem responsabilidade, tem culpa.*
> *Tudo que acontece na sociedade é culpa do PM.*
> (Cabo PM com 9 anos de serviços prestados à PMERJ)

> *O PM não tem direito, tem obrigação.*
> (Sargento PM com 16 anos de serviços prestados à PMERJ)

Durante uma das minhas visitas à Escola Superior da Polícia Militar (ESPM), em Niterói, fui convidada a provar da comida servida no novo rancho recentemente inaugurado. Com o apoio entusiasmado e "faminto" dos meus colegas do Grupo de Estudos Estratégicos (COPPE/UFRJ), aceitei de imediato a cortesia, pois, além de também querer experimentar a famosa "ração" servida na escola, o espaço informal do almoço consistia em uma ótima oportunidade para seguir discutindo com os vários oficiais PMs ali presentes – de uma forma mais descontraída, é claro – a perspectiva de uma administração estratégica da ordem pública e o papel a ser desempenhado pelas Polícias Militares. Durante a distribuição das pessoas à mesa, acabei me sentando ao lado de um simpático e experiente oficial, com quem já havia entabulado um divertido papo sobre as "encarnações" e demais brincadeiras que aconteciam entre os cadetes nos seus idos tempos de aluno-oficial. Contava-me, animado, as inúmeras vezes em que foi escolhido como "o príncipe das festas de debutantes" e de como a sua condição de "pé de valsa" e o seu comportamento extrovertido causavam ciúmes nos colegas de turma. Entre o vaivém dos copos e talheres e o burburinho das animadas conversas paralelas, o espirituoso oficial decidiu me narrar a sua orgulhosa trajetória dentro da corporação, reprisando um dos dias mais importantes de sua carreira policial. Naquele dia, meu confidente foi "encarregado de cumprir uma importante missão externa". Havia sido escalado para ajudar a organizar uma grande operação especial de escolta para um chefe de Estado, que permaneceria no Rio de Janeiro por uns dois dias. Enquanto cumpria suas inúmeras atribuições, deslocando-se entre várias OPMs do Comando de Policiamento da Capital, a Secretaria de Segurança Pública e o Comando Geral da PMERJ tentavam exaustivamente contatá-lo, "logrando êxito quase ao final do expediente", quando o oficial, com outros policiais superiores, inspecionava as instalações do aeroporto internacional do Rio de Janeiro. A mensagem telefônica foi rápida e concisa: "Major, retorne imediatamente ao QG e apresente-se ao comandante!". Os minutos que se seguiram até a sua apresentação à cúpula da PMERJ foram descritos como momentos silenciosos, carregados de excessiva tensão e de muita ansiedade. Relatou-me que, durante o trajeto do aeroporto até o centro da cidade, o tempo parecia caminhar propositalmente de forma lenta. Uma frase insistia em martelar a sua cabeça, criando eco e aumentando a sensação de angústia: "O que foi que eu fiz? O que foi que eu fiz?". Conta-me, com um tom narrativo agora mais dramático, que tentava inutilmente se lembrar de alguma tarefa não cumprida, de uma possível não observância às normas disciplinares, do esquecimento de algum detalhe crucial no cumprimento da missão atribuída etc. Mas nada parecia iluminar a sua mente que não fosse a torturante e kafkiana ideia fixa de receber uma repreensão por algo que nem ele mesmo sabia ou conseguia lembrar. A essa altura da estória, face ao clima de suspense criado pelo meu interlocutor, eu, já bastante impaciente, indaguei: "E aí, o que aconteceu?". Com um ar próprio de quem conta uma piada, o oficial, gargalhando, concluiu enfim a sua breve saga: lá chegando, foi festivamente comunicado pelo comandante de que, em virtude do reconhecimento valoroso dos seus serviços prestados à corporação, a partir daquela data ele passaria a ocupar uma posição mais prestigiosa dentro da força policial.

    Tem sido um lugar comum dos estudos sociológicos sobre as organizações policiais questionar a produtividade da ênfase excessivamente punitiva do modelo militar. Muitos têm sido os problemas identificados como resultantes da rigidez dos regulamentos disciplinares a que todos os membros da força policial estão sujeitos. Os próprios PMs, particularmente aqueles que se encontram na linha da obrigação, isto é, os soldados, cabos e sargentos, explicitam, sempre que possível, as limitações e os constrangimentos que lhes são impostos no dia a dia de suas vidas. Máximas como "o PM trabalha para não ser preso" e "até o bandido tem mais direitos humanos do que o PM" visitam de forma preocupante e recorrente as conversas horizontais entre as mais baixas patentes que fazem o policiamento e lidam com os cidadãos. Também correm pelos quartéis as inúmeras fábulas sobre os casos exemplares de "detenção", "prisão" e "exclusão a bem da disciplina" policial militar – episódios que costumam normalmente ser publicados nos Boletins Internos da força.

Mesmo que as punições disciplinares não ocorram com a frequência com que são veiculadas internamente, e que a suposta arbitrariedade de suas aplicações não possua uma devida correspondência na prática, a sua constante invocação, assim como a possibilidade sempre iminente de sua utilização, parece suficiente para configurar uma gramática pedagógica por demais opressiva. O artigo 6 do atual Regulamento Disciplinar da PMERJ (RDPM) define a disciplina policial militar desejada como "a rigorosa observância e o acatamento integral das leis, regulamentos, normas e disposições, traduzindo-se pelo perfeito cumprimento do dever por parte de todos e de cada um dos componentes do organismo policial militar", incluindo os inativos que já se desligaram da força policial. Orientada para os "altos interesses da ação educativa da coletividade e [para] a elevação moral da tropa", a disciplina militar promete, a princípio, estar a serviço do fortalecimento dos princípios da hierarquia, do "decoro da classe", do "pundonor policial militar", da "honra pessoal" dos integrantes, procurando incentivar no interior da "família policial militar" o exercício da civilidade, do respeito, da deferência, da camaradagem, da cortesia e da consideração entre os seus membros.

De acordo com este projeto pedagógico, o comportamento do policial militar deve se pautar pelas seguintes exigências institucionais: a) correção de atitudes; b) obediência pronta às ordens dos superiores hierárquicos; c) dedicação integral ao serviço; d) colaboração espontânea à disciplina coletiva e à eficiência da Instituição; e) consciência das responsabilidades; e f) rigorosa observação das prescrições regulamentares. O não cumprimento dessas determinações configura uma "transgressão disciplinar" que, como esclarece o próprio RDPM, reporta-se a qualquer violação dos deveres e obrigações previstas pelas normas e outras disposições internas à força que não constituam crimes. Dito de outra maneira, as "transgressões disciplinares" reportam-se às atitudes insubordinadas que afetam a vida institucional da corporação, mas que não necessariamente se configuram, do ponto de vista da justiça comum, em atos ilegais ou criminosos praticados pelos policiais militares.

Conforme já foi mencionado, o Anexo I do atual RDPM ocupa-se de "especificar e classificar" as diversas ações qualificadas como faltas disciplinares. A "Relação das Transgressões" inclui um total de 125 insubordinações que podem ser, grosso modo, tipificadas como transgressões relacionadas i) à conduta policial militar no interior da corporação; ii) às atividades de policiamento; e iii) à vida civil e ao convívio social do PM. Para efeito de ilustração, considero oportuno mencionar algumas delas.

Quadro 4 – Transgressões disciplinares previstas no Regulamento Disciplinar da PMERJ

Transgressões relativas à conduta policial militar no interior da organização:
• Concorrer para a discórdia ou desarmonia e/ou cultivar inimizade entre camaradas.
• Deixar de punir transgressor da disciplina.
• Não cumprir ordem estabelecida.
• Comparecer o policial militar a qualquer solenidade, festividade ou reunião social, com uniforme diferente do marcado.
• Fumar em lugar ou ocasiões onde isso seja vedado, ou quando se dirigir a superior.
• Deixar, quando estiver sentado, de oferecer seu lugar a superior, ressalvadas as exceções prescritas no Regulamento de Continências, Honras e Sinais de Respeito das Forças Armadas.
• Usar, quando uniformizado, barba, cabelos, bigode ou costeletas excessivamente compridos ou exagerados, contrariando as disposições a respeito.
• Usar, quando uniformizada, cabelos de cor diferente do natural ou peruca, sem permissão da autoridade competente.
Transgressões relativas às atividades de policiamento:
• Abandonar o serviço para o qual tenha sido designado.
• Portar a Praça arma regulamentar sem estar de serviço ou sem ordem para tal.
• Portar a Praça arma não regulamentar sem permissão por escrito da autoridade competente.
• Disparar arma por imprudência ou negligência.
• Usar de violência desnecessária no ato de efetuar prisão.

Transgressões relativas à vida civil e ao convívio social:
• Contrair dívidas ou assumir compromisso superior às suas possibilidades, comprometendo o bom nome da classe.
• Não atender à obrigação de dar assistência à sua família ou dependentes legalmente constituídos.
• Esquivar-se a satisfazer compromissos de ordem moral ou pecuniária que houver assumido.
• Ter pouco cuidado com o asseio próprio ou coletivo, em qualquer circunstância.
• Portar-se sem compostura em lugar público.
• Desrespeitar em público as convenções sociais.
• Conversar ou fazer ruído em ocasião, lugares ou horas impróprias.
• Frequentar lugares incompatíveis com o seu nível social e o decoro da classe.
• Embriagar-se ou induzir outrem à embriaguez, embora tal estado não tenha sido constatado por médico.

Fonte: Regulamento Disciplinar da PMERJ-RDPM 5/3/1983

Parece evidente que a educação militar voltada para a internalização e o reforço da "disciplina consciente" guarda a ambição de se fazer sentir em todas as esferas de sociabilidade do policial, procurando antecipar-se e normatizando de forma meticulosa tudo o que "não se pode fazer". Isso se traduz, é claro, em uma rígida camisa de força cujo ápice é a insolúvel tensão entre a exigida uniformidade da conduta militar – em benefício da classe – e as esferas privadas de liberdade e ação individuais. De fato, esta empresa pedagógica totalizadora pretende deixar pouco espaço subjetivo de manobra para aqueles que optaram pela carreira policial militar. Não se pode esquecer que, entre as formas de punição para as transgressões disciplinares – que, em sua maioria, é importante insistir, não caracterizam práticas delituosas –, estão incluídas as privações de liberdade, que podem chegar a 30 dias de reclusão para todas as patentes.[100] O recurso ao castigo da prisão, que em casos mais greves vem acompanhada do total isolamento, mesmo que empregado de uma suposta forma racional, justa e parcimoniosa, apresenta-se no imaginário policial como uma ameaça latente e dispersa pela atmosfera institucional da PM, operando

---

[100] Segundo o Regulamento Disciplinar da PMERJ, aprovado pelo Decreto n.º 6.579, de 5 de março de 1983, as punições, obedecendo ao julgamento da transgressão cometida, seguem a seguinte ordem crescente de gravidade: I) advertência; II) repreensão; III) detenção; IV) prisão e prisão em separado; e V) licenciamento e exclusão a bem da disciplina.

simbolicamente como uma espécie de dedo de Deus sempre apontado para os policiais.[101]

Um aspecto regularmente ressaltado em defesa da pertinência da disciplina militar aplicada à força policial ostensiva reporta-se a sua eficácia como um expediente de contenção dos desvios policiais praticados contra os cidadãos. A ideia de que os dispositivos disciplinares – artifícios que os próprios oficiais superiores da PM reconhecem que são excessivos – consistem em um tipo de remédio amargo, mas necessário, para os problemas crônicos comuns a todas as polícias, parece não resistir à demonstração empírica dos seus resultados terapêuticos nas diversas agências policiais que fazem uso da modelagem militar (Skolnick; Fyfe, 1993; Bittner, 1990). No nosso caso, essas ferramentas sequer contemplam, de forma satisfatória, as tarefas reais de policiamento. Como pode ser observado no gráfico a seguir, apenas 23% das transgressões previstas no RDPM preocupam-se com o controle das atividades relativas à polícia ostensiva propriamente dita. Note-se, ainda, que 56% delas dizem respeito ao que parece ser a grande preocupação do Regulamento Disciplinar – a realidade intramuros da corporação policial militar.

Gráfico 1 – Transgressões disciplinares segundo o tipo

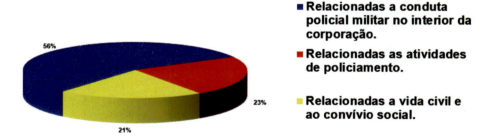

Fonte: Regulamento Disciplinar da Polícia Militar (RDPM 5/3/1983) – DGP/EMG/PMERJ

Uma vez aventada a possibilidade de que os mecanismos disciplinares de educação e correção podem não estar atendendo satisfatoriamente às finalidades para as quais foram implementados, cabe comentar sobre os custos derivados da sua adoção, isto é, sobre os seus efeitos indesejáveis.

---

[101] Este tipo de ambiência pôde ser observado entre os policiais que participaram do programa de policiamento comunitário em Copacabana. Ver Musumeci (1996).

É importante ressaltar que o apego institucional exagerado aos ritos militares como estratégia pedagógica aplicada à força ostensiva contribui para internalizar no efetivo policial – sobretudo nas patentes inferiores que estão mais expostas às sanções disciplinares – uma concepção de ordem social mais rigorosa e, por vezes, mais intolerante do que as várias concepções de ordem adotadas pelas comunidades. A multiplicação e o reforço das rígidas regulações internas, em boa parte dissociadas da realidade do trabalho policial, tendem a motivar os agentes de ponta a exigirem dos cidadãos os padrões militares de comportamento intramuros. A transferência individual, silenciosa e ressentida, para as ruas, dos princípios e normas que regulam as suas vidas na caserna, como a uniformidade de conduta, a obediência cega a autoridade etc., não só amplia as oportunidades de encontros violentos com a população, como também compromete o indispensável profissionalismo na administração da autoridade policial no contato com os cidadãos. Nas ruas, não são poucas as situações preventivas e dissuasivas, de baixo potencial ofensivo e quase sempre invisíveis, que acabam envolvendo o emprego desnecessário da força e se configuram como um "abuso de autoridade" mas que terminam sendo interpretadas pelos PMs como "desacato à autoridade policial".[102] Imersos em uma espécie de posição desvantajosa, tanto na caserna quanto nas ruas, os policiais que fazem o patrulhamento, sempre que encontram uma oportunidade para falar do seu trabalho, reclamam da "incivilidade", do "desrespeito", do "excesso de liberdade" e da "falta de educação" dos cidadãos que parecem "nunca enxergar o lado do policial". Ora acometidos por uma passividade reativa, ora estimulados a se engajar em uma "guerra contra o crime" que eles sabem inexistente, os PMs experimentam a frustração cotidiana de se perceberem vulneráveis em um dos mais importantes aspectos do trabalho ostensivo de polícia que é a negociação individualizada da autoridade e, por sua vez, a oferta de alternativas legítimas e legais de obediência as regras constitucionais do jogo e sob consentimento social.

De certa maneira, a preocupação institucional exacerbada em mapear as possibilidades de manifestações arredias e de condutas propriamente indisciplinadas deixa entrever um olhar suspeitoso e desconfiado da corporação para com aqueles que ingressam nas suas fileiras. Reproduzindo,

---

[102] Cabe ressaltar que a maior parte dos casos de emprego inadequado da força está inscrita no universo das interações de baixa visibilidade, particularmente os episódios em que foram utilizados outros gradientes de força que não a arma de fogo.

ainda que de forma inadvertida, a arcaica visão de um Estado temeroso de suas próprias ferramentas de controle, a organização policial militar parece duvidar do emprego qualificado do "poder **de** polícia" pelos seus integrantes, criando paradoxalmente brechas para o florescimento do exercício inaceitável do "poder **da** polícia".[103] A crença incondicional na capacidade normativa dos regulamentos produz o efeito ilusório de que o estrito cumprimento do que foi estabelecido formalmente em lei seria capaz de substituir a contingência, o acaso e o imponderável, restringindo ao limite as esferas de tomada de decisão policial. Em verdade, a ingênua ambição de minimizar os espaços individuais de escolha pelo reforço desmesurado dos expedientes disciplinares acaba por contradizer e mesmo desautorizar o recurso à discrição e à autoexecutoriedade – elementos essenciais da ação de polícia que, concretamente, só podem ser exercidos pelos indivíduos.

É neste tipo de cenário que se pode assistir às indesejáveis manifestações de receio e insegurança decisórias por parte dos policiais de ponta no que se refere à gestão ordinária da autoridade a eles delegada, sobretudo nas interações difusas com os cidadãos. A valorização da disciplina militar em detrimento de um projeto pedagógico consistente, capaz de instruir os policiais sobre os processos decisórios em ambientes de incerteza e risco, tende a restringir o exercício da autonomia responsável, abrindo espaço para o aparecimento da sensação coletiva de culpa: "tudo de ruim que acontece nesta cidade é culpa do PM, foi o PM que falhou". A percepção cristalizada entre as praças de que toda ação policial consiste antecipadamente em um erro, contribui ainda mais para restringir o escopo da criatividade individual àquelas situações em que a polícia é chamada a se pronunciar. No dia a dia da atividade ostensiva, os PMs se veem, ao mesmo tempo, envolvidos em uma profusão de demandas descontínuas e imediatas por ordem pública e pouco municiados intelectualmente para administrá-las e ofertar decisões satisfatórias. Justificativas do tipo "até parece que a gente não quer fazer nada" revelam o tom da frustração com as restrições à dimensão reflexiva do seu trabalho. Uma parte expressiva destes "executivos de quarteirão" questiona o "mecanicismo" ou a "visão robocop" da rotina policial e procura resistir à paralisia decisória expressa, em boa medida, nas intervenções tão somente reativas.

---

[103] Para uma discussão sobre os fundamentos jurídicos do poder de polícia, ver Lazzarini (1987).

Como também não poderia deixar de ser, o olhar suspeitoso e punitivo projetado sobre os PMs tem como contrapartida a administração cotidiana do segredo como um recurso de sociabilidade, ou melhor, como uma estratégia de sobrevivência no interior da força que favorece a disseminação de práticas corruptas, violentas e discriminatórias. As redes de autoproteção, o reforço dos laços horizontais de solidariedade ajudam a compreender o medo da punição e o isolamento institucional experimentados pelas mais baixas patentes. É possível estimar que uma parte expressiva das preciosas informações qualitativas sobre pessoas, problemas, eventos e locais, que poderiam orientar políticas efetivas de policiamento, e que normalmente são mapeadas pelos policiais em suas rondas, não é irrigada para dentro da corporação e sequer se converte em registros e notificações. Na prática, esse acervo de informações circula informalmente entre os pares e os companheiros de guarnição como um tipo de troca fraternal de favores profissionais. Cabe assinalar que a cumplicidade, a fidelidade e a unidade de grupo produzidas pelas ilhas de irmandade da silenciosa estética do segredo não estão necessariamente a serviço da produção de estruturas paralelas de poder ou da ocultação conspiratória de práticas corruptas e violentas, ainda que estes arranjos ou os famosos "esquemas policiais" se beneficiem dos vínculos invisíveis que a experimentação coletiva do silêncio produz. Trata-se, antes, de recursos sociológicos comuns àqueles atores sociais que se percebem excluídos ou à margem das esferas privilegiadas de interação dentro do seu próprio meio social ou da sociedade mais ampla (*Cf.* Simmel, 1983).[104] De todo modo, a lógica do segredo favorece a reverberação de ruídos e a irregularidade dos fluxos do sistema de comunicação da PMERJ, fragilizando ainda mais os seus mecanismos de controle, responsabilização e *accountability*. Por outro lado, ela cria uma barreira protetora contra a aplicação do regulamento disciplinar, possibilitando o emprego informal nas ruas de intervenções policiais alternativas aos procedimentos formais.

Por fim, é importante mencionar que os efeitos de um Regulamento Disciplinar extremamente rígido também se fazem notar no modo mesmo como os PMs da *thin blue line* recortam o seu lugar no mundo da cidadania.

---

[104] A lógica do segredo revela propriedades interessantes. Do ponto de vista sociológico, ela permite que os indivíduos que a vivenciam se dissolvam em outros grupos ao mesmo tempo que afirmam a sua identidade perante eles. O segredo nem precisa objetivamente existir. Importa que, experimentado como tal, ele anuncia que alguma coisa está sendo partilhada, fazendo aparecer uma espécie de comunhão invisível dos seus sujeitos, um tipo de irmandade inclusiva, sem unidade fixa de lugar. Para uma discussão sobre a estética do presente na vida urbana contemporânea, ver Maffesoli (1984, 1987).

Na contabilidade pragmática dos seus direitos e deveres, esses policiais sentem-se os "filhos feios" do Estado, que teriam sido esquecidos pela sua própria corporação. No mundo das praças, a associação entre cidadania e direitos humanos é corriqueira e tem se apresentado como uma realidade nebulosa, indefinida e até "prejudicial" aos policiais: "até o bandido tem mais direito humano que o PM"!

É certo que este tipo de percepção encontrou solo fértil nas distorções e nos equívocos produzidos pelas recentes políticas de segurança pública adotadas no estado do Rio. Contudo, ela também tem se alimentado na própria cultura institucional da PMERJ, que prioriza e cobra as obrigações militares do policial em detrimento dos seus direitos civis. O sentimento de que "o sacrifício só é cobrado do PM" é, de forma perversa, reforçado nas ruas. O contato diário com o mundo social além dos muros dos quartéis põe em evidência o contraste entre a inflexível conduta militar e a multiplicidade de inserções possíveis na vida civil. Para os PMs que se veem confinados ao universo dos deveres e das obrigações, o descompasso entre essas realidades é reiterado a cada interação. Olhando "pelo lado do PM" parece não ser muito difícil concluir, mesmo que indevidamente, que "o cidadão já tem direito até demais".

PARTE II

O FIM DA INOCÊNCIA: ELEMENTOS PARA UMA CULTURA POLICIAL DAS RUAS

1

"NA PRÁTICA É OUTRA COISA": A SINGULARIDADE DO SABER POLICIAL DE RUA

> *Vagabundo diz que ele tira diploma do crime na cadeia. Para o policial o diploma está na rua. A rua é a escola do policial. Tudo que você quiser ver está ali, é só olhar. Eu aprendi ter olho técnico na rua. O que eu já vi acho que não dá nem para contar.*
>
> (Sargento PM com 17 anos de serviços prestados à PMERJ)

> *Ir para a rua? Demorou. É um papo meio sinistro. Olha aí, tem que saber olhar, tem que ter sangue frio para segurar. A cabeça tem que estar ligada, funcionando bem. Isso eu aprendi com os mais velhos. Para tirar polícia para valer você tem que aguentar, tem que segurar, senão você cai fora, desiste de ser policial. Senão qualquer vagabundo te dá uma rasteira, é só bobear.*
>
> (Cabo PM com 13 anos de serviços prestados à PMERJ)

Era o seu primeiro dia de trabalho como soldado PM nas ruas da cidade. Ele já tinha estado patrulhando com os policiais do 6.º BPM e do 23.º BPM, durante o curso no Centro de Formação e Aperfeiçoamento de Praças (CFAP). Mas, como fez questão de me dizer, "estágio não conta, porque você não está ali todo dia para valer". Meu jovem confidente ia sair para uma ronda convencional com uma guarnição motorizada composta por mais dois PMs. À primeira vista, a missão era simples. A papeleta de serviço informava somente que se tratava de "preservar a ordem pública", cumprindo o plano de patrulha estabelecido para um trecho específico de Copacabana. Contudo, havia algo de excepcional naquilo que parecia já ser uma rotina para os demais PMs. "Era o seu primeiro dia", o momento ritual do seu batismo de verdade e ele, sob o olhar gazeteiro e acolhedor de seus experientes companheiros, ainda se ocupava de reprisar o juramento feito no dia da formatura e de passar mentalmente em revista tudo que havia aprendido de polícia na escola.

Faço aqui um breve parêntese nesta curta estória, pois meu emocionado interlocutor acaba de interromper o fluxo de sua narrativa para confessar-me, um tanto encabulado, que, logo que entrou para a PMERJ, tinha também se deixado iludir pela fantasia dos filmes e seriados de TV, que, como hoje ele próprio reconhece, transmitem uma imagem completamente distante da realidade do trabalho policial. Reproduzindo literalmente o conselho de um experiente oficial PM, relata-me convencido de que o "trabalho ostensivo de polícia não admite vedetes" e que as fitas policiais, indiferentes a essa desencantadora constatação, mostram de forma equivocada um "mocinho que sempre atua sozinho e sem planejamento"; que "nunca obedece à lei" e que, por tudo isso, se torna "um grande herói", sendo ainda "premiado com a mulher mais bonita da estória".

Apesar das brincadeiras e da "pagação de terror" que seus colegas "cascudos" faziam no intuito de descontraí-lo, nosso soldado PM, naquele dia, dizia-se ansioso e muito preocupado em "fazer a coisa certa do jeito certo", em "tirar polícia sem vacilo". Lembra-se, aos risos, que seus calejados companheiros insistiam em lhe dizer: "bola da vez, não adianta tanta teoria, a prática é outra coisa". Uma coisa, ao menos, o dedicado "bicho" sabia: era preciso "ler as ruas", pois só aprendendo a reconhecer o que se passa nas ruas ele poderia adquirir o ambicionado "olho técnico" e desenvolver o "faro policial.

Já circulando com a viatura, meu interlocutor diz ter experimentado a novidade de construir em ato o seletivo processo de observação. Mas o que observar? O que deveria constituir o seu campo de vigilância? Para onde olhar? Onde começa e onde termina a ordem pública cuja preservação lhe foi atribuída? Tudo parecia saltar aos seus olhos como algo diferente e preocupante. Tudo, "tudo mesmo", poderia naturalmente ser convertido em objeto de cuidadosa suspeita e atenção. Enfim, qualquer coisa parecia destacar-se de forma singular da paisagem urbana, agora sob vigília, como os avisos luminosos das boates, o barulho de uma sirene, o entra e sai das pessoas nos bares, a família de mendigos embaixo de uma marquise, o cachorro com "pelada", o homem correndo pela calçada, a rodinha de jovens na esquina, a jovem mulher (ou um travesti?) ajeitando eroticamente a sua cinta-liga, o carro parado no acostamento com a luz interna acesa, o casal gesticulando de forma desmedida em um ponto de ônibus, a freada brusca em um cruzamento, a sala de um prédio comercial acesa na madrugada, o bêbado rodopiando com um grande embrulho nas mãos etc. Tudo parecia merecer o enquadramento do seu olhar alerta e em prontidão. Pergunto ao meu paciente soldado PM como é imaginar a cidade e suas personagens da janela de uma radiopatrulha? Eram muitas as suas preocupações: afinar os ouvidos para discernir os "sons das ruas", seus ruídos e silêncios; reconhecer e decifrar os mais distintos comportamentos e linguagens; capturar os mais inesperados movimentos; educar o olhar para ver "o que está por trás das coisas", procurando sempre identificar o que antes estava presente e ele não via. Certamente, meu interlocutor tinha muitas dúvidas e uma perturbadora certeza: "alguma coisa está acontecendo agora em algum lugar; como saber e como antecipar?" Enquanto nosso marinheiro de primeira viagem se via afogado pelos inúmeros estímulos saídos das ruas, e se esforçava cada vez mais por identificar algo "anormal" em um ambiente que ele mesmo teria começado a estranhar, seus companheiros de ronda pareciam fazer o patrulhamento displicentes, conversando animadamente sobre coisas alheias ao trabalho policial. E, para a sua perplexidade, foi no exato momento em que o bate-papo sobre a última roda de pagode por eles organizada seguia acalorado que os PMs mais velhos pararam rapidamente a viatura e abordaram dois rapazes "brancos e boa-pinta" que andavam discretamente pela calçada. A surpresa do nosso neófito não foi pequena: os rapazes estavam armados e portavam uma razoável quantidade de papelotes de cocaína. Após encerrar a ocorrência na delegacia, sua indagação não foi outra: "como vocês sabiam disso?" A resposta obtida de seus companheiros foi para ele tão inesperada quanto o seu *début* com um flagrante: "Ah! Isso vem naturalmente, você vai sentir, é só olhar", responderam os colegas de guarnição. Disse-me que só conseguiu compreender inteiramente o que lhe foi ensinado naquele dia depois que havia adquirido alguma experiência de patrulhamento. Concluiu sua estória dizendo-me que para ser um bom policial nunca se deve parar de aprender a fazer polícia com as ruas.

Do rico e inesgotável mundo policial tem algo que particularmente intriga a nossa imaginação. Refiro-me a um tipo de conhecimento peculiar esculpido nas ruas das cidades e que tem, de longa data, inspirado a sensibilidade de escritores, roteiristas, cineastas e pesquisadores. As ficções, as novelas e os filmes policiais retiram a sua matéria-prima desse curioso saber, ora enunciado em uma versão romântica e dramática, ora caricaturado através de ações heroicas e espetaculares.

De fato, esse parece ser um tipo de conhecimento que, nascido da trivialidade da vida ordinária e da irredutibilidade do acaso e da incerteza, se presta a toda sorte de encantamentos e fabulações. Sua obviedade desafia, seu pragmatismo seduz, sua crueza assusta, seu sentimentalismo surpreende e sua nostalgia comove. O contato com uma espécie de conhecer saído da urgência dos fatos, que se confunde mesmo com o fazer e o agir, nos faz pensar que os PMs que patrulham as ruas nas nossas cidades sabem de coisas que não sabemos ou que não queremos perceber. Seu conhecimento é constituído aqui na esquina, dia após dia convivendo, de uma forma explícita e sem mediação, com a dimensão volátil, cômica, dissimulada, humilhante, violenta, confusa, vulnerável, trágica e frequentemente patética daquilo que chamamos de humano. Algumas narrativas policiais falam da experimentação de um conhecimento elaborado a partir do "pior de nós mesmos", isto é, reportam-se a um saber que se constitui como uma testemunha ocular daquelas manifestações que preferimos privadas ou que ambicionamos sempre que possível esconder.[105] Trata-se de uma forma de recortar o mundo estruturada e aberta às sucessivas colisões com o "lado desagradável da vida". Um tipo de saber em estado de alerta, sempre "preparado para o pior" dos mundos possíveis. Um PM, que há muito "tira polícia" no trânsito, penetra profundamente em uma psique humana contraída e tensa. Um PM que interveio em cenas de assassinato, que preservou inúmeras vezes locais de homicídios e que socorreu vítimas de crimes sexuais nos diz coisas que Nelson Rodrigues talvez só tenha imaginado. O que os PMs sabem não está ordenado em um formato científico, não aparece quantificável ou traduzido nas estatísticas, não pode ser provado com números, tabelas e gráficos. Este saber atrelado ao episódico, constrangido pelas contingências, parece resistir à padronização. Ele está ali em cada evento, na memória prodigiosa de cada policial. Ele é parte indissociável da trajetória de vida e das experiências individuais vividas por um personagem que deve aprender a observar – de um lugar em movimento (a ronda), de um lugar vigilante – os "outros" personagens que desenham o cenário urbano. Este tipo de saber descobre-se atento ao menor "indício de anormalidade"; ele está à procura do que se encontra "fora do lugar", ele se põe em perseguição a tudo aquilo que pareça, à primeira vista, "incorreto", "indevido" e "inadequado":

---

[105] São muitas as publicações e as narrativas autobiográficas que procuram desvendar o mundo da polícia a partir dos depoimentos de policiais sobre o seu dia a dia nas ruas. Ver MacDonald (1992), Baker (1986) e Fletch (1992).

> Quando você é polícia de verdade, você está sempre querendo saber o que está acontecendo ao seu redor. Isto está entranhado dentro da gente. Eu faço isso até na minha folga. Quando eu vejo eu estou fazendo isso até quando eu levo a minha mulher para passear. Se você vê um policial mudando de calçada, sentando-se na cadeira detrás do ônibus, procurando uma parede para se encostar, escolhendo uma mesa do fundo da churrascaria, pode ter certeza que ele está procurando alguma coisa errada, ele está tentando se antecipar, aí ele procura uma posição para controlar melhor a situação. Eu tenho o meu jeito que é ficar sacando o olhar das pessoas (Sargento PM com 23 anos de serviços prestados à PMERJ).

Os "mundos" que os PMs visitam e que constituem o seu próprio **mundo policial** são difíceis de descrever, são duros de explicar e, em boa medida, são desagradáveis de assistir e de frequentar por muito tempo. É preciso "ter estômago" para socorrer um homem anônimo caído na calçada sufocando-se em seu próprio vômito. É preciso segurar a sensação de náusea diante de cenas nas quais se encontram indivíduos mutilados, corpos baleados feito peneiras e cadáveres em decomposição.

Os PMs privam de um saber especial e doloroso que, em boa parte, costuma ser partilhado somente com outros policiais e, às vezes, com seus familiares. As reservas em expor esse saber a outras pessoas – mesmo as mais íntimas – resulta, em parte, da propositada percepção de que esse conhecimento choca, expõe as feridas e desencanta; ele mostra "a nua e crua realidade" dos atos. Em certa medida, ele desumaniza aqueles que, de algum modo, dele partilham...

> Eu estava fazendo patrulhamento na praça do Lido e eu vi a noiva do meu melhor amigo de infância ali com outras garotas de programa. Eles estavam de casamento marcado. Lá onde a gente mora ela sempre se comportou direito, sempre foi honesta. Todo mundo gosta dela, e para todo mundo ela trabalha à noite como acompanhante de idoso aqui em Copacabana. Ela não é analfabeta não, ela tem o segundo grau completo e um curso técnico de enfermagem. Eu não pude acreditar no que eu estava vendo. O meu amigo foi o primeiro namorado dela. Quando eu saí do trabalho, eu fui falar com ela. Ela me disse que ela só estava fazendo isso porque ela queria ajudar o meu amigo a terminar de construir a casa deles. Ela chorou muito e pediu para eu não contar para ninguém, porque ela ia parar com essa vida. Até hoje eu não falei nada, mas eu fiquei na minha vigiando ela.

Eu não vi mais ela por ali e as outras garotas falaram que ela tinha sumido. Depois que eu virei polícia eu comecei a ver que todo mundo tem um lado que quer esconder (Soldado PM com 5 anos de serviços prestados à PMERJ).

Eu não disse para a minha mulher que eu precisei matar um vagabundo. Eu e meu parceiro surpreendemos um elemento assaltando as pessoas no ponto de ônibus. O bandido empreendeu fuga e nós fizemos o cerco e enquadramos ele. Aí, eu gritei para o camarada: "Se entrega porque você dançou!". É brincadeira, você acredita que o marginal sozinho, se protegendo atrás do poste, cresceu para cima da gente. Ele atirava e gritava: "Seus putos, seus PMs de merda!" Meu parceiro acertou o joelho do vagabundo e ele caiu atirando na gente. O cara não parava de atirar. Aí, eu mandei bala nele. Ele morreu tentando me acertar. Eu fiquei muito alterado, eu fiquei com isso na cabeça: eu matei, eu matei. Eu fui para casa nervoso. A minha mulher perguntou o que tinha acontecido e eu só falei que tinha me desentendido no serviço. Aí eu pensei: se eu contar ela vai ficar pensando "meu marido matou um homem, meu marido matou um ser humano. Meu marido pode matar alguém de novo". Eu passei muito tempo tendo um mesmo sonho: o vagabundo ia morrendo e ia apontando a arma para mim (Sargento PM com 16 anos de serviços prestados à PMERJ).

Na rotina, os policiais socializam de forma extremamente seletiva o seu saber das ruas. As situações reais de tensão e perigo, mesmo que estilizadas e abrandadas, são geralmente consideradas pesadas e impróprias ao convívio pessoal. Como contar que quase ao final do expediente sua viatura foi alvejada por indivíduos não identificados? Como contar que um antigo companheiro de guarnição foi ferido mortalmente em uma operação especial?

Nesse tempo todo que eu estou na PM eu acho que eu já passei por tudo. Eu já ajudei a fazer parto, eu e meus companheiros conseguimos escapar de uma emboscada organizada por um marginal que eu tinha prendido. Eu já tive que levar muita gente para o hospital. Eu já salvei a vida de muita gente. Nesse tempo todo que eu tirei polícia, três companheiros de guarnição foram mortos pela bandidagem. Eu estava ali na hora. O último morava perto de mim, era um grande companheiro. Nós não voltamos para casa juntos. Eu fiquei pensando: o que eu vou dizer para a mulher dele, para o filhinho dele? Um dia desses aí, eu estava na minha folga e eu impedi um assalto em um restaurante. Eles eram três e renderam o gerente. Eu estava no ponto de ônibus

> *e um senhor gritou por socorro. Eu consegui prender eles. Eu não ganhei premiação porque eu não matei ninguém. Sabe o que eu ganhei? Eu ganhei uma úlcera, eu tomo remédio para hipertensão, até doença de pele por causa dos nervos eu já tive. Eu não ganhei premiação porque eu não matei. Mas não tem nada não, eu estou com a minha consciência tranquila, minha consciência está limpa com Cristo* (Sargento PM com 19 anos de serviços prestados à PMERJ).

De fato, o lado desagradável da vida não se configura como um tema de bate-papo aprazível, causando sempre a imediata impressão de que o seu enunciador possui um apelo mórbido e escatológico. Diferentemente dos cidadãos comuns, os policiais aprendem, na prática, a represar certas reações emotivas como nojo, náusea, vertigem, mal-estar etc. Por outro lado, normalmente poupam o seu interlocutor conversando em camadas sobre o dia a dia do seu trabalho. Descrever um indivíduo com ataque epiléptico, descrever alguém com uma faca cravada na cabeça a caminho do hospital ou relatar um estrangulamento, eventos que fazem parte da rotina policial, requer a introdução de filtros morais e pedágios argumentativos.

A vida recortada pelo saber policial de fato não costuma estar fielmente retratada nos filmes policiais e muito menos nos romances e seriados de TV. A sordidez do seu relato parece não poder ser traduzida em outra linguagem que não aquela dos fatos reais. Os policiais percebem isso e normalmente ironizam o que é mostrado do mundo deles. Ainda que guardem uma especial predileção pelos chamados "filmes de ação", os seus comentários convergem para o mesmo ponto: "não tem nada a ver com a realidade, é uma grande ilusão". Uma visão de mundo reconhecida intimamente como fantasiosa, mas que os PMs da vida real gostariam, em certa medida, de copiar. Transvestir a realidade de fantasia não apenas assimilando a falsa regularidade das ações policiais destemidas, mas sobretudo adquirindo os brinquedos tecnológicos de polícia como as pistolas automáticas com sinalizador a laser, os coletes à prova de bala sofisticados, as viaturas feitas sob medida para o trabalho policial, os sensores individuais, os sistemas avançados de comunicação e identificação que são, é evidente, exaustivamente explorados nas fitas policiais.

O que o conhecimento conquistado através dos diversos "tipos de policiamento tirados" faz com cada PM individualmente é parte integrante do processo afetivo e singular de sua aquisição. Na prática, mostra-se difícil e perturbador para um policial o esforço cognitivo de separar, por exemplo, os sentimentos que afloram durante a intervenção em um caso de exploração sexual infantil ou um acidente fatal envolvendo crianças, das emoções referidas aos seus próprios filhos...

Durante a minha última visita à Brigada Militar do Rio Grande do Sul, eu saí para jantar com dois simpáticos e inteligentes oficiais brigadianos, em uma agradável choperia. O tema de nossa conversa inicial girava em torno dos países e dos costumes que cada um de nós tinha conhecido e das futuras viagens que gostaríamos de fazer. Mas a discussão sobre o mundo policial era inevitável. Nós sabíamos que em algum momento ela aconteceria. Estimulado por minha curiosidade, um dos oficiais resolve me contar aquele que foi um dos dias mais dramáticos de sua vida no trabalho. Ele havia recebido um chamado que informava a ocorrência de um foco de incêndio em uma vila extremamente miserável nos arredores de Porto Alegre. Lá chegando com a sua guarnição, constatou que o incêndio se alastrava com muita velocidade pelos barracos construídos de madeira e papelão. Imediatamente os policiais e bombeiros brigadianos ali presentes começaram o trabalho de resgate e salvamento das vítimas. Conta-me que o que via era hediondo: pessoas em estado de choque, outras completamente descaracterizadas pelas graves queimaduras etc. Homens, mulheres e crianças gritavam de dor e de desespero. Seu relato seguia recheado de detalhes comoventes e assustadores. Diz-me que o fogo já tinha tomado conta de tudo e que havia pouco a fazer para tentar salvar os poucos bens que aquelas famílias possuíam. Enquanto seguiam no dramático processo de resgate, uma mulher visivelmente transtornada grita por socorro e agarra o meu confidente, dizendo que seus dois filhos ainda se encontravam no interior do barraco. Imediatamente toda a guarnição dirigiu os seus esforços para salvar as crianças. Fala emocionado que apesar de todo o empenho e mobilização não foi possível "salvar a vida daqueles dois inocentes". Enquanto tentavam entrar no barraco, este já inteiramente incandescente começou a se dissolver feito "um saco de papel". Nesse momento eles ouviam os gemidos das crianças e, impotentes, observavam chorando os seus vultos em chamas no meio dos destroços. Um dos policiais entra em estado de choque, começa a gritar e vai ao encontro das chamas sendo impedido pelo seu companheiro. A mãe e os demais familiares desesperados gritam pelo nome das crianças. Revela-me que "todos viram as crianças pegando fogo e não puderam fazer nada". "Todos nós ouvimos os gemidos delas até o mais completo silêncio".

Os familiares revoltados e, sob o impacto da tragédia, não paravam de acusar os policiais de terem deixado os seus filhos morrerem. Conta-me que foi emocionalmente doloroso segurar em seus braços aqueles corpos carbonizados, transfigurados pelo fogo e pelo carvão. Fala-me que esta foi uma cena que os policiais ali presentes jamais esqueceram. Encerra o seu relato dizendo-me que, ao chegar em casa, abraçou sua mulher e seus filhos – que tinham a mesma idade das vítimas – e permaneceu ali chorando e rezando por um longo tempo.

Enquanto esse episódio infeliz ia sendo contado, pude observar que as pessoas que estavam em mesas muito próximas à nossa começaram a mudar o seu comportamento. Apesar da discrição de nossa conversa, aqueles que conseguiam ouvi-la iam perdendo a descontração, o paladar e o apetite. Uma moça que comia uma pizza começou a ter reações de náusea e se encaminhou ao banheiro. Após esse triste relato, fomos espontaneamente compelidos a conversar sobre "coisas mais amenas", como os últimos shows a que tínhamos assistido.

Experimentações tão intensas como a que foi mencionada podem levar à lapidação da perspicácia e do discernimento metódico – insumos indispensáveis ao trabalho policial de ponta –, mas também produzem marcas profundas que se manifestam tanto pelas demonstrações de compaixão quanto pela explicitação de uma aparente frieza emocionalmente protetora. Policiais de diversas polícias do mundo falam dos estados emocionais abruptos que vivenciam no dia a dia das ruas, e de como a vivência recorrente de situações dramáticas e muitas delas fatais conduz a uma espécie de "embrutecimento pessoal".[106] Assim como os psiquiatras e os médicos legistas acostumam-se com os eventos decrépitos, os policiais acostumam-se com as mazelas humanas e diante delas desenvolvem mecanismos de defesa emocional. A aquisição de uma percepção ácida da realidade revela-se, por exemplo, no humor policial amargo que, para aqueles que estão distantes da rotina de polícia, aparece, à primeira vista, como mais uma variação horripilante das piadas do famoso "humor negro" visto como politicamente incorreto.

As mais distintas realidades visitadas pelos PMs durante a sua jornada de trabalho conformam um saber que procura se equilibrar nos extremos, que se capacita a lidar com o desproporcional, com o disparate, enfim, com toda sorte de episódios despropositados. Um PM, com algum

---

[106] Uma seleta de depoimentos de policiais ingleses encontra-se em Graef (1989).

tempo de polícia ostensiva, logo aprende que as situações que parecem ser menos perigosas são precisamente aquelas que explodem com um alto grau de violência. Os conflitos domésticos e interpessoais, que a princípio não envolvem atores propriamente delinquentes e dinâmicas criminosas profissionais, trazem uma alta carga emocional, suficiente para multiplicar as oportunidades reais de risco para os litigantes e para o próprio policial que foi chamado a atuar.

Outra lição aprendida nas ruas é aquela que informa que os mais trágicos resultados também estão vinculados a "motivos fúteis", pequenos incidentes e eventos não intencionais, como, por exemplo, os acidentes de trânsito que quase sempre produzem muitas vítimas. A constatação de que as coisas da vida seguem cursos mais complexos do que a lógica simplória que determina uma falsa proporcionalidade entre causas e efeitos – algo do tipo eventos pequenos geram pequenos problemas – contribui para a corroboração de um saber que se curva às evidências porque ele deve se apresentar como um guia, um tipo de ferramenta capaz de manobrar com a potência do acaso, capaz de instrumentalizar ações seguras em ambientes de incerteza e risco. Esse é um saber que precisa buscar um meio-termo entre o exercício capilarizado da autoridade e a experimentação do perigo, mesmo que na sua pura disponibilidade.

O saber construído pelos policiais, mergulhado na idiossincrasia das circunstâncias, das situações voláteis e fugidias, prima pela sua adaptabilidade ou pela sua concessão ao improviso. No cumprimento de sua escala de trabalho, o policial ostensivo ou o PM da ordem pública é uma espécie de "faz-tudo", um tipo de especialista que se generaliza nas singularidades de cada ocorrência atendida. Ele faz o papel de parteiro, domador de animais domésticos foragidos, mensageiro, assistente social, acompanhante, conciliador, balcão de informações, psicólogo, motorista, conselheiro sentimental, educador e, por tudo isso, agente da lei.

Mas um conhecimento que se abre às possibilidades, que "dá o seu jeito" para responder a qualquer demanda proveniente do cidadão, se constitui em um tipo de acervo que adquire uma marca pessoal, que aparece como algo próprio, individualizado. Esse saber confunde-se, em boa medida, com a trajetória individual de cada PM ou de cada "executivo de quarteirão". Por um lado, o percurso institucional pelos diversos tipos de polícia "tiradas" (operações especiais, choque, radiopatrulha, trânsito, policiamento ostensivo convencional, polícia montada etc.) e, por outro, o patrimônio de experiências particulares construído a cada caso individualmente atendido conformam um estoque de percepções e macetes que estão distribuídos de forma heterogênea e particular entre os policiais.

Há um outro ponto que favorece a personalização desse saber tecido nas ruas. Refiro-me ao fato de que a prestação dos serviços ostensivos de polícia desloca o seu balcão de atendimento para o PM que está na esquina ou circulando em uma viatura. O atendimento, conforme já mencionei, caracteriza-se como um serviço ambulante e individualizado. Na Polícia Militar, tem-se, portanto, uma espécie de "franquia ocupacional" que é exercida por cada policial alocado nas atividades-fim. O enraizamento da autoridade pública na vida cotidiana das pessoas – que condiciona, em boa medida, a própria natureza ostensiva de uma polícia da ordem pública – impõe este tipo de constrangimento à realidade do trabalho policial de ponta. Sob a presente condição, as informações (esculpidas no varejo das interações com os cidadãos) e a instrumentalização do seu emprego (que se traduz em habilidades acionadas de acordo com a demanda) são usualmente percebidas e valorizadas como derivadas do "estilo pessoal de trabalho" de cada PM. Nesse sentido, a "forma de trabalhar" nas ruas, ainda que faça uso dos expedientes de preparo técnico aprendido nas escolas, adquire, na prática, uma roupagem personalizada que leva em consideração as características individuais como o "jeito do policial" ou a sua personalidade, a sua vivência pessoal, o seu interesse, a sua disposição para o trabalho, os seus talentos, os seus humores, sua moralidade e mesmo a sua afinidade com o "tipo de polícia tirado".

A flexibilidade deste tipo de saber tão individualizado permite, por exemplo, que alternativas díspares de ação possam simultaneamente conviver sem que umas se imponham às outras ou sejam formuladas como superiores *a priori*. Os PMs com os quais eu tive contato não se ocupam de advogar a propriedade e a utilidade universal de seus próprios modos de atuação, e muito menos se mostram refratários a outras formas alternativas de intervenção. Imbuídos de um realismo tirado das ruas, eles simplesmente procuram aproximar a sua cota de conhecimentos formais e informais dos fragmentos de realidade descontínuos e fugazes em que eles são chamados a intervir, como um assalto em uma rua movimentada da cidade ou uma "briga de ponto" entre camelôs.[107] Porque os PMs estão todos os dias nas ruas lidando com um elenco de situações supostamente

---

[107] A necessidade de uma maior sinergia entre o conhecimento formal e o saber informal dos policiais tem-se apresentado como uma questão relevante mesmo para aquelas polícias que já conseguiram avanços signifi-

idênticas ("mais um caso de polícia") e, ao mesmo tempo, irredutíveis entre si ("cada caso é um caso"), eles sabem que os fatores circunstanciais específicos de cada episódio enfrentado devem ser levados em conta, sob pena de se multiplicar a oportunidade de efeitos indesejáveis na sua interação com os cidadãos.

É evidente que esse tipo de visão não pretende negar que os procedimentos formais e universais do tipo "de acordo com o manual" têm a sua utilidade e produzem resultados consequentes. O que esse saber prático anuncia é que a negligência dos elementos circunstanciais, em favor da aplicação exclusiva de princípios gerais, impõe graves limitações à eficácia da ação escolhida. Face à complexidade da demanda pelos seus serviços e a pressão dos acontecimentos, todo PM aprende rapidamente que as regras universais de trabalho, quando desencarnadas das experiências concretas de policiamento, tendem a ser de pouca serventia. Parece claro, portanto, que um saber de ocasião, construído e recapitulado a cada atendimento, apresente uma forte propensão para superestimar uma leitura particularizante e contextual dos eventos e dos seus cursos. Talvez por isso, muito frequentemente ouvimos um PM ponderar que, apesar da existência de um certo procedimento geral, o procedimento operacional padrão (POP), em "situações particulares" a norma acaba sendo suspensa por conta das circunstâncias que conformaram uma dada ocorrência. Uma vez que esse tipo de contextualização é frequente na retórica policial de rua, fica suficientemente claro que a norma opera como uma referência para a ação. Os desvios e as divergências em relação à sua execução não são, portanto, exceções nem muito menos acidentes de percurso. Na rua, se "faz tudo diferente" porque a própria aplicação da norma parece sempre envolver a sua necessária adequação aos valorizados fatores circunstanciais. Dito de outra maneira, o "mundo da lei" precisa ser interpretado e, por sua vez, ajustado às diversas realidades que compõem as "leis do mundo". Mesmo que fosse possível imaginar que todo o pessoal da linha de frente da PMERJ pudesse ser regularmente "treinado e reciclado dentro da doutrina e das técnicas de policiamento" adotadas, ainda assim persistiria o desafio colocado pelos fatores circunstanciais que conformam uma dada ocorrência policial. Isso porque o curso de ação escolhido para controlar um certo evento, criminoso ou não, resulta de um processo reflexivo que minimamente pondera, de um lado, as alternativas de ação tecnicamente

---

cativos no seu processo de formação e instrução, como é o caso das polícias inglesas e americanas. Ver Bittner (1990) e Morgan e Newburn (1997).

ofertadas pelo modelo de abordagem policial adotado, a validação legal dessas mesmas alternativas explicitadas em termos de procedimentos aceitos e, de outro, toda sorte de ruídos provenientes da realidade, como a percepção do risco embutido na ocorrência atendida e nas iniciativas disponíveis, os diversos níveis de desvantagem tática presentes (por exemplo, a geometria de engajamento, a curva de fadiga e estresse, o eixo de aproximação, a dinâmica de armamento, a inferioridade numérica e o fator surpresa), os graus de incerteza e o próprio encadeamento da ocorrência etc. Toda essa reflexão, é claro, realiza-se em um curtíssimo intervalo de tempo, ou seja, no tempo real da própria ação.

    Penso que é importante ressaltar que um saber generoso e atento a tudo aquilo que se mostra contingente ou circunstancial não está assentado no pressuposto simplório e redutor de que "a prática nega a teoria" ou vice-versa. Em verdade, esse saber é uma espécie de híbrido reflexivo cujo desenvolvimento resulta do encontro cognitivo entre o conhecimento formal adquirido pelo PM nos seus períodos de formação e as exigências impostas pela vida prática, entre elas a instrumentalização desse mesmo conhecimento. Quando os PMs dizem que nos seus primeiros dias de rua logo aprendem a lição "esqueça o tempo na escola", isso não significa a negação da importância de uma metodologia voltada para o trabalho de polícia. Reporta-se tão somente ao que eles chamam de "choque de realidade" e que se traduz em uma crítica velada ao "modelo de instrução" praticado, que parece dialogar muito pouco com as situações concretas que aparecem nas ruas. A ênfase excessiva sobre "o que não se pode fazer" deixa a cargo das habilidades individuais do PM de ponta a configuração sobre o "que fazer", o "porque fazer", o "como fazer", o "quando fazer" e o "onde fazer" em um ambiente de intervenção no qual a volatilidade, a emergência e até a aleatoriedade conformam as situações a serem enfrentadas. Nesse sentido, questionar na prática o conhecimento formal adquirido na escola não é negar a pertinência de ações tecnicamente orientadas. Ao contrário, é evidenciar a necessidade concreta de uma sintonia entre o que é formalmente ensinado, a metodologia desse ensino e os saberes necessários não apenas para sobreviver dentro da organização policial militar, mas também para efetuar o trabalho de polícia de forma atual e responsiva.[108]

---

[108] Tal como ocorre em outros meios de força policiais, o predomínio da visão normativo-legal da polícia, da qual deriva o papel institucional das agências policiais, obscurece, em boa medida, a realidade da execução desse mesmo papel.

O que esse saber prático e informal construído pelos PMs faz é, em certa medida, tentar recobrir as lacunas de formação, que vão sendo identificadas no decorrer da experiência profissional. Esta é uma forma de saber que vai se experimentando, que vai sendo testada a cada nova e específica situação e que procura sempre conciliar os procedimentos gerais com as dinâmicas e os fluxos da realidade cotidiana. Esse saber, como qualquer outro, não se furta à incorporação das normas e técnicas aprendidas. Entretanto, não se pode perder de vista que ele precisa ser efetivamente útil. Na retórica policial de rua, o "método" de trabalho saído desse saber não aparece na fala dos PMs como um artefato dissociado do ato mesmo de agir. Inversamente, o "método" utilizado apresenta-se dissolvido na condução do próprio evento, sendo parte integrante do **fazer policial**; um "fazer" aberto tanto as idiossincrasias próprias de cada "ocorrência assumida" quanto a individualidade de cada policial.

Talvez se possa dizer que se trata de um **saber-ato** ou de um saber obreiro constrangido ao seu constante pronto emprego, voltado para produzir respostas imediatas para os problemas também imediatos enfrentados no dia a dia. Este é um saber presentista que é chamado a atuar na emergência dos eventos, no agora e já das pessoas, das coisas e das situações. A profundidade da experimentação do presente, do que é iminente e inadiável para os "outros", posta para qualquer PM de ponta, contribui para um recorte singular da cronologia dos acontecimentos. Parece indispensável a esse saber ser capaz de lidar com a intensidade dos indivíduos, dos atos e dos fatos sobre os quais é chamado a intervir. O desafio de administrar a intensidade não se dá apenas em relação à ameaça e ao emprego do uso da força; ele se mostra necessário em todos os aspectos que compõem a atividade ostensiva de polícia, particularmente no processo de tomada de decisão policial e nos encontros irregulares com os cidadãos. Inscrito, em boa medida, na urgência prescrita por aqueles que mobilizam os serviços da polícia da ordem pública, esse saber deve se mostrar apto a buscar soluções de contorno para as descontinuidades próprias de cada acontecimento enfrentado.

Um tipo de saber invadido pelas exigências do presente, das circunstâncias, da intensidade dos episódios vivenciados etc. parece não poder prescindir do afetivo, ou melhor, de tudo aquilo que classificamos na vida ordinária como "emocional" e "intuitivo". A fenomenologia da ação cotidiana, por vezes refratária à voz de comando da racionalidade, reconhece o mundo das emoções como um importante recurso que deve estar a seu serviço. *"Quando o lado racional falha e o lado militar falha também, a gente apela para a emoção, a gente se apega à intuição que todo o polícia tem"* (Cabo PM com 9 anos de serviços prestados à PMERJ).

Na rotina ostensiva, os PMs experimentam de forma densa e irregular estados afetivos díspares: caminha-se do mais monótono tédio ao mais agudo estágio de alerta e apreensão, assiste-se desde a reações emocionais contidas até agudas manifestações de desespero. Nesse tipo de ocupação profissional, que lida principalmente com situações que envolvem todo tipo de sentimento, como ódio, indignação, fúria, desprezo e medo, é imprescindível alguma economia do afeto que se demonstre capaz de promover o autocontrole e a administração dos estados emocionais dos outros atores envolvidos. Espera-se, por exemplo, que o policial – um profissional qualificado para intervir em ambientes de incerteza e risco – mostre-se habilitado a agir de uma forma superior ao descontrole emocional típico das pessoas comuns em situações de crise. Na prática, isso se traduz, por exemplo, em "não aceitar provocações", ou melhor, em "não entrar no jogo para não perder a razão".

A "intuição policial" – expediente afetivo extremamente valorizado nas ruas – ora se apresenta como um impulso decisivo rumo à tomada de decisão, ora como uma poderosa justificativa face à ação empreendida e seus possíveis resultados. Diante de situações pouco evidentes ou de difícil categorização, os pressentimentos ou o sexto sentido do policial assumem um papel decisivo no curso dos eventos.

Nota-se que os PMs se sentem mais confortáveis e seguros naquelas situações cuja atuação se constrói em oposição a um criminoso claramente configurado como tal, ainda que nestas ocorrências a possibilidade de resistência armada e violenta esteja colocada desde o seu início. De fato, os policiais militares mostram-se mais confiantes em seus próprios métodos e performances naqueles episódios que são previamente identificados como um "crime em andamento". Nestas ocorrências, "a polícia sabe o que a espera", porque PMs conseguem minimamente presumir o comportamento típico dos seus costumeiros oponentes: "de arma na mão eles [os criminosos] são todos valentões; é só desarmar que eles se comportam como adolescentes rebeldes". Há ali um *modus operandi*, construído pelo saber de rua, que empresta previsibilidade e regularidade na interação entre "o polícia e o bandido".

O mesmo não procede quando se trata daquelas situações conflituosas, indefinidas do ponto de vista penal, e que envolvem, sobretudo, querelas entre pessoas comuns ou "cidadãos de bem". A ambiguidade e mesmo o andamento desses conflitos interativos dificultam a classificação prévia das partes envolvidas em termos de "agressores" e "vítimas". É, por excelência, neste último grupo de ocorrências que a dupla exigência de legalidade e legitimidade da ação policial e, por conseguinte, a discricionariedade policial são postas em questão. No mundo dos conflitos domésticos e interpessoais, o chamado "fator surpresa", que se faz presente tanto no comportamento dos envolvidos quanto no desenrolar da ocorrência, adquire, do ponto de vista policial, proporções extremamente elevadas, dificultando a elaboração antecipada de padrões uniformes de conduta esperada e, por sua vez, o acionamento de reações policiais típicas. Isto se traduz em um problema real da ação de polícia: enquanto nas colisões com os delinquentes a preocupação maior do PM é a possibilidade de inação ("fiz menos do que devia e podia"), nas interações com os "cidadãos ordeiros" a sua questão é a possibilidade do excesso de iniciativa ("fiz mais do que devia e podia"). Esse é, certamente, um dos clássicos dilemas morais vividos no dia a dia pelos policiais, cujas repercussões são igualmente complexas e problemáticas, podendo levar à "desmoralização da autoridade policial e da PM". É precisamente no último cenário mencionado que a intuição policial é chamada a contribuir de forma decisiva não apenas para reduzir a insegurança quanto à forma de intervenção adequada, mas também para justificar o procedimento utilizado perante um futuro questionamento da decisão policial adotada por quem guarda o status de "cidadão de bem". Diante da precariedade das instruções relativas às técnicas de gestão de crise e de administração de conflitos, os PMs apelam intuitivamente para o que eles interpretam como sendo o amplo e nem sempre harmônico universo do "bom senso" que é atravessado por moralidades conflitantes no manejo dos marcadores sociais da diferença dos envolvidos em uma ocorrência.

Um outro aspecto interessante do saber policial de rua é a sua comunhão, ou melhor, são os seus planos de contiguidade com outros saberes que orientam certas personagens que vivem das ruas ou estão frequentemente nas ruas das cidades. O conhecimento de área desenvolvido sobretudo pelas figuras que transitam na noite, como os boêmios, os porteiros, as prostitutas, os travestis, a população de rua, os jornaleiros, os taxistas, motoristas de ônibus, entregadores, gangues de rua etc., aproxima-se bastante daquele elaborado pelos PMs. O mapeamento da territorialidade urbana, dos seus fluxos, das suas personagens, dos seus códigos informais, das suas regras de tolerância e convivência faz parte do empreendimento daqueles que redefinem a cidade através de suas inserções, e que disputam os seus espaços, inscrevendo neles a sua própria forma de estar no mundo. De certa maneira, esses personagens estão – como os PMs – atentos ao seu próprio "pedaço", observando e "vigiando" a cidade cada um ao seu modo. Todos eles, invariavelmente, sabem o que acontece ao seu redor, quem entra e quem sai dos seus territórios, "quem está fazendo o quê" e "o que está procurando".[109]

É fato que esse acervo de informações tem sido tradicionalmente cobiçado pelos PMs que se encontram na linha da obrigação. As interações amistosas com os atores que estão nas ruas e as "colaborações forçadas com a autoridade policial" extraídas dos indivíduos que se encontram no limiar da clandestinidade (como os flanelinhas, os camelôs e os apontadores do bicho), que são colocados à margem da vida social (como os "sem-teto" e os mendigos) ou que apresentam uma identidade social estigmatizada (como os "jovens drogados" e os "profissionais do sexo") constituem uma regra não escrita do trabalho cotidiano de polícia.[110] Isso porque o sentido de observação e de vigília está posto, em algum nível, para todos aqueles que ingressam de uma forma ilegal, clandestina ou informal na gramática ampliada das ruas. É possível dizer que a horda de urbanitas que vaga pela cidade e conquista os seus "pontos" realiza, no limite do seu próprio território, uma variante do controle social difuso empreendido profissionalmente pela PM em todo o espaço urbano. Assim, os distintos discursos falados, as diversas cidades recortadas por cada tribo ou grupo urbano são visitados pelos PMs durante as suas rondas. O trabalho ostensivo de preservar a ordem pública compele os policiais a cruzarem as fronteiras simbólicas, a visitarem outros mundos morais e a minimamente decifrarem outras linguagens citadinas.

Mas a afinidade do saber policial com esses outros saberes informais põe em evidência uma importante característica comum a todos eles. Refiro-me à baixa visibilidade das sintaxes produzidas nas ruas. O estoque de informações qualitativas construídas nas esquinas e calçadas da cidade

---

[109] Para uma apreciação acerca dos códigos de tolerância e da construção de uma sintaxe ampliada das ruas, ver Silva (1995).

[110] Sobre os obstáculos e as facilidades encontrados pelos PMs do programa de policiamento comunitário no trabalho de confecção de parcerias de ponta, ver Musumeci (1996).

pelos PMs, e pelo "povo das ruas", configura um tipo de conhecimento silencioso e inaudito, objeto de emprego e circulação restrita entre aqueles que, de alguma forma, perderam a sua inocência experimentando e decifrando as derivas da cidade. Ele resulta das dinâmicas de interação e observação de atores cujos discursos normalmente não são ouvidos ou não se transformam em agenda política.

Uma das razões pelas quais o processo discricionário de tomada de decisão – um dos elementos mais sensíveis e relevantes do trabalho de polícia ostensiva – sofre de pouca visibilidade, reporta-se à evidência de que ele se centra principalmente em torno da vida de pessoas cujas vozes contam muito pouco no fórum da opinião pública.[111] É raro que um PM tome alguma decisão que afete as condições de vida dos membros das classes média e alta. Na rotina do trabalho ostensivo, a polícia da ordem pública mobiliza naturalmente os seus esforços para a administração dos crimes, conflitos e desordens ocorridos nos espaços públicos. Por conta disso, os segmentos sociais mais bem posicionados no mercado da cidadania, que normalmente dispõem de outros recursos estratégicos além da polícia, costumam experimentar a sua interferência, ou melhor, a sua presença contínua sobretudo na forma do controle do tráfego, nos conflitos e acidentes de trânsito. Contudo, para o resto dos cidadãos comuns – em particular, os pobres e a classe média baixa das periferias –, o policial se destaca como uma personagem investida de uma grande importância e de um expressivo poder de intervenção. O que um PM faz ou deixa de fazer nos espaços populares altera de forma mais direta e substantiva as suas vidas. Os atendimentos assistenciais (que respondem por uma parcela significativa das ocorrências registradas pela PM na cidade e estado do Rio de Janeiro, nos últimos quinze anos), as atividades informais de administração de conflitos e de resolução de litígios civis e as atuações em episódios propriamente criminais têm envolvido sistematicamente os segmentos sociais menos favorecidos, que utilizam de uma forma mais universal os serviços ofertados pela polícia e conformam o seu campo de vigilância.

Há ainda uma outra marca distintiva desse saber que se mostra afim e interessado nos outros saberes tecidos na vida ordinária. As informações, as técnicas e as atitudes que configuram o patrimônio intelectual dos PMs designados para o trabalho de rua, são o produto do apego desmedido

---

[111] Para um discussão sobre a dimensão política dos processos decisórios policiais e seus impactos na vida dos cidadãos comuns, ver Bittner (1990), Skolnick (1994) e Muir Jr. (1977).

à minúcia, elas resultam de uma espécie de obsessão pelo pormenor. O saber confeccionado pelos "executivos da esquina" pode ser apresentado como um saber detalhista que se ocupa, até as últimas consequências, dos mais desapercebidos detalhes. Um traço físico – qualquer um – adquire uma significativa importância para o PM da *blue line* que diariamente interage com os inúmeros anônimos que compõem a massa urbana. Um bigode, uma voz, um cheiro, uma cicatriz, um cabelo pintado, uns óculos com lentes azuis como os meus, uma pantomima, um cacoete etc. fazem parte do escopo de atenção de um tipo de saber que não só personaliza quem o detém, mas que também procura individualizar, até o limite, as pessoas sobre as quais debruça a sua vigilante e suspeitosa observação. Salvo exceções, todo policial acha que já conheceu, conhece ou conhecerá aquelas pessoas que porventura se tornam objeto do seu olhar vigilante. Expressões do tipo "eu acho que te conheço", "eu já te vi em algum lugar" ou "você parece com (ou está me lembrando) alguém que eu conheço" fazem parte da típica sociabilidade policial.

    Não se trata de um "conhecimento de fato" tal como definido pelos cânones científicos, mas de um "conhecimento dos fatos"; um tipo de saber empirista sensivelmente comprometido com as dimensões mais irredutíveis das experiências por ele passadas em revista. Esta é, certamente, uma forma de apreensão do mundo que necessita de uma memória prodigiosa para armazenar uma coleção de pessoas, coisas e situações já mapeadas. As estórias contadas pelos PMs são invariavelmente narradas de uma forma muito precisa e descrevem, com uma enorme riqueza de detalhes, os indivíduos, os seus nomes e vulgos, os locais, os objetos, as horas, a "mecânica dos eventos" etc. Este é um saber que prima pela oralidade. Quando rompido o receio de comentar sobre o seu próprio meio, os policiais abandonam o usual comportamento lacônico e monossilábico e desandam a falar animados, sempre em grande profusão, sobre o que sabem, o que viram e do que participaram. É preciso insistir, os eventos e seus mais discretos efeitos são dissecados com sutilezas consideráveis. Em adição a isso, os PMs costumam ter mentalmente mapeados as biroscas, os motéis, as boates, escolas e outros locais públicos de seu setor; e isso de tal modo que eles organizam e reconhecem, em um simples relance, se o que está ao seu redor se encontra ou não dentro da "normalidade" por eles desejada sob o manto da "manutenção da ordem" e do *status quo* que esta enuncia.

É claro que o conhecimento factual das áreas de patrulhamento, mesmo que suficientemente discriminado, não engloba mais do que uma fração ou um recorte da realidade visitada. Trata-se, portanto, de um olhar entre tantos outros olhares que capturam a vida cotidiana, ainda que o pragmático "olho técnico policial" guarde a pretensão do controle efetivo dos territórios físicos e simbólicos que compõem o seu campo de observação.

De todo modo, o que parece pertinente para este saber, produzido no calor dos acontecimentos, não é o desejo de alcançar uma compreensão teórica e abstrata, mas a acumulação cada vez maior de informações que sejam passíveis de classificação e que possam vir a ser fundamentalmente úteis para a ação policial que pressupõe controle coercitivo. O conhecimento factual da área de patrulhamento opera como um poderoso esquema de interpretação. Através de analogias e extrapolações, o PM das ruas procura conectar aquilo que ainda se apresenta como desconhecido ou "suspeito" com as informações já mapeadas e classificadas, e no seu jargão, "tipificadas" ou "enquadradas". Por esse percurso cognitivo, os "executivos de quarteirão" estão sempre em condição de reduzir a variedade de possibilidades de compreensão abertas pela infinidade de detalhes levantados a um conjunto finito de chaves interpretativas que se mostrem capazes de seguir orientando o seu campo de vigilância e confirmando a sua forma de atuação.

Guardadas as devidas precauções, pode-se dizer que o saber produzido pelos policiais de ponta preocupa-se em possuir algum domínio etnográfico do campo de observação a que ele, por ora, se dedica para produzir controle e afirmar uma ordem. Não muito diferente do que fazem os antropólogos sociais em seus trabalhos de campo (realizados quase sempre dentro de um período de tempo limitado), os PMs, em razão do seu ofício, encontram-se constantemente "suspeitando" dos fenômenos humanos, realizando "observações participantes" e, em muitos casos, propiciando "participações observantes". De uma forma ininterrupta, os PMs estão dia após dia cobrindo a sua área, convivendo com os seus "índios" que somos todos nós e tomando decisões que alteram negativa ou positivamente o curso de suas vidas.[112]

A proximidade existente entre o saber policial moralizado e o conhecimento etnográfico crítico é também evidenciada no modo pelo qual a informação primária é valorizada e trabalhada. Ambas as formas de orde-

---

[112] Em diversos textos, Roberto Kant de Lima chama a atenção para os planos de contiguidade existentes entre o lugar do pesquisador que observa e investiga, e o papel do policial que se utiliza dos mesmos expedientes para intervir, pela ótica do controle social, na realidade que observa. Ver Lima (1995).

namento do real preocupam-se em construir e empregar tipificações sem, contudo, sacrificar as singularidades, ou melhor, as variações individuais encontradas no universo observado. Neste modo de enquadramento, todos os fatos recortados tendem a ser apreendidos como uma instância particular de uma classe de eventos, não sendo categorizados nem como episódios únicos e incomparáveis, nem como encarnações de um tipo ideal conceitualmente elaborado.

É bem verdade que o conhecimento etnográfico da área de patrulha tem sido elaborado a partir de uma base de observação contínua que possibilita ao observador checar e acompanhar as transformações ocorridas ao longo do tempo; um tipo de oportunidade, é importante frisar, raramente franqueada aos cientistas sociais no desenvolvimento de seus trabalhos de campo. Entretanto, este saber serve a propósitos radicalmente distintos daqueles que motivam os antropólogos a conviverem, por algum período de tempo, com um determinado grupo social. A etnografia policial, quase sempre confinada à oralidade dos seus autores, tem uma finalidade prática que, em boa medida, endereça o seu modo de olhar para a realidade: o ato de "policiar" constrói uma perspectiva diversa daquela que informa a confecção do olhar propriamente antropológico. Enquanto a abordagem antropológica busca descrever e a refletir sobre a realidade dos fatos, a perspectiva do saber policial traz a pretensão de "descobrir e provar a suposta verdade dos atos". Enquanto a primeira revela o ponto de vista do nativo como um achado de pesquisa que relativiza a compreensão das realidades sociais, a segunda torna o ponto de vista do nativo um tipo fita métrica político-moral que ambiciona normatizar as visões de mundo dos diversos mundos sociais sob sua vigilância. A elaboração da etnografia policial resulta da preocupação pontual em distinguir o comportamento "tolerável", "aceito" e "normal", das formas de conduta interpretadas como "desviantes", "suspeitas" e "criminosas", com uma finalidade prática e ao gosto inquisitorial brasileiro – "policiar", imprimir algum controle coercitivo e seletivo mesmo que difuso e indireto. Restrita ao seu universo de aplicação, a densa etnografia policial consiste em uma ferramenta importante para o cumprimento da missão e das atribuições policiais. É a partir dela que o PM que patrulha o nosso quarteirão define as suas formas de inserção e de intervenção. O conhecimento de área não transforma os PMs em cientistas sociais, mas certamente os projeta no rol dos argutos etnógrafos informais da vida urbana contemporânea que controlam para saber e sabem para controlar.

2

AÇÃO E ADRENALINA: "SER POLICIAL É PERIGOSO, DIVINO E MARAVILHOSO"

> *A grande coisa de trabalhar na rua é que você não precisa ir para a guerra ou para a selva para ter aventuras. Você tem muita adrenalina, muita excitação e ainda sai do trabalho e volta para a família.*
> (Soldado PM com 5 anos de serviços prestados à PMERJ)

> *O meu negócio é ação, eu sou muito operacional. Eu gosto mesmo de subir morro, de tirar polícia no BOPE, no Choque, na PATAMO. É uma questão de temperamento. Eu quis ser policial porque eu gosto do perigo e da aventura. Eu não sirvo para ficar atrás de uma mesa de escritório.*
> (Soldado PM com 4 anos de serviços prestados à PMERJ)

> *Você quando começa a tirar polícia, você tem aquela agitação. Todo bicho novo quer está na frente do negócio, quer trocar tiro, quer correr perigo, quer ficar com a adrenalina lá em cima. Eu agora estou tranquilo, quero completar o meu tempo de polícia mais relaxado. Eu deixo para os mais jovens esse negócio de correr atrás de vagabundo.*
> (Subtenente PM com 27 anos de serviços prestados à PMERJ)

Fazer trabalho de campo com a polícia ostensiva é, de alguma maneira, também aprender a se valer do "princípio da oportunidade" amplamente utilizado pelos PMs, particularmente aqueles que estão lotados nas diversas modalidades de patrulha. No dia a dia de uma unidade operacional – pode ser um Batalhão, uma companhia independente ou uma modesta fração de tropa destacada em algum posto de policiamento –, as praças estão sempre "empenhadas" nas tarefas de rua. Segundo os dados mais recentes do Estado Maior Geral da PMERJ, eles correspondem a 95,3% do efetivo policial militar da cidade do Rio de Janeiro, e seu índice de emprego nas atividades-fim apresenta uma média que oscila em torno de 82,8% de sua capacidade de pronto emprego. Em uma frase, isso quer dizer que nossos policiais ostensivos estão invariavelmente "de serviço" nas ruas, deslocando-se de um lado a outro da cidade, fazendo o que no jargão policial corresponde à necessidade de máxima cobertura ostensiva de suas áreas de patrulhamento. Assim, para cavar uma brecha para conversar informalmente ou realizar uma entrevista estruturada com esses assoberbados executivos das esquinas, ainda que por pouco tempo, foi preciso me encaixar na dinâmica diuturna das suas atividades, mostrou-se indispensável colocar-me em movimento e acompanhar o seu próprio ritmo.

Logo que comecei a superar a estranheza inicial causada pela presença de uma pesquisadora no meio daqueles que estão frequentemente nos observando e pouco acostumados a ser observados com a mesma persistência, rapidamente constatei que eu teria que ser mais efetiva aproveitando, na medida do possível, as possibilidades que aos poucos iam se abrindo. Eu reproduzia o sábio conselho de um sargento muito experiente e também bastante brincalhão, que sempre repetia o seguinte provérbio popular: "quem não se move, não muda de posição".

Tomando a liberdade de brincar com a linguagem policial, eu comecei a adotar estratégias antropológicas de aproximação não muito distantes daquelas que informam as costumeiras práticas policiais. Eu precisei, portanto, me engajar na missão de observar atentamente o meu alvo de vigilância, escolher o tipo de abordagem mais adequada ao contexto da interação, não perder de vista o "controle de contato" administrando as impressões recíprocas e, em alguns casos, "fazer um cerco" aos meus ocupados interlocutores. De antemão eu sabia que teria de "abordá-los" no vaivém de suas atividades: quando da apresentação ao oficial do dia; na retirada dos equipamentos de trabalho; após a ordem unida; alguns minutos antes da divulgação da escala de serviço; nos breves intervalos para refeição; ao final do expediente e mesmo durante as rondas policiais. O privilégio de poder acompanhar os PMs durante o seu trabalho de patrulha foi realmente decisivo para uma apreensão mais sensível do dia a dia policial. Por conta dessas oportunidades, os bate-papos se tornaram frequentes. Apesar de rápidos e entrecortados, eles foram suficientes para fortalecer os elos de confiança e propiciar aquele tipo de conversa fragmentada cujo desfecho vai se concluindo dia após dia.

Uma coisa era imediatamente perceptível na maioria dos PMs de ponta com os quais convivi – a pressa de ir para as ruas, o gosto em vestir a farda e ir tomar conta do seu pedaço da cidade. Toda essa disposição expressa circunstancialmente de diversas maneiras ("proteger e servir", "ajudar o próximo", "defender a sociedade", "combater o crime", "vencer o mal", "acertar a conta com a bandidagem", "aplicar a lei" etc.) tinha como pano de fundo um certo amor pelo imprevisível, um certo prazer pela excitação de especular e viver as possibilidades de "correr perigo".

Muitos autores têm chamado a atenção para alguns aspectos universais da *cop culture*, dentre eles destaca-se o seu caráter hedonista (Muir Jr., 1977; Skolnick, 1994; Bittner, 1990; Reiner, 1992; Chan, 1997). Mesmo que a missão de policiar pareça invariavelmente cansativa e muito desgastante, ela é posta na retórica das ruas como uma atribuição que, em algum nível, precisa ter "o seu lado divertido e empolgante". O esgotamento físico proveniente das escalas e jornadas de trabalho adotadas e, principalmente, o estresse da própria natureza do trabalho ostensivo, cujo bem produzido é difuso, indiviso e pouco tangível, são contrabalançados pelo forte convite lúdico de "estar solto nas ruas", vagando e interagindo com toda sorte de eventos, confrontando-se com o acaso, "dando uma volta" na surpresa, enfim, experimentando a atraente liberdade (um tipo de licença especial consentida aos que legalmente vigiam) de poder entrar e sair dos mais distintos mundos – incluindo aí o mundo criminoso – que compõem a ampliada sintaxe urbana.

Lembro-me bem da felicidade juvenil dos policiais comunitários de Copacabana quando receberam os seus rádios portáteis. Tratava-se de um importante signo de distinção em relação ao resto da tropa do 19.º BPM, que, por escassez de recurso, não poderia dispor da indispensável ferramenta. Podia se observar nesses policiais o prazer de manipular e descobrir "as manhas do amigo do peito". Durante as rondas a pé, eles acionavam com frequência o novo brinquedo, mesmo sem haver muita necessidade. Parecia ser realmente muito divertido brincar de "polícia do primeiro mundo". Assim, eles estavam sempre tentando contatar os seus colegas de turno: "Câmbio, aqui é o SD fulano do setor bravo, tentando chamar o setor delta. Tudo tranquilo aí? Aqui está tudo sob controle." O mesmo aspecto lúdico se fez presente quando foi implantado o sistema GPS nas viaturas. Várias vezes fui convidada a ouvir explicações sobre o porquê da "corcova" dos carros e a assistir breves demonstrações das maravilhas que aquela engenhoca presa no painel da radiopatrulha era capaz de fazer.

Certa vez um policial, absolutamente convicto de sua escolha de vida, disse-me que, "como bem mostrou o poeta, tirar polícia é perigoso, divino e maravilhoso". Enquanto falava-me com encantamento de sua profissão – um tipo de apresentação alegre e apaixonada que contagiava toda a rodinha da conversa e contrastava com os aspectos mais crus da vida policial –, vinham à minha mente algumas frases de sua própria referência poética e os possíveis significados que essa apropriação estética tão particular emprestava à música de Gil e Caetano...

> Atenção ao dobrar uma esquina, uma alegria.
> Atenção, precisa ter olhos firmes para este sol,
> para esta escuridão.
> Atenção para as janelas ao alto.
> Atenção ao pisar o asfalto, o mangue.
> Atenção para o sangue sobre o chão.
> Atenção para o refrão:
> É preciso estar atento e forte.
> Não temos tempo de temer a morte.

Creio que devo concordar com o meu filosófico interlocutor: tem algo de maravilhoso, divino e perigoso no ato de lidar com a condição humana em todas as suas exasperações. As ruas de uma grande cidade ofertam a certos atores – como o policial, por exemplo – a oportunidade de participar intensamente das nossas manifestações mais cômicas e dramáticas. Algumas delas chegam a ser ridículas, banais e monstruosas, mas todas elas são inegavelmente verdadeiras, sentidas, reais. Os seus efeitos produzem ecos nas vidas das pessoas e são, em muitos casos, fatais ou irreversíveis. Talvez, por conta dessa exposição às exibições mais díspares das nossas paixões, o juramento de "proteger, assistir e socorrer" da PMERJ se traduza nas ruas em um tipo de convocação que incita ao desafio, ao arrojo, ao risco e, por tudo isso, à inscrição subjetiva em uma espécie de incansável cruzada das virtudes do bem contra a tentação e os descaminhos do mal. Normalmente apresentada como um nobre e gratificante empreendimento, a tarefa de "tirar polícia" evoca traços de personalidade muito valorizados entre os PMs, como a sagacidade, a coragem, a ousadia, a intuição, a destreza e a obstinação. Essas características pessoais são, de fato, emocionalmente muito fortes e possuem uma importância central na subjetividade policial elaborada nas ruas, sobretudo entre os PMs mais jovens. Elas contribuem para reforçar a valorização extremada do mundo da ação e do ambicionado poder de intervenção que esse mesmo mundo possibilita. Note-se que este tipo de apelo é de tal maneira sedutor que as demonstrações individuais de preguiça, medo, "enrolação", covardia, passividade ou receio, mesmo que prováveis e comuns na rotina de polícia, costumam ser objetos de censura no meio policial e, evidentemente, não fazem parte do elenco de qualificativos idealizados para o romântico – ainda que pouco prestigiado – papel de centurião contemporâneo.

Um dos tipos ideais esculpidos pela cultura policial de rua da PMERJ é aquele agente da lei impávido e assertivo que é capaz de levar aos extremos os adjetivos antes mencionados, não se deixando contaminar pelas fraquezas humanas a que ele assiste, socorre, protege ou reprime. A ideia de um paladino ou de um cavaleiro errante, no bom estilo Clint Eastwood, que se utiliza de meios por vezes controvertidos e heterodoxos para produzir o bem inquestionável, faz parte do elenco de perfis policiais teatralizados nas ruas. Não importando a idade e o tempo de polícia tirado, todo PM de ponta tem ao menos uma estória mirabolante ou uma aventura perigosa e arriscada para contar. O prazer de narrar estas estórias consiste em uma forma vaidosa de anunciar o seu mundo para si mesmo e para os outros mundos, traduz-se em um tipo de elogio ao "fazer" e ao "agir" da polícia, à sua capacidade de intervir em dramas humanos tão complexos e de produzir resultados imediatos. Nesse sentido, parece pouco relevante se essas narrativas heroicas reproduzem as conversas de pescador, ou se constituem uma estratégia para impressionar os PMs novatos e os curiosos. O que importa é que elas consistem em um poderoso recurso simbólico de reordenação das trajetórias individuais à luz dos ícones e dos valores que informam a gramática policial das ruas.

Assim como aprendemos nas sagas heroicas e nas histórias em quadrinhos, a missão de proteger na vida real os indefesos contra os predatórios tem igualmente um alto preço, que prevê o propagandeado "risco da própria vida". Mas dele também se pode tirar algum prazer, algum proveito. Já mencionei que a profissão policial adquire uma roupagem mística e um certo *glamour* que contagia e, em boa medida, contribui para a adesão apaixonada dos seus integrantes. A crença de que a presença ostensiva se justifica moralmente no esforço de deter as forças sombrias e caóticas provenientes dos subterrâneos da vida social, e de que esta presença deve poupar o resto dos mortais comuns das confrontações diretas com o pavoroso, com o sinistro e com o repugnante de nós mesmos, faz com que os policiais se percebam e sejam percebidos como proprietários de poderes e segredos especiais. A internalização da elevada finalidade moral da polícia da ordem pública – "salvaguardar a ordem, a tranquilidade e o bem comum" – concorre para a apreensão do papel do PM como uma espécie de fiel depositário do *superego* social e, por conseguinte, como a principal linha de defesa da sociedade contra os seus próprios males. Nesse sentido, apesar das ondas de descrédito e desconfiança populares que atravessam a PMERJ, a atividade de polícia não é percebida por aqueles que integram a *thin blue line* como um trabalho qualquer que pode ser realizado por qualquer um. Mas, inversamente, como uma honrada e difícil atribuição que requer qualidades especiais e que, por isso mesmo, deve ser desempenhada por alguns eleitos que se mostrem capazes de experimentar a paradoxal situação de ver a notabilidade silenciosa dos seus atos dissolvida no anonimato e no esquecimento da vida ordinária.

O trabalho policial ostensivo e tudo aquilo que se pode vivenciar através dele, como, por exemplo, o exercício cotidiano da autoridade, o emprego legal e legítimo da força, a experimentação do perigo e da incerteza, o poder para compelir à obediência, a autorização para deter alguém, o "respeito forçado" dos criminosos de rua e, mesmo, a fragilidade do cidadão comum quando vê o seu drama particular converter-se em um vexame público, ou quando se vê exposto a situações esdrúxulas e constrangedoras, exercem um grande fascínio sobre aqueles que, por alguma razão, ingressam nos quadros da organização policial militar. Todo PM sabe que, na condição de agente da lei e da ordem pública, ele dispõe de uma infinidade de recursos que não estão disponíveis a todos os indivíduos, e que o faz mais qualificado e "mais poderoso" do que um cidadão comum. Isso é mais evidente no que diz respeito às suas decisões que podem alterar sensivelmente o curso da vida das pessoas com as quais colide ou é chamado a interagir. Mesmo que em uma versão menos grandiosa e mais ordinária do que a odisseia anunciada pelo imponente **Jano**, os indivíduos que se tornam policiais estão, como o deus romano guerreiro das transições e das passagens, em busca das aventuras e das peripécias resultantes da atribuição de guardar os territórios físicos e simbólicos da cidade, ou melhor, de velar as entradas, as saídas e os fluxos da vida em comum.

Por razões óbvias, as motivações que levam jovens, em sua maioria, provenientes da classe média baixa, com apenas o primeiro grau concluído e residentes nas regiões pobres e periféricas da cidade, a ingressar como soldados nas fileiras da PMERJ são prioritariamente de natureza instrumental. Do universo de praças entrevistados a "estabilidade proporcionada por um emprego público", a "falta de oportunidade para continuar os estudos", as "dificuldades materiais", a "falta de opção na vida" e o "medo de ficar desempregado" apareceram como as principais alegações para o ingresso na carreira policial militar, em detrimento da "vocação" e da "tradição familiar", que também foram mencionadas apesar de subordinadas ao imperativo da "necessidade de sobrevivência". Mas se no momento da escolha da profissão teria pesado "mais a comida do que a ideologia" ou a oportunidade de "ter um trabalho seguro e construir uma família", as explicações para continuar sendo policial encontram o seu paraíso no amor adquirido pela profissão, confirmado no exercício diário das atividades policiais, a despeito das preocupações familiares com a natureza arriscada do trabalho de polícia, dos baixos salários, das dificuldades de ascensão profissional e do pouco prestígio social. A afirmação de que na lida se "pega gosto pelo serviço", ou de que é na prática que se percebe o policial autêntico, aparece contextualizada na descoberta de uma tímida vocação para "resolver rápido os problemas da população", para "topar qualquer parada" ou para "segurar qualquer tranco" que, de uma forma escondida, já se fazia presente desde o início. Não muito diferente da conversão evangélica que constrange os seus inscritos à confirmação diária de sua adesão e de seu real pertencimento, o "nascimento para a nova vida" policial, mesmo que conduzindo à perda da inocência original, reproduz o mesmo tipo de demanda subjetiva para aqueles que pretendem professar o seu credo. De certa maneira, a vinculação efetiva ao mundo policial requer que a tarefa de policiamento seja internalizada não apenas como uma atividade profissional entre outras, mas como uma relevante causa a ser defendida após a conversão.

 A devoção emocional aos apelos da cultura policial de rua é vivida de uma forma mais intensa pelos policiais mais jovens e, por conseguinte, com menos tempo de serviço prestado à corporação. Fica evidente que não só as qualidades pessoais mencionadas nas falas dos PMs de ponta como imprescindíveis ao policial ideal, como também a natureza concreta de boa parte das atividades ostensivas de polícia, guardam uma afinidade estreita com as expectativas, os valores e os próprios clichês atribuídos ao universo masculino da juventude. Muito próximo do que ocorre em outras profissões que necessitam, em parte ou integralmente, do preparo e do condicionamento físicos de seus integrantes, a profissão policial também empresta um elevado grau de importância aos atributos físicos e simbólicos associados aos indivíduos jovens, como a saúde, o vigor, a disposição, a boa forma física, a audácia etc. A necessidade constante das organizações policiais ostensivas de completar o seu efetivo através do ingresso de policiais mais novos reflete a preocupação institucional de dispor de recursos humanos razoavelmente adequados ao desgaste natural do trabalho feito nas ruas. A composição etária atual dos policiais militares lotados nas atividades-fim da PMERJ apresenta o cenário apresentado no gráfico a seguir.

Gráfico 2 – Distribuição dos policiais militares de ponta por faixa etária no estado do Rio de Janeiro

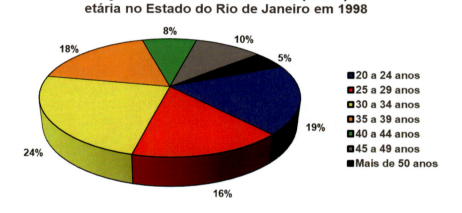

Fonte: EMG – PM/1 – PMERJ

Como se pode notar, mais da metade dos PMs que são empregados nas atividades ostensivas no estado do Rio de Janeiro (59% do efetivo de pronto emprego) possui idade inferior a 35 anos. Acompanhando a distribuição pelos grupos etários, observa-se ainda que 24% deles encontram-se na faixa de 30 a 34 anos e que nada menos do que 35% dos agentes de ponta têm entre 20 e 29 anos de idade.

Pelos dados dispostos, não resta dúvida de que a PMERJ apresenta um perfil de idade que contribui para reforçar a importância conferida aos atributos masculinos da juventude. Talvez se possa dizer que a juventude aparece no mundo policial como um valor em si mesma. Não se trata apenas de um constrangimento trazido pela estrutura etária da organização, mas antes de uma evocação aos atributos físicos e morais da jovialidade, que tanto influencia essa estrutura quanto se encaixa perfeitamente no *éthos* policial construído a partir do trabalho nas ruas. O espírito aventureiro, o dinamismo, a canalização das energias pessoais para a ação, o encantamento pela superioridade adquirida através dos recursos técnicos da força física, o manuseio profissional da arma de fogo e a disponibilidade para enfrentar situações de perigo e risco, são sintetizados nas falas dos PMs pela expressão "ser operacional", cujos significados apontam, entre outras coisas, para a pretensão de que o espírito jovial ultrapasse o seu próprio tempo. Na cultura policial das ruas uma das fantasias expressas é a de que ser policial é, em alguma medida, permanecer "sempre jovem" e, por isso mesmo, "mostrar-se um [homem] forte", potente e viril diante dos desafios a serem enfrentados. O imaginário policial tecido nas ruas pede que seus integrantes absorvam os acontecimentos pela intensidade dos atos. A fixação e a espacialização da temporalidade no presente é uma espécie de desdobramento simbólico da constante experimentação da realidade naquilo que ela tem de urgente, fragmentado, descontínuo e provisório (*Cf.* Maffesoli, 1984, 1987). Uma das estratégias subjetivas plausíveis para contornar a potência do acaso e das contingências posta na vida ordinária é a projeção afetiva dos qualificativos da juventude a uma dimensão ampliada, isto é, atemporal.

Um PM que siga à risca o receituário saído das ruas não se contenta apenas em ver e ser visto durante o seu trabalho. Ele guarda a expectativa juvenil de ser efetivamente notado, ele deseja ter algum destaque. Este é um problema peculiar das atividades cotidianas de policiamento. Como emprestar tangibilidade a episódios que se desfazem pela passagem oportuna da radiopatrulha, pela simples chegada do policial ou pela sua intervenção?

Um dos aspectos mais perturbadores da rotina policial é, precisamente, o fato de que a maior parte dos resultados da presença ostensiva da PM nas ruas se desfaz como um ozônio e tem permanecido imaterial e incontável. Toda essa dimensão invisível do grande *iceberg* que é o policiamento ostensivo convencional, consiste no não acontecimento, isto é, reporta-se a uma infinidade de eventos de rua conflituosos e criminais que simplesmente deixaram de acontecer, que sequer existiram em razão da presença policial ostensiva ou da crença de sua presença.

O caráter difuso do serviço ostensivo de polícia, associado à ausência de ferramentas de mensuração adequadas à natureza das atividades de patrulhamento, introduz mais um estímulo para que os PMs que estão na linha da obrigação não consigam visualizar o produto diário e real do seu trabalho e ambicionem um mundo fictício da plena operacionalidade, com resultados palpáveis dos "saldos operacionais" e, por sua vez, passíveis de contabilização. Nessa ordem de expectativas, "ser ostensivo" corresponderia a "aparecer", a procurar oportunidades para ser viril, esplêndido, ostentatório e reconhecido. Esta é, certamente, uma das razões pelas quais as perseguições, as capturas, os confrontos armados, as operações especiais, as ações de resgate, assim como as ações extraordinárias de força-tarefa, exercem na tropa um alto poder de sedução. Além de "subir a adrenalina" e de ofertar a possibilidade de encenar as fantasias masculinas radicais da juventude, os resultados dessas atividades excepcionais apresentam um grau maior de materialidade que o grosso do trabalho ostensivo. Soma-se a isso o fato de que tanto o sistema criminal quanto a opinião pública validam como produto prioritário do serviço de polícia o que resulta da contabilidade dos corpos e das coisas: os bens ilegais apreendidos, os criminosos presos, mortos ou feridos "em nome da lei" etc.[113]

Há, ainda, um outro ponto a ser mencionado sobre a concepção juvenil de que a vida policial é feita principalmente de fortes emoções. Se consideramos os aspectos mais substanciais do real trabalho de polícia ostensiva, a visão mitológica de um mundo policial constituído de muito sangue, suor, ação e adrenalina, além de preocupante e perigosa para os propósitos reais do policiamento, tende a mascarar o dia a dia das atividades de patrulha, que também costuma ser enfadonho, trivial e, em alguns casos, insignificante. As operações policiais e outras ações de alto risco, embora propiciem momentos de grande excitação, não conformam a verdadeira rotina de patrulhamento, que é composta, em sua maioria, de iniciativas pequenas, discretas, isoladas e desconexas.

---

[113] A comunhão entre a "invisibilidade" das atividades ostensivas convencionais e a cobrança por resultados tangíveis que alimentem a lógica do sistema criminal, constitui uma mistura em si mesma explosiva, uma vez que alimenta, ainda que de forma indesejada ou não prevista, o controvertido "produtivismo policial". Levando em consideração os estímulos saídos da cultura policial das ruas, fica evidente que para multiplicar resultados desastrosos e irreversíveis das ações ostensivas basta, por exemplo, a introdução de mecanismos de avaliação e premiação que reforcem e valorizem as ações ostensivas excepcionais como os confrontos armados, os enfrentamentos etc. Alguns departamentos americanos de polícia experimentaram o crescimento da letalidade da ação policial e a fabricação ilegal de flagrantes e provas por conta da cobrança exagerada de produtividade. No caso carioca, a "premiação por bravura" – apelidada pelos policiais de "premiação faroeste" – parece ter sido suficiente para exponenciar as arbitrariedades praticadas e o poder letal das organizações policiais. Ver Skolnick e Fyfe (1993) e Cano (1997).

De certa maneira, essa versão espetacular da vida policial procura também contornar o tédio e a monotonia que se fazem presentes nas alternâncias de ritmo próprias de uma ronda convencional em uma dada área da cidade. Quem ao menos já parou ao lado de uma radiopatrulha em um sinal de trânsito, pôde perceber o estado fastidioso dos seus tripulantes "desocupados" pela falta de um chamado emergencial ou pela ausência de uma ocorrência a ser assumida. Os PMs têm razão quando afirmam orgulhosos que na rua acontece de tudo. Mas é igualmente verdade que esse "tudo" contém, inclusive, o torturante vazio de ocorrências e a insuportável constatação de que "nada está acontecendo". Esses estágios de baixa frequência e, às vezes, de puro estado de alerta são proporcionalmente tão estressantes e corrosivos quanto os breves momentos em que é possível vivenciar situações incertas e violentas. Nada pior para atores que se definem pela presteza do pronto emprego do que a suposta ausência de acontecimentos. E nada é mais desastroso para a preservação democrática da ordem pública do que o policial ostensivo concluir que nada aconteceu em todo o seu dia de trabalho pela falta de confrontos armados ou de crimes em andamento. Pode-se dizer que a experimentação do tempo de uma forma presentista e interveniente conduz os PMs a lidarem de um jeito dramático com a espera ou com os estados de prontidão prolongados, sobretudo quando se tem a certeza universal que alguma coisa está acontecendo em algum lugar e neste exato momento, só que longe de suas vistas.[114]

A força do acaso tem o mau hábito de sempre pregar as suas peças. A contrapartida da imersão na ordem das contingências é a indelével constatação de que o caráter imprevisível e insurreto dos eventos – que não avisam antecipadamente onde e quando vão acontecer – possibilita que a polícia ostensiva, através do planejamento estratégico da sua política de policiamento, colida com os problemas que cabe a ela resolver, mas também sabota a oportunidade de encontros consecutivos com esses mesmos problemas. Os PMs sabem que no seu plano de ronda eles podem ter passado segundos antes de um certo fato acontecer ou minutos depois de um outro episódio ter acontecido. Faz parte do seu trabalho lidar com o descompasso de estar em todos os lugares e de não se encontrar em

---

[114] Os policiais alemães parecem ter uma outra forma de entendimento do trabalho ostensivo que realizam. Segundo as descrições do "diário de campo" do Ten Cel PM Ubiratan, que realizou diversas visitas técnicas à Polícia Alemã, um dia de trabalho produtivo é, exatamente, aquele em que "nada aconteceu" na área de cobertura do patrulheiro por conta de sua presença ostensiva. Ver Relatório de Visita à Alemanha, PMERJ, 1990.

um lugar específico onde a presença da polícia mostrou-se, em um dado momento, provisoriamente indispensável. Faz parte ainda do seu trabalho conviver com um certo nível de frustração extraído da sensação de que a polícia pode não estar na hora que alguma pessoa precisa dela porque, de forma difusa, ela se encontra servindo a todos e em todos os lugares.

Um outro aspecto interessante do processo de tornar-se nas ruas um "policial de verdade", um PM com "moral de homem" reporta-se à descoberta, na ordem prática, do lugar reservado à autoridade policial. Excluindo os PMs de ponta que possuem ou tiveram familiares dentro da PMERJ, os demais policiais com os quais convivi disseram-me que, antes de entrarem para o Curso de Formação e Aperfeiçoamento de Praças (CFAP), não gostavam da polícia e que, na medida do possível, procuravam evitar qualquer contato com policiais. Creio que essas percepções iniciais não causam nenhuma surpresa ou qualquer espanto. Não se pode esquecer que, até há bem pouco tempo, as Cartas Constitucionais, bem como as políticas de segurança adotadas nas unidades federativas, foram explicitamente orientadas por uma visão de ordem pública restritiva e antidemocrática que excluía os segmentos pobres, negros e subalternos da população, "tecnicamente" rotulados como "classes perigosas" à paz e à tranquilidade dos cidadãos brancos de bem. Para aqueles atores saídos dos chamados "balões de ensaio do crime e da desordem" e inscritos de uma forma desvantajosa no mundo da cidadania, virar um policial tem um significado muito maior do que a conquista de uma profissão ou de um emprego seguro e estável. Tem efetivamente significado o acesso a uma das formas privilegiadas do exercício de poder.

Apreender a manobrar no dia a dia com os recursos de controle e coerção disponibilizados ao agente policial não é uma experiência que pode ser classificada como banal, sobretudo para sujeitos cuja origem social não os credenciava politicamente como cidadãos plenos. Cumpre notar que o abstrato "poder de polícia" ganha de fato concreção quando exercido na ponta da linha, ou melhor, quando executado por cada PM ao dobrar uma esquina e colidir com um crime em andamento, ao ser destacado para um evento de massa, ao desviar o trânsito para a passagem de uma ambulância, ao solicitar os documentos de um transeunte, ao fazer uso da força letal contra um oponente armado, ao compelir um desordeiro a se retirar do boteco, ao dispersar um grupo de torcedores exaltados etc.

A construção diária da autoridade policial respaldada pelo recurso legal e legítimo do uso e da ameaça de emprego da força, não se restringe ao aprendizado de todos os insumos doutrinários e técnicos que embasam o seu exercício. Além das informações sobre as legislações criminal, civil e militar e suas formas de execução, dos saberes relativos ao manuseio e ao emprego do armamento urbano, do conhecimento das técnicas de abordagem policial ostensiva e dos processos de intervenção preventiva, dissuasiva e repressiva, o PM necessita fundamentalmente aprender a se inserir nos mais distintos ambientes onde ele realmente atua. Ele precisa aprender "na marra", *on the job*, como fazer uso individualizado da discricionariedade e da autoexecutoriedade que conformam as suas ações nos cenários mais heteróclitos com os quais ele se depara. Ele precisa aprender a tomar decisões e a confiar na alternativa profissional escolhida. Em uma frase, ele precisa descobrir, também *on the job*, como exercer a autoridade sem ser arbitrário ou autoritário.

Como a fronteira entre o arbítrio e a arbitrariedade é muito tênue, os PMs rapidamente percebem que precisam "ter jogo de cintura" para lidar com a volatilidade dos eventos sobre os quais atuam e com as vantagens e as desvantagens do papel coercitivo, sobretudo porque a oferta aos cidadãos de alternativas de obediência às leis, mesmo que legais e legítimas, pode encontrar sempre algum grau de resistência e de descontentamento. Assim, tão logo as praças ingressam no trabalho de rua, constatam que não é suficiente a envergadura legal do seu mandato; percebem, pela força da prática, que não basta o aparato jurídico formal que os qualifica como agentes da lei. Mostra-se indispensável a elaboração cotidiana da autoridade, a busca de sua credibilidade e do consentimento para o seu exercício.

Fazer convergir os princípios nem sempre harmônicos da legalidade e da legitimidade em cada situação particular não é um empreendimento fácil, muito menos ausente de tensões e equívocos. Isso porque a aplicação rigorosa e precisa das leis não corresponde ao amplo espectro da ordem pública, assim como não está previamente garantido que o movimento no sentido inverso, do mundo da ordem ao mundo da lei, produza os resultados desejados. Os policiais, sobretudo aqueles que estão na linha da obrigação (*the thin blue line*), são investidos de um considerável poder formal (de direito) e de um poder concreto (de fato) por eles administrados em um amplo e diversificado conjunto de situações complexas, insólitas e emergenciais, que nem sempre encontram uma tradução legal possível. No dia a dia, os PMs são chamados a atuar sempre que ocorre "algo-que-não-devia-estar-acontencendo-e-sobre-o-qual-alguém-tem--que-fazer-alguma-coisa-agora-e-bem" (Bittner, 1990).

A demanda contemporânea por serviços policiais recobre o vasto mundo da "preservação da paz e moralidade públicas" no qual qualquer evento, além das violações previstas na lei e na jurisprudência, pode vir a ser considerado um legítimo "assunto de polícia". Em quaisquer desses assuntos, espera-se que a atuação policial ostensiva esteja sempre subordinada aos limites impostos pelo ordenamento legal. Na sua rotina, os PMs fazem, então, uso do poder discricionário para equilibrar-se na tênue fronteira entre a legalidade e a legitimidade exigidas em suas intervenções. Suas referências seriam, simultânea e paradoxalmente, "o que está na lei e encontra-se no mundo" e "o que se encontra no mundo e não está na lei". A obrigação de atender, a um só tempo, aos imperativos nem sempre conciliáveis do "mundo da lei", das suas formas doutrinárias e práticas de execução (*law enforcement*) e das "leis do mundo" em suas crenças e ritos diversos, revela que as organizações policiais, nas sociedades democráticas, apresentam-se como o produto de uma série de compromissos entre princípios conflitantes: das agências do estado democrático, as polícias talvez sejam aquelas que melhor exemplifiquem as descontinuidades existentes entre **Lei** e **Ordem** e os efeitos indesejáveis daí resultantes (Skolnick, 1994).

Esta é certamente uma das razões pelas quais a empresa de enraizar o princípio da autoridade pública na vida diária das pessoas tem sido um dos grandes desafios civilizatórios dos Estados contemporâneos. No fluxo da vida ordinária, cabe ao PM da ordem pública a missão de garantir o estado de direito empregando o recurso da força ou de sua ameaça caso seja necessário. Eis, aqui, anunciada, uma contradição bastante perturbadora do trabalho de polícia: alcançar fins legais através de meios coercitivos.

Este dilema estrutural, experimentado pelas organizações policiais em todos os países ocidentais com tradição liberal, adquiriu conteúdos particulares entre nós. Por um lado, os longos períodos em que o Estado brasileiro ambicionou monopolizar a ordem pública, excluindo os cidadãos do legítimo processo de sua produção e, por outro, as constantes ondas de "legalismo moral" derivadas, em boa medida, da perversa sobreposição dos assuntos da defesa nacional e da segurança interna com os problemas da segurança pública contribuíram, de uma forma decisiva, para a percepção

– viva ainda hoje naqueles setores populares que foram, em um passado recente, rotulados como "perigosos e insurgentes" – de que a presença do Estado na vida das pessoas tem sido ora autoritária e clientelista, ora invasiva, desrespeitosa e arbitrária. Não sem razões, esta forma de entendimento foi personificada na autoridade policial, cuja presença ostensiva é capilarizada e, principalmente, por causa dos seus procedimentos de interação com as camadas menos favorecidas da população, lugar de onde os PMs também saíram, que nem sempre primaram pela sustentação das garantias individuais e pela transparência de propósitos. Essa memória conflituosa reforçada por episódios de brutalidade policial amplamente cobertos pelos meios de comunicação, colabora para a cristalização de reações previamente hostis, temerosas e desconfiadas em relação à autoridade policial. É neste ambiente social suscetível às ondas de agravamento do temor coletivo do crime e às oscilações da credibilidade institucional da PMERJ que a praça realiza suas atividades de rua.

Uma das sensações mais evidentes para o PM que inicia as suas tarefas de policiamento é a de que "as pessoas só gostam da autoridade policial quando precisam", ou melhor, quando a resolução do problema que motivou a presença policial foi "vantajosa" para o demandante.[115] O sentimento de que "ninguém quer a autoridade policial muito perto" é explicitado na constatação de que "as pessoas querem a polícia para os outros", ou melhor, para aqueles que elas acham que "precisam de polícia", como os delinquentes, a população de rua, os grupos sociais minorizados, os "favelados" etc. No papel de um *Streetcorner Politician* (Muir Jr., 1977) ou na condição de uma válvula equilibrante das relações de poder no microcosmo social, o PM das ruas rapidamente percebe que ele precisa manobrar com a espinhosa questão de não permitir que a sua própria autoridade seja leiloada, de não deixar que ela se transforme em um objeto de barganha e de reforço de poder para um ou vários litigantes que participam da ocorrência atendida. Ele também sabe que, no fundo, "ninguém gosta de perder" e que, para produzir uma solução satisfatória nas dinâmicas desordeiras e conflituosas, é necessário compelir os envolvidos a cederem, negociando sensatamente suas posições.

---

[115] A maior parte dos policiais comunitários do programa de Copacabana reclamava do comportamento dos "moradores da zona sul", que, do seu ponto de vista, não reconheciam devidamente o papel da autoridade policial. O tratamento impositivo era dispensado aos comunitários sobretudo pelos comerciantes e síndicos que "tinham o rei na barriga" e achavam que podiam "dar ordens no PM". Alguns PMs foram mais enfáticos em suas críticas à "falta de educação" de alguns membros da comunidade que, só "vendo o seu lado", queriam que o policial ficasse vigiando o seu patrimônio.

Este é um dos muitos aspectos sensíveis da produção da autoridade policial no cotidiano. As lições extraídas das ruas advertem para uma infinidade de riscos e tentações aos quais o policial está frequentemente suscetível. O encantamento natural dos PMs com a descoberta de que quando vestem suas fardas se transformam em uma "outra pessoa", dotada de poderes especiais, necessita ser contrabalançado com o "juízo e a maturidade". Mostra-se indispensável "ter cabeça fria" e não se deixar levar pelo deslumbramento trazido, por exemplo, pelo poder de parar, deter ou questionar alguém. É preciso, ainda, "ter a cabeça no lugar" para enfrentar toda a sorte de testes colocados nas interações com os cidadãos. Os PMs aprendem, *on the job*, que a sua autoridade se encontra regularmente sendo "vigiada" e "questionada", inclusive nos eventos mais triviais. O simples ato de tomar um cafezinho no bar leva os outros fregueses a indagarem: "será que ele vai pagar?". O atendimento ao chamado de uma prostituta que reclama que sofrera ameaça de um turista, faz os curiosos imaginarem "olha lá, o PM está faturando a puta de graça". Quando se observa à distância um PM conversando com um apontador do bicho ou um flanelinha, pode-se imaginar que se trata tanto de um trabalho de fiscalização quanto de um "acerto de contas" ou um "recolhimento de comissões".[116]

Após algum tempo passado nas ruas, o PM sabe que pode "ser mal interpretado" e que o seu "poder de polícia" está, na maioria dos eventos, sendo colocado à prova. Certa vez um sargento PM explicou-me, enquanto eu o seguia em uma ronda policial, que a "experiência" ensina como lidar com essa difícil questão. Do seu ponto de vista, basta "saber interpretar a lei" à luz das circunstâncias (o que em si mesmo configura uma tarefa complexa e sutil) e, fundamentalmente, nunca deixar transparecer insegurança ou dúvida quanto ao curso de ação escolhido. Mesmo naquelas ocorrências em que o PM não está muito certo de sua decisão, seria necessário executá-la com convicção para transmitir "respeito e segurança" e evitar a ampliação do problema em tela. Meu interlocutor conclui sua

---

[116] Estas situações mencionadas estão reunidas na "Cartilha de Humanização e Qualidade na Prestação de Serviços Policiais", Vol. I e Vol. II, de autoria do Psicólogo e Ten Cel PM Luiz Fernando Santos de Azevedo, publicada pela APOM/PMERJ, em 1994. O propósito deste rico material didático era, a partir de episódios reais do dia a dia policial, sensibilizar os policiais militares de ponta para a qualidade do serviço policial prestado, ofertando alternativas concretas de ação elaboradas em sintonia com a prática ostensiva. Face aos resultados positivos obtidos, este material passou a compor o "Módulo Profissionalizante" do Telecurso 2000, um projeto voltado para as praças que possuem apenas o primeiro grau, implantado em março de 1999 através de um convênio entre a PMERJ, o Movimento Viva Rio e a Fundação Roberto Marinho.

explicação dizendo-me que, no dia a dia, as ocorrências mais complicadas são precisamente aquelas que envolvem cidadãos comuns que, em sua maioria, possuem "muitos direitos" e, ao mesmo tempo, "desconhecimento de causa" dos seus próprios conflitos. Sob essa ótica, a falta generalizada de informações sobre os direitos e deveres que conformam o exercício da cidadania seria um dos fatores que mais contribuem para que um conjunto significativo de ocorrências de baixo teor ofensivo se transforme em "desacato a autoridade" ou em "abuso de autoridade" policial.

Administrar, em cada ocorrência atendida ou no curso de uma ação escolhida, a tensão entre a "subordinação ao império da lei" e as necessidades operacionais derivadas da "missão de preservar a ordem pública" com eficácia, eficiência e efetividade corresponde à complexa arte de exercer a autoridade policial no estado democrático. Isso fica mais evidente se consideramos que o emprego necessário e cotidiano do poder discricionário pelos PMs tem correspondido a uma zona cinzenta, de "baixa visibilidade" do trabalho policial (*cf.* Elliston; Feldberg, 1985; Kleinig, 1996). Não é demais enfatizar que o processo de tomada de decisão nas diversas tarefas de polícia, em especial aquelas desenvolvidas nas ruas, tem permanecido pouco visível para as próprias organizações policiais ostensivas e para a opinião pública, comprometendo não só a transparência do sistema interno de controle, como também a possibilidade de um monitoramento externo eficaz. Se isso procede, cabe situar que as iniciativas de prevenção e dissuasão bem-sucedidas realizadas pelos policiais tendem a se tornar tão incomensuráveis quanto aquelas decisões que resultaram na extrapolação da autoridade policial.

3

O CAÇADOR DE AÇÕES: SUSPEITA, PERIGO E DECEPÇÃO

Todo mundo tem alguma coisa para esconder da polícia. Quem não cometeu um erro na vida? A gente nunca pode garantir o que está por trás das pessoas. Tem gente que chama a polícia por um motivo fútil só para tentar prejudicar um antigo desafeto. O policial tem que estar esperto para isso.
(Sargento PM com 23 anos de serviços prestados à PMERJ)

Todos mentem para a polícia, até o inocente mente para a polícia. É da psicologia das pessoas.
(Cabo PM com 16 anos de serviços prestados à PMERJ)

A polícia é o termômetro do grau de civilização de um povo.
(Sargento PM com 19 anos de serviços prestados à PMERJ)

"Um dia é da caça, outro do caçador". Este é um dos muitos provérbios da sabedoria popular que costuma advertir sobre os mistérios e as surpresas associados ao perigo e à sedução que circunscrevem o processo de conquista e sustentação do território conquistado. Todas as culturas de que se tem notícia tematizam, através do simbolismo da caça e do caçador, os dilemas da construção civilizatória do que consideram o lugar do "humano" (Chevalier; Gheerbrant, 1990). A saga do caçador-herói – que nas narrativas míticas não pode prescindir de uma força física incomum, de uma destreza extraordinária e de uma coragem a toda prova – retrata o desafio de alcançar o autodomínio e os esforços para controlar as forças naturais e a sua "selvajaria" ameaçadora. Em uma ordem metafórica, caçar corresponde, de um lado, a fazer recuar os limites do caos que, identificado com as feras indomáveis ou insurretas, subsiste nos confins e nos subterrâneos do mundo organizado. Significa, de outro lado, a luta civilizatória contra tudo aquilo que associamos à animalidade e que nos faz contíguos a ela como os "instintos", a "violência", "a brutalidade" etc. Trata-se, portanto, de uma caçada simbólica que investe não apenas contra as bestas reais e imaginárias, mas, sobretudo, contra a bestialidade, a ignorância e as tendências nefastas que também fazem parte do admirável mundo humano. Através de formas culturalmente variadas, a caçada parece ritualizar a vitória da vida em sociedade sobre o estado de natureza, anunciando que essa vitória é construída a partir de um instigante paradoxo. A supremacia do bem comum sobre as forças identificadas como negativas e malfeitoras se faz por intermédio de expedientes coercitivos e, em boa medida, com o concurso do emprego da força em todas as suas manifestações. Ávido em melhorar o mundo em que vivemos, o arcanjo São Miguel, patrono dos cavaleiros, não poupou a sua espada quando venceu o demônio e pôs em debandada os Exércitos do mal. A proeza miliciana de São Miguel é também encenada pelo popular São Jorge, cuja trajetória como cavaleiro converte-se na cristalização da perpétua luta do bem contra o mal.

No nosso sincretismo religioso, a figura de São Jorge aparece vinculada ao orixá Ogum. Este último é descrito como um ancestral africano destemido, justo e, também, muito emotivo que dominava tanto a arte de caçador quanto a de ferreiro. Suas epopeias falam de um Deus que elogia a vida comunitária e inaugura a era civilizada representada pela transformação dos metais em instrumentos de cultivo, de caça e de guerra. Capaz de suplantar o pânico da morte e a finitude que ela enseja, Ogum é apresentado, em muitas de suas lendas, como uma divindade zelosa de seu reino e sempre disposto a enfrentar os perigos provenientes da malevolência e das trevas. Dizem as línguas populares que aqueles que são "protegidos" ou "filhos" de Ogum trazem um talento especial para as atividades de polícia. Entre os *habitats* prediletos desse orixá guardião estão as ruas, as esquinas, os cruzamentos, as avenidas asfaltadas etc.

Devotos ou não de São Miguel, integrantes ou não da Companhia de São Jorge, filhos ou não de Ogum, os PMs da *thin blue line* encontram-se também inscritos em uma espécie de corrente moral do bem contra as manifestações hediondas do mal. A moralização do mandato de policiamento constitui um fato inevitável e corriqueiro no meio policial que é, salvo raras exceções, respaldado pelo senso comum. Se para os policiais que estão na ponta da linha a moralização se apresenta como uma interpretação indissociável da prática de "proteger e servir", para o senso comum ela se traduz em uma expectativa sedimentada e, por sua vez, em uma demanda subjetiva a ser atendida. Espera-se, por exemplo, que a autoridade policial seja o exemplo de uma conduta impecável e compatível com a atribuição de fiscalizar o comportamento dos outros cidadãos no espaço público. De nossa parte, estamos sempre observando e "vigiando" o comportamento da polícia. Prestamos atenção se os PMs de uma radiopatrulha estão utilizando o cinto de segurança, se a viatura policial atravessou o sinal de trânsito, se ela se encontra estacionada em local proibido, se os policiais pagaram a conta do lanche etc.

Na gestão cotidiana da ordem pública, os PMs e os cidadãos que se definem e são igualmente identificados como "ordeiros e pacíficos", fazem aparecer a grande "comunidade do bem" – um tipo de entidade afetiva, inorgânica e sem unidade fixa de lugar, que se cristaliza ao sabor das fronteiras morais e simbólicas acionadas, de uma forma oportuna e provisória, segundo a percepção de risco e insegurança daqueles que nela estão ou se sentem incluídos. Como um subproduto de uma perspectiva moralizante, a "comunidade do bem" adquire concreção pela delimitação do seu território moral, isto é, pela demarcação de linhas divisórias que distingam e separem os "tipos bons" dos "tipos maus". Isso ocorre não apenas em relação aos episódios torpes, venais e degradantes, mas também, e principalmente, quando do encontro rotineiro com eventos conflituosos difusos ou quando da colisão com comportamentos pouco convencionais.

Aos seus próprios olhos, os PMs de ponta são invariavelmente os "mocinhos" da história, ou melhor, a turma "sangue bom" que está aí pelas ruas, esquinas e avenidas da cidade "defendendo e protegendo a sociedade", inclusive dela mesma, sua "boa moral", seus "bons costumes" e seus valiosos bens. Esses "cavaleiros" da infantaria da ordem pública, distantes da imagem *techno-legal* do *robocop*, não são, portanto, atores neutros e muito menos alienados dos contextos sociais nos quais atuam. De um lado, os PMs partilham da ampla grade valorativa que informa os juízos, as mentalidades e os preconceitos que circulam e definem as cercas excludentes na vida ordinária. De outro, eles experimentam, no calor dos acontecimentos diários, as assimetrias embutidas no percurso para alcançar os fins justos através de meios não só escassos, mas, em muitos casos, polêmicos do ponto de vista legal, adequados do ponto de vista técnico e toleráveis de um certo ponto de vista moral. Em virtude dos constrangimentos trazidos pelas circunstâncias de cada episódio atendido, o curso de ação escolhido nem sempre resulta do encontro feliz entre os vários níveis de exigências estabelecidos para a intervenção policial ostensiva. Na prática, nem sempre é possível fazer coincidir a "letra da lei", a sua tradução em termos de *enforcement*, os expedientes de emprego tático, a validação moral da decisão adotada e a produção de resultados tangíveis.[117] A rotina de polícia evidencia que esses imperativos, ainda que necessários e legítimos, conformam ordens distintas de cobrança que são, por vezes, contraditórias e, até mesmo, excludentes. Conforme demonstra o gráfico a seguir, uma parte expressiva das ocorrências registradas pela PMERJ – em torno de 59,5% das notificações – reporta-se a eventos que não se configuram como infrações penais e sequer encontram uma tradução propriamente legal. Esses episódios "não criminosos" referem-se à prestação de serviços assistenciais, a conflitos interpessoais e a desordens de toda sorte.

Gráfico 3 – Registros da Polícia Militar na cidade do Rio de Janeiro, segundo grupos de ocorrências registradas (1983-1997)

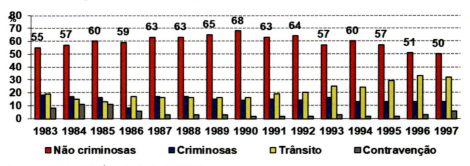

Fonte: EMG – PM/1 – APOM – PMERJ

Em parte, por essa razão, os PMs da *blue line* estão sempre fazendo uso do seu "bom senso" como uma espécie de moeda, isto é, como uma ferramenta de equivalência entre os níveis de exigências mencionados. Acionar com regularidade o "bom senso" é, em alguma medida, procurar atender à economia prática do trabalho policial (produzir, com presteza, resultados provisórios satisfatórios em situações de incerteza e risco), sem perder de vista as variáveis políticas e morais que instruem os ambientes

---

[117] O descompasso existente entre os diversos níveis de constrangimentos mencionados é parte indissociável da própria natureza do trabalho de polícia e do seu escopo de atuação nas sociedades de tradição liberal democrática. Ver Bittner (1990) e Skolnick (1994).

sociais onde esse trabalho se desenvolve. Por conta disso, o "bom senso" policial, resultante da síntese das experiências vividas nas ruas e dos saberes ordinários extraídos do mundo cotidiano, se presta como um recurso cognitivo, mobilizado pelos PMs de uma forma heterogênea, para conter os possíveis arroubos derivados dos riscos de se buscar, através das atividades de policiamento, uma "conformidade moral" idealizada para a vida em sociedade.

De fato, a forte carga moral intrínseca à complexa missão de policiar a ordem pública propicia, na prática, leituras ambivalentes e personalizadas do alto chamamento do dever de "proteger e servir". Quando se leva até as últimas consequências a empresa de produzir o bem a todo custo, uma das leituras possíveis é, exatamente, aquela que interpreta os problemas da criminalidade, da violência e da desordem como um "acerto pessoal de contas". Neste recorte interpretativo, tudo se passa como se os "vilões" da paz e da tranquilidade pública tivessem uma rixa particular com os policiais. O comportamento criminoso, em seu sentido genérico, seria entendido como uma "provocação" ou uma "injusta agressão" dirigida aos agentes da lei, de uma forma deliberada e proposital. A imagem afetiva de que os criminosos estariam cometendo crimes só para "desafiar" e "testar" os PMs tende a ser perversamente alimentada pela intensidade com que o isolamento social é sentido por esses atores. O grau da sensação de afastamento percebido pelo policial em relação à sua comunidade de origem e as demais comunidades "policiadas" contribui para radicalizar a distinção funcional posta pela cultura das ruas de que o mundo social se divide em um "nós contra eles" e, em uma forma mais dramática e desastrosa, em um isolado "eu contra todos".

O tipo policial "justiceiro" e solitário na defesa extremada do bem maior encarna a percepção paranoica de que cada ocorrência criminosa ou potencialmente criminosa seria uma espécie de juízo final entre polícia e "bandido". Para aqueles PMs que se mostram emocionalmente vulneráveis a essa caricatura, as apreensões, as detenções para revista, os confrontos armados etc. deixam de figurar como um meio para se atingir um fim e se transformam em um "fim em si mesmos". Esse círculo vicioso se dá de tal maneira que os flagrantes e as prisões, em vez de serem tratados como um serviço público prestado aos cidadãos em conformidade com o estado de direito e com os procedimentos de ação policial, passam a ser enquadrados tão somente como mais uma "vitória pessoal" contabilizada em uma ampla lista de conquistas que tanto reforça a predisposição individual belicosa quanto cria a ilusão de que as perseguições aos supostos criminosos constituem o "verdadeiro trabalho de polícia".

Há, ainda, um outro elemento relacionado à ambivalência moral experimentada pelos policiais de ponta, que se faz presente nas mais distintas polícias pesquisadas e também na PMERJ. Estou me referindo à profunda ambiguidade moral derivada do fato inevitável de que as organizações policiais, meios de força comedida, se interpõem entre indivíduos em conflito (Bittner, 1990; Skolnick, 1994; Skolnick; Fyfe, 1993; Reiner, 1992). Pelo menos em princípio, a polícia estaria somente oposta a interesses considerados legalmente repreensíveis ou a interesses que carecem de justificação apropriada em um dado pacto sociopolítico. Entretanto, quando se analisa a natureza do trabalho policial sob essa ótica ideal, salta aos olhos a evidência de que os policiais, mesmo que jamais errem ao fazer uso do seu poder discricionário, estariam, ainda assim, mergulhados, salvo raras exceções, na paradoxal situação de alcançar alguma coisa para alguém somente porque também agiram contra um outro alguém.

Os constrangimentos impostos pelos termos de seu mandato, e pelo caráter emergencial dos eventos sobre os quais atua, impedem que os "executivos de quarteirão" possam refletir, em ato, sobre os aspectos mais essenciais das demandas conflituosas que mobilizam a sua presença. Os históricos e os contextos dos problemas que chegam até os policiais, assim como as histórias de vida dos envolvidos, ficam, evidentemente, empobrecidos por força da dimensão contingente que deflagrou a chamada à polícia, e também pela própria natureza oportuna e provisória da intervenção policial. Embora se espere que os *Streetcorner Politicians* ou os administradores dos jogos conflituosos no microcosmo social sejam judiciosos no exercício do seu poder de polícia, por conta inclusive das habilidades pessoais desenvolvidas pela experiência adquirida nas ruas, seria extremamente ingênuo supor que, a um só tempo, eles possam ser rápidos, oportunos, suficientes e sutis. Mesmo naquelas situações nas quais é possível manobrar os níveis de resistência apresentados por oponentes através dos mais baixos gradientes de força, como, por exemplo, os comandos verbais e outras técnicas de aproximação e interação, não é razoável esperar do policial uma apreciação sofisticada da complexidade dos problemas em curso em tempo real. Uma vez que os meios de força policiais não podem prescindir da presteza que qualifica a sua performance e motiva o seu acionamento, as suas iniciativas e os seus desempenhos estão, pela sua própria natureza assimétrica, fadados a ser sempre interpretados como "injustos", "ofensivos", "inoportunos" e excessivamente "diretos" com alguém. A pressão exercida sobre os PMs para, simultaneamente, "serem corretos" e "fazerem alguma coisa" no "agora e já" das pessoas e dos eventos restringe, de forma drástica, a oportunidade de se emprestar algum grau de sofisticação às alternativas táticas disponíveis para a ação. O fato de o policial da ordem pública tratar rotineiramente com assuntos que envolvem conflitos humanos complexos e com questões morais e legais espinhosas, sem ter o tempo necessário e a competência especializada para emprestar a sutileza e a profundidade reflexiva que esses dramas exigem, sobretudo quando tratados nos seus fóruns específicos, faz com que o seu trabalho seja externamente também percebido como marcado pela "insensibilidade" e pela "crueza" de atitudes. Toda ação policial, naturalmente coercitiva e, por isso, uma solução pontual e provisória, não tem como "ficar agradando todo mundo envolvido na ocorrência".

Uma das queixas mais frequentes entre os PMs de ponta resulta do sentimento generalizado de que eles não são devidamente compreendidos pelos cidadãos. Além de serem chamados de "Seu Guarda", nada desagrada mais aos "executivos das esquinas" do que ouvir alegações do tipo "vocês não tem o que fazer, não?" ou "vocês deviam estar subindo morro e correndo atrás dos bandidos em vez de importunar o cidadão de bem", que são constantemente acionadas por aqueles litigantes que, no processo decisório, não se sentiram beneficiados pelo encaminhamento dado a uma simples ocorrência, como, por exemplo, um conflito no trânsito ou uma querela de vizinhança.

A dolorosa sensação de que "não importa o que fazemos estaremos sempre sendo mal interpretados" põe em evidência um dilema moral em parte motivado pela falsa oposição "polícia-força *versus* polícia-serviço" que tem sido exaustivamente explorada por visões equivocadas sobre o provimento democrático de ordem pública, as quais ainda se fazem sentir entre nós em plena virada do milênio.[118] A confusão estabelecida pela sedimentação dessa falsa dicotomia tem-se convertido, na prática, em um drama real de orientação vivido pelos PMs cariocas da *blue line* e expresso na costumeira e desconfortável indagação "como fica a cabeça do PM?".

---

[118] Para um discussão sobre os limites de uma concepção tradicional do papel da Polícia Militar e as resistências a uma perspectiva voltada para a proteção social, ver Azevedo (1998).

O desconhecimento por parte do senso comum ilustrado (incluindo aí alguns setores das próprias organizações policiais) de que o emprego da força e a presteza dele resultante constituem expedientes indispensáveis à ação ostensiva de polícia, tem propiciado a conformação de uma perspectiva ingênua e perigosa porque incapaz de distinguir, de forma criteriosa e consistente, o uso da violência (um impulso arbitrário, ilegal, ilegítimo e amador) do recurso à força (um ato discricionário, legal, legítimo e profissional). O ônus dessa indistinção é imenso tanto para Polícia Militar quanto para a sociedade. No que diz respeito aos PMs que estão na linha da obrigação, essa indistinção tem contribuído para fomentar manifestações de receio e insegurança durante os processos individuais de tomada de decisão desencadeados, na maior parte dos casos, em ambientes de incerteza e risco. Os resultados deste tipo de imprecisão têm sido, evidentemente, os mais desfavoráveis possíveis. Eles vão desde a debilidade crescente dos métodos e procedimentos profissionais de emprego legal e legítimo da força até o seu uso "bem-intencionado", porém inadequado e, em muitos casos, excessivo e arbitrário por parte dos policiais.

Indo um pouco mais longe, a equivocada polarização "polícia-força *versus* polícia-serviço", que se traduz na falsa antinomia "proteger *versus* servir", mascara a especificidade originária das polícias ostensivas como organizações de força comedida voltadas para a "proteção social". Desdobra-se daí o pressuposto (não demonstrado na realidade do trabalho policial) de que o recurso à força corresponderia ao seu extremo letal, só se fazendo presente, portanto, naqueles episódios propriamente repressivos como os "confrontos armados", os "crimes "violentos" em andamento etc.

Note-se que este tipo de enquadramento perde de vista um elemento básico do estado da arte de polícia: no momento da interação dos PMs com a sua clientela, a perspectiva do uso da força está posta por antecipação. Ela é parte indissociável da autoridade policial e, por sua vez, do estado de sua arte de construção de obediência as regras do pacto sociopolítico. É porque o policial está legalmente autorizado a usar a força potencial e concreta para respaldar a sua autoridade que ele é acionado e pode intervir nos conflitos, abrindo possibilidades para a sua resolução que vão, desde a negociação até a imposição de alternativas pacíficas de obediência àqueles indivíduos que se mostram recalcitrantes desarmados ou armados. A possibilidade de compelir, se necessário, viabiliza a oportunidade mesma dos atendimentos assistenciais e auxiliares. Há momentos, exatamente nessas situações, em que o PM assume o papel de um coordenador que orienta o que será feito, comanda as ações e determina os comportamentos. Este é o caso, por exemplo, de um socorro às vítimas de acidente de trânsito: iniciativas como parar o trânsito, cercar a área, afastar os transeuntes, chamar a ambulância, assegurar o seu acesso, lidar com parentes e vítimas, respaldar as decisões médicas dos atendentes, coordenar o apoio para um deslocamento rápido até o hospital seriam muito pouco eficazes sem a perspectiva de impor, o que pressupõe, uma vez mais, a possibilidade do uso potencial e concreto de força consentida à autoridade policial. Conforme salienta Bittner (1990), não se pode ignorar que a presteza policial está diretamente relacionada ao requisito da força que envolve, não apenas os diversos níveis de seu emprego efetivo e explícito, mas também a sua própria possibilidade, que está colocada previamente em qualquer atividade ostensiva de polícia. Isso fica evidente nas ocorrências mais ordinárias, como "conter e encaminhar um alienado mental", "conduzir uma parturiente e garantir a sua internação em um hospital público", "substituir um sinal de trânsito quebrado", "auxiliar um oficial de justiça na entrega de uma convocação judicial" etc.

A essa altura, creio que fica perceptível como a força que conforma e respalda a autoridade de polícia é inseparável de todas as suas ações, ainda que, é importante frisar, ela permaneça como um elemento potencial em boa parte dos casos, incluindo nesse rol de eventos uma parcela significativa das ocorrências propriamente criminais. Certamente, esta é uma das muitas evidências de que a polícia consiste em um **meio de força comedida** e suficiente, sendo esta a sua especificidade diante de outros dispositivos estatais coercitivos como os meios de força combatentes. Nesse sentido, os esforços, mesmo que bem-intencionados, de dissociar o elemento de força das atividades ostensivas de polícia tanto podem contribuir para sua utilização amadora e desregrada na ponta da linha, quanto ajudam a projetar o seu emprego em uma dimensão obscura e nebulosa, ampliando sua invisibilidade e comprometendo o seu controle pelas polícias, pelo Estado e pela sociedade.

É em um cenário povoado por orientações ambíguas, cruzadas moralistas e falsos pressupostos, que realmente não se pode saber "como fica a cabeça do PM". Parece inevitável a abertura de oportunidades para que o uso concreto da força pelos policiais seja pontuado por omissões, exageros ou imprecisões. Isto é mais grave ainda naquelas interações cotidianas entre policiais e cidadãos – situações de baixa visibilidade e que não envolvem o emprego da arma de fogo. Normalmente inscritos no universo difuso e volátil dos conflitos e das desordens, esses episódios tendem a camuflar o amplo uso inadequado e abusivo da força, sobretudo porque uma boa parte deles sequer se transforma em registros de ocorrência.[119]

Mas, além dos problemas relacionados aos entendimentos equivocados quanto ao uso da força nas ações ostensivas de polícia, a estética da suspeita – também intrínseca ao trabalho policial – tem-se apresentado como mais um ingrediente a estimular dubiedades e leituras morais divergentes associadas à tarefa de policiamento. Os PMs de ponta estão bastante cientes de que o seu trabalho nas ruas desenvolveu neles uma postura de constante suspeição que, em graus diferenciados, altera não somente as suas formas de interação com os atores externos, mas também a sociabilidade desenvolvida com os seus próprios pares. São inúmeros os depoimentos de policiais da PMERJ que retratam o expediente da suspeição, sobretudo generalizada, como um "mecanismo de sobrevivência", a um só tempo útil e existencialmente sofrido. A suspeita apresenta-se como uma forma dramática de olhar o mundo social que não pode ser literalmente suprimida da rotina de polícia, e cujo preço individual é a perda da inocência original e da gratuidade prévia. Como uma das variáveis estruturantes da subjetividade policial, a suspeita não se restringe ao âmbito do trabalho de polícia propagando-se por todas as esferas de convívio social. Ela está presente na forma amistosa e ressabiada com que os PMs estabelecem os seus vínculos de companheirismo e amizade, na postura sempre vigilante quando eles escolhem e frequentam espaços de lazer, no receio de que alguém que se aproxima pode guardar o objetivo de "tirar vantagem" da sua "condição de polícia" etc.

Várias vezes observei que os PMs, durante suas rondas a pé em Copacabana, seguiam conversando por longos períodos sem dirigir o olhar um ao outro. Tudo parecia indicar que eles estavam mais preocupados em permanecer atentos ao que poderia vir até eles em seu "eixo (espacial) de aproximação". Muitos deles me diziam que as ocorrências vêm sempre ao encontro do policial de uma forma rápida e inesperada, sendo necessário manter-se alerta ao menor sinal de sua aproximação, antecipando, através do olhar suspeitoso, o seu prenúncio ou a sua imperceptível anunciação.

---

[119] Conforme já foi mencionado, esses eventos, quando registrados, tendem a aparecer na contabilidade das ocorrências policiais militares ora como "desacato à autoridade", ora como "abuso de autoridade".

No dia a dia das atividades ostensivas de patrulha, a suspeita aparece como um produto da necessidade de manter um olhar cuidadoso e atento a qualquer signo de desordem, a qualquer vestígio de problemas, de risco potencial ou de agressões fortuitas. Ela se anuncia como um resultado do aguçado senso de missão, como um tipo de resposta pragmática para os elementos de perigo, autoridade e eficácia que conformam a realidade de polícia (*cf.* Skolnick, 1994). A exigência moral de que os PMs da ordem pública procedam contra todos os prenúncios do que classificam como transgressões, desdobra-se na expectativa de que eles sejam capazes de ultrapassar o mundo das aparências, desvendando as artimanhas escondidas atrás dos mantos da pureza, da inocência e das "boas intenções". Nesse sentido, a disposição para a suspeita é, não só constantemente refinada pelas condições intrínsecas do trabalho policial nas ruas, mas também encorajada durante a formação e a capacitação das praças. O desenvolvimento de um "faro fino", isto é, de "instinto mais intuição e mais razão" para identificar pessoas que estiveram ou estão fazendo "coisas erradas" e, até mesmo, aquelas que, no futuro, poderiam se encontrar "fora do seu devido lugar" ou "desalinhadas", é parte integrante do preparo daqueles que têm a atribuição de garantir a "paz e a tranquilidade públicas". Invariavelmente, os manuais de polícia ofertam um guia para identificação de situações e pessoas suspeitas. No capítulo relativo às "Técnicas de Patrulhamento", o *Manual de Instrução Militar e seus Regulamentos*, que foi, durante um longo período, adotado pelo Centro de Formação e Aperfeiçoamento de Praças (CFAP) da PMERJ, exemplifica alguns "incidentes que justificam investigações" por envolverem "pessoas suspeitas".

Quadro 5 – Manual de Instrução Militar e seus Regulamentos – PMEG (1972)

XV – PESSOAS SUSPEITAS A. Incidentes que justificam investigações:
1. Um automóvel estacionado em um beco (nem sempre é ilegal), porém pode indicar que um roubo está sendo cometido ou alguém está à espreita de algo ou alguém. 2. Quadrilha de rapazes, 2, 3 ou 4 (ladrões de bolsas, arruaceiros). 3. Uma pessoa passando de um carro para outro (pequeno roubo ou roubo de automóvel). 4. Uma pessoa em pé, perto de uma registradora e o caixa está amedrontado. (Um assalto está se processando).

XV – PESSOAS SUSPEITAS
A. Incidentes que justificam investigações:

5. Uma pessoa caminhando para um lado e para o outro em frente a um posto de gasolina, mercearia, bar, agência telegráfica etc. (Fazendo observações para agir mais tarde).
6. A pessoa que fica nervosa ou amedrontada quando vê um policial.
7. Um veículo que está sendo dirigido sem licença (roubo, infração de trânsito).
8. Um veículo avariado (atropelamento e fuga).
9. Uma pessoa que se retarda em um local à noite ou à hora de fechar (assalto).
10. Uma pessoa andando apressadamente à noite (pode estar atrasada para o serviço ou pode ser um criminoso).
11. Cães latindo.
12. Desocupados rondando guichês de estrada de ferro, terminais de ônibus, caixas de bancos etc.
13. Pessoas usando roupas pesadas quando as condições climáticas não recomendam.
14. Pessoas usando sapatos macios, silenciosos, à noite.
15. Pessoas transportando embrulhos tarde da noite.
16. Pessoas com os bolsos da roupa muito cheios (ladrões de lojas).
17. Uma pessoa no banco dianteiro que passa para o banco traseiro de um veículo.
18. Um carro indo e vindo na mesma rua.
19. Uma pessoa usando óculos escuros à noite (maconheiro).
20. Uma pessoa que deseja manter uma conversação consigo (distraindo sua atenção enquanto um cúmplice está cometendo um crime por perto).
21. Uma pessoa pobremente vestida carregando uma mala bastante cara.
22. Desconhecimento de um veículo.
23. Homens rondando escolas, playgrounds, parques infantis etc. (Pervertidos sexuais).
24. Homens rondando toiletes públicos, piscinas etc. (Homossexuais).
25. Homens rondando à noite a entrada de agência de empregos femininos, hospitais, companhia telefônica. (Assaltos).
26. Jovens indo de casa em casa em áreas residenciais, agindo como se fossem vendedores. (Ladrões de casas)
27. Homens rondando bares a hora de fechar (assaltantes de bêbados).
28. Mendigos indo de porta em porta (roubam mais do que pedem).

Fonte: Polícia Militar do Estado da Guanabara (1972, p. 229-230)

É claro que essa lista de situações e de "elementos suspeitos" (categoria presente no atual sistema de classificação das ocorrências) encontra-se defasada e sequer tem sido integralmente adotada pela atual Polícia Militar do Estado do Rio de Janeiro. Contudo, ela serve para indicar as principais variáveis que concorrem para a construção pedagógica da suspeita no meio policial ostensivo. Dentre elas destacam-se: as necessidades operacionais do trabalho policial (prevenção, dissuasão e repressão do crime e da desordem); a demanda por resultados tangíveis; as visões comunitárias de ordem social e seus níveis de tolerância para com a alteridade; e, por fim, o *"modus operandi"* dos indivíduos "vigiados" e a percepção do perigo construídos à luz dos padrões culturais que conformam a moralidade ordinária ou convencional e suas formas de enquadramento e discriminação dos marcadores sociais da diferença como raça, gênero, orientação sexual, inscrição religiosa etc.

Do ponto de vista pragmático da cultura policial das ruas, suspeitar consiste em "uma atitude saudável" de todo policial. Isso significa que, na ordem prática, os PMs da *blue line* necessitam desenvolver mapas do mundo social, de modo que eles possam identificar, monitorar e se antecipar à conduta potencialmente criminosa e desordeira dos atores que circulam nos mais diferentes contextos da vida urbana. Os clássicos indicadores sociológicos, tais como sexo, idade, raça, origem social e nível de renda, assim como os comportamentos sociais e os estilos de vida, encontram-se a serviço de uma "sociologia policial" voltada para a elaboração funcional de tipos sociais, cuja aplicação considera os fatores contingentes circunscritos pelos horários e lugares onde os eventos sob vigília ocorrem. Especialmente talhados para agir diante da menor alteração que indique a possibilidade de crime e desordem, e idealmente a sociedade seria melhor "sem alterações", os PMs conferem à sua sociologia nativa pessimista sobre o mundo social uma dimensão extremamente finalística e instrumental. Os tipos e estereótipos dela resultantes orientam procedimentos e formas concretas de atuação no varejo das interações cotidianas com os cidadãos. Policia-se para tipificar, rotula-se para policiar.

Inescapável ao trabalho policial de controle coercitivo, a elaboração de estereótipos sobre indivíduos "suspeitos" tem sido, não sem fundamento, objeto de críticas sistemáticas por parte da comunidade científica e das representações das chamadas minorias sociais e políticas, em especial os categorizados como "pretos, pobres, periféricos (PPP)". Consiste em uma espécie de lugar comum acadêmico demonstrar que as categorias policiais acionadas para identificar atores em "atividade suspeita" ou com "comportamentos duvidosos e ameaçadores" refletem, em boa medida, as estruturas de poder e as desigualdades sociais existentes na sociedade mais ampla. Sob esse recorte, os mecanismos cognitivos da suspeição policial trariam uma motivação implícita voltada para a discriminação daqueles atores que não se encontram bem posicionados no mercado da cidadania ou dele se encontra excluído. Segue que aqueles que se situam na "periferia" da vida social ou que se encontram inscritos ora na fronteira da informalidade, ora no limiar da clandestinidade, tendem a ser elevados à condição de alvos principais da vigilância policial. Assim, muito próximo do que ocorria nos primórdios das organizações policiais, a contabilidade da vigilância do espaço público ainda dedica uma atenção especial às "classes de risco", que incluem, evidentemente, os pobres, os jovens negros, os excêntricos e as minorias sexuais.

Na ordem dos eventos, a pedagogia da suspeita tem-se apresentado como uma questão de difícil equacionamento, principalmente porque o campo da suspeição é, por sua própria natureza e pela realidade à qual se aplica, a ordem pública, passível de ser contagiada pelos juízos de valor que habitam o senso comum, mostrando-se vulnerável às diversas expectativas morais dirigidas às atividades de policiamento por cada grupo social que conforma uma sociedade complexa e de larga escala. Os estereótipos dos supostos "perturbadores" da "paz e tranquilidade públicas" são, na economia prática policial, facilmente convertidos em profecias que se autocumprem na fabricação dos "elementos suspeitos". As pessoas que apresentam os signos que informam esses clichês, rotuladas como "freios de camburão", tendem a ser frequentemente questionadas e detidas para averiguação, o que certamente conduz à ampliação e ao reforço dos comportamentos sociais classificados como "desviantes" que validam práticas policiais corretivas como humilhações, xingamentos e agressões físicas para "aprender a ser gente".[120] Não muito diferente do que anuncia a célebre frase pronunciada no filme *Casablanca*, os policiais, enredados nesse círculo vicioso, estariam sempre propícios a "prender os suspeitos de sempre".

---

[120] A produção acadêmica relativa à construção social de identidades desviantes é extremamente rica e ocupa um papel reflexivo importante nos estudos de antropologia e sociologia urbanas. Ver Goffman (1978), Becker (1977) e Velho (1981).

Mas se a estereotipia constitui uma inevitável ferramenta derivada do caráter endêmico da suspeita no trabalho policial – sobretudo quando o campo de atuação da polícia ostensiva é a ordem pública em seu sentido extenso –, a questão crucial não é, portanto, a sua existência. Isso porque algum sistema de tipificação dos comportamentos e atitudes sociais será inevitavelmente concebido e acionado pela sociologia policial de controle das ruas. Parece-me, então, que o problema fundamental é se esse sistema está baseado na realidade dos eventos conflituosos, desordeiros e delituosos, ou se ele tão somente reproduz, em uma ordem sensível e instrumental, categorias discriminatórias e entendimentos amadores das técnicas de abordagem policial, decerto muito pouco úteis às necessidades operacionais da polícia, no que concerne às tarefas legais e legítimas de prevenção, dissuasão e repressão.[121] Uma vez constatada a última opção, percebe-se o quanto os estereótipos policiais, informados apenas por juízos de valor, podem ser não apenas injustos e violentos com uma parcela expressiva de cidadãos, mas também contraprodutivos para os próprios propósitos de uma polícia ostensiva, cuja missão constitucional é "preservar a ordem pública" democrática com eficiência, eficácia e efetividade.

Há, ainda, um outro aspecto decisivo para o entendimento da pedagogia da suspeita no meio policial. Para melhor contextualizá-la, é preciso considerar a alta dose de acaso e incerteza inerente à realidade do trabalho de polícia, particularmente na sua versão ostensiva. A dimensão volátil e descontínua dos eventos sobre os quais a PM atua tanto restringe a possibilidade de uma precisão cartesiana das decisões e ações policiais (já que não se pode antecipar, com elevado grau de certeza, se será ou não necessário usar o recurso efetivo da força e o seu nível adequado de emprego), quanto modula as percepções dirigidas e difusas do perigo associadas à realidade da prática policial. Na realização rotineira do seu trabalho, todo PM de ponta experimenta situações – inclusive nas ocorrências "não criminais" – que ameaçam se tornar arriscadas para todos que estão envolvidos. O cálculo ordinário do risco potencial ou efetivo em

---

[121] Hoje, dispomos de uma rica produção científica internacional sobre o universo da abordagem policial que considera, por exemplo, os processos discricionários de tomada de decisão e de emprego da força comedida. Contudo, este é um campo reflexivo que continua a estimular os estudiosos de polícia, sobretudo porque boa parte dos estudos produzidos dirigiu sua atenção para os grupamentos policiais especializados e as forças-tarefa, deixando em segundo plano a realidade do policiamento ostensivo cotidiano que mobiliza a maior parte dos recursos policiais. Para uma discussão sobre o tema, ver Fyfe e Greene (1996), Fyfe (1982) e Swanson (1998). Um dos modelos de uso de força empregados pelas polícias, em particular pela PMERJ, foi desenvolvido pela Illinois University em parceria com o Federal Law Enforcement Training Center. Este modelo é estruturado a partir do uso da força progressivo e proporcional ao nível de resistência apresentado pelo oponente.

cada ocorrência "assumida" e a preocupação em administrá-lo fazem parte do dia a dia do policial da ordem pública, que, em parte por conta disso, ocupa-se de educar a sua sensibilidade para a suspeita. Nesse processo pedagógico, não é preciso ter passado por uma situação efetivamente perigosa para construir o olhar suspeitoso. Isso porque o que está em jogo na subjetividade policial são, antes, as expectativas do perigo e a apreensão do teor de sua ameaça que são antes simbólicas do que concretas.

Robert Reiner (1992) chama a atenção para a especificidade do elemento de perigo na realidade policial. Para o criminólogo inglês, o perigo no meio policial não está suficientemente representado pelas estimativas estatísticas do risco de lesões físicas e fatais. Salienta que, enquanto outros profissionais como os mineiros e os técnicos que convivem com elementos tóxicos, podem se encontrar expostos a níveis elevados de risco de vida, os policiais são os únicos profissionais dos quais é exigido o convívio constante com situações cujos riscos vinculam-se ao seu encontro com outras pessoas. Se em boa parte das profissões consideradas arriscadas, as possibilidades de acidente de trabalho resultam, principalmente, das falhas técnicas e dos azares ambientais, no caso da polícia, os riscos derivam, por excelência, das interações com os cidadãos delinquentes ou não, as quais inevitavelmente apresentam uma significativa margem de imprevisibilidade. O fato de que a oportunidade do risco nas atividades ostensivas de polícia resulte de encontros circunstanciais, faz com que os policiais alimentem uma percepção ampliada da ameaça que pode, por exemplo, se fazer presente quando ele dobra uma esquina, atrás de uma porta entreaberta, no comportamento de uma inocente criança que brinca com uma arma de fogo, na pele de uma distinta senhora mentalmente transtornada, ou simplesmente na expectativa de que alguma coisa está fugindo ao seu vigilante controle.

Essa percepção do perigo e de sua ameaça está, acrescenta Skolnick (1994), diretamente associada à natureza do trabalho policial que compele os seus profissionais a permanecer constantemente ocupados com a violência potencial. Segundo o sociólogo americano, esse tipo de imperativo propicia o desenvolvimento de uma sensibilidade taquigráfica para identificar certos tipos de pessoas como "agressores simbólicos", isto é, como atores cujos gestual, linguagem, atitudes etc. são, do ponto de vista do imaginário policial, identificados *a priori* como um prelúdio ou um ensaio para a violência. Estes agressores simbólicos são no Rio de Janeiro, os PPP que incluem os próprios PMs cuja origem é pobre e periférica e parte expressiva deles é negra (preta e parda). A pedagogia da suspeição generalizada não só tende a fabricar indefinidamente suspeitos, como também permite suspeitar de quem suspeita, e este é o seu rendimento político e policial.

Ressalte-se que a gramática da ameaça exponencia as potencialidades do perigo intrínseco às atividades policiais, sobretudo porque também multiplica o leque dos atores sociais que, pela sua própria existência singular no cenário urbano, supostamente atentariam contra a "boa ordem pública". Nesse tipo de sintaxe, não é necessário que o indivíduo, percebido como um "agressor simbólico", tenha efetivamente cometido um crime ou feito uso de recursos violentos, incivilizados e desordeiros. É suficiente que ele apenas contrarie o desesperado amor pelo convencional que tanto comove a cultura policial das ruas. O desordeiro, o desalinhado, o comportamento pouco usual apresentam-se como manifestações ameaçadoras à regularidade ambicionada para a vida em comum. Parece ser um traço transcultural, o profundo desgosto que os policiais de ponta sentem pelas pessoas que matam o tempo nas ruas, que se vestem de forma extravagante, que falam com acentos exóticos e uso abusivo de gírias, que se comportam de forma expansiva, que apresentam um estilo incomum etc. (*cf.* Skolnick, 1994; Graef, 1989; Chan, 1997; Reiner, 1992). Dependendo da maior ou menor onda de legalismo moral e populismo penal – quase sempre motivada pelas pressões políticas por resultados policiais tangíveis e pelos períodos de agravamento coletivo do temor –, as percepções sobre o perigo e as suas manifestações, em termos de realidades sociais "ameaçadoras", tendem a ser ainda mais exacerbadas, não só ampliando cada vez mais o espectro de comportamentos e atitudes interpretadas como "suspeitas", como também reiterando demandas populares e autoritárias por ordem (*cf.* Soares *et al.*, 1996).

A esta altura, vê-se como a experimentação do perigo e da suspeita que ele ajuda a alimentar produz consequências ambíguas na cultura policial de rua. Soma-se a essa ambiguidade, a íntima conexão entre o elemento de perigo e o exercício territorializado da autoridade policial. De forma apropriada, Skolnick (1994) argumenta que, uma vez que o policial representa, invariavelmente, a autoridade respaldada pelo uso da força legal e legítima, ele está motivado a perceber e a enfrentar aqueles que, de algum modo, são percebidos como atores que ameaçam essa mesma autoridade e seus significados em cada território policiado, da favela ao asfalto.

Diferentemente de outras organizações policiais ocidentais, a famosa Polícia Britânica tem procurado controlar os efeitos indesejáveis da interdependência entre perigo e autoridade, minimizando a importância conferida ao uso da força através da transformação do *Police Officer* em um símbolo de uma lei impessoal e universalmente aceita pelos ingleses. Todavia, apesar da pertinência desse esforço, cabe ponderar que essa propositada representação do agente da lei costuma, na ordem prática das interações entre policiais e cidadãos, ser objeto de questionamento, principalmente quando a sua autoridade tem que ser exercida sobre alguém.[122] Nota-se que, mesmo nessa perspectiva, o exercício discricionário consentido à autoridade policial permanece como uma complexa questão a desafiar os estudiosos e os executivos de polícia. As decisões policiais negociadas a cada ocorrência (ainda que adequadas, legítimas e legais) encontram-se sujeitas a leituras valorativas ambivalentes, sobretudo para aqueles que não se sentiram devidamente contemplados por elas. A baixa visibilidade desses processos parece contribuir para a percepção generalizada de que a autoridade policial, uma ferramenta coercitiva de controle social, traria consigo o vício natural do "autoritarismo", que a tornaria inevitavelmente "injusta" e "insensível" com uma parte de sua clientela.

A contrapartida de um mundo subjetivo estruturado pela suspeita generalizada, pela iminência constante do perigo e por uma expectativa ampliada da ameaça social é a elaboração de uma economia afetiva da decepção que, ao longo da carreira policial, vai cristalizando uma visão desencantadora e desapaixonada da vida urbana contemporânea, diversa, plural, heterogênea radicalmente distinta do dever ser jurídico-policial normativo. Os PMs da ponta da linha, no empenho cotidiano de preservar uma ordem pública complexa, fragmentada e multicultural, percebem-se em uma espécie de "estado de natureza" social, cujo caminho, apesar dos seus esforços para sustentar a *thin blue line* que afirma fronteiras, coloca cercas e separa o bem do mal, apontaria para o caos entre os homens e a desagregação crescente dos vínculos sociais. Este tipo de sociologia nativa desapontada com os "rumos da vida em sociedade", na prática reforçada pela descontinuidade e pela crueza dos eventos experimentados no dia a dia, parece orientar-se pela imagem de que, em um passado não muito distante, teria existido um "paraíso social" ou um mítico "estado de sociedade", estágio de um utópico eldorado policial, no qual não ocorriam

---

[122] Para uma apreciação das políticas de policiamento no mundo inglês, ver McLaughlin e Muncie (1996) e Morgan e Newburn (1997).

crimes, assimetrias, conflitos e interesses divergentes.[123] Trata-se, pois, de uma visão romântica de *communitas* onde não havia a necessidade de arranjos institucionais de controle e vigilância como as polícias, porque a humanidade, inocente, desconhecendo o poderio da consciência e da vontade, ainda não havia se deixado sangrar pela invenção da política que negocia e pactua interesses diversos.

Nessa fantasia sociológica, as ondas de insegurança coletiva e as demandas crescentes por "mais polícia nas ruas" aparecem como uma espécie de confirmação dramática de um prognóstico que anuncia a realização do pior dos mundos sociais possíveis. Um tipo de mundo destituído da "inocência original" da alma humana e corrompido pelo egoísmo, pelo oportunismo e pela mentira que o mundo policial de rua credita negativamente a arte do fazer da política. Aqui, a idealização da "barbárie social" está projetada em um futuro que, no momento presente, já daria uma amostra de sua força moral corrosiva: uma vez que "polícia muito perto é sujeira", todos se veriam motivados a "mentir para a polícia", inclusive o "cidadão de bem", que, intencionalmente, só contaria "meias-verdades" para o policial.

A sociologia policial do desapontamento mostra-se, portanto, muito pouco confiante na suposta natureza humana. O seu vaticínio sobre o que os homens e as mulheres fazem com o seu livre-arbítrio não é nem um pouco animador. Desse ponto de vista desgostoso e desesperançado, bastaria uma simples oportunidade para o cometimento do crime, da desordem e da violência. Conforme relatam os policiais, "a polícia atua na oportunidade e não na vontade dos homens". Tudo se passa como se houvesse uma predisposição emocional dos indivíduos para praticarem toda sorte de erros e desatinos. O sentimento de que "a ocasião faz o ladrão" projeta os "cavaleiros da ordem pública" na dolorosa situação existencial de se perceberem sozinhos na cruzada de resgatar o "paraíso social", a "harmonia da sociedade", a "autoridade do pai e o respeito

---

[123] Segundo depoimentos de vários policiais militares, tem crescido, nos últimos anos, o número de PMs que se converteram às mais distintas denominações evangélicas, sobretudo entre as praças. Este tem sido um fenômeno comum em várias polícias militares. Em algumas PMs que visitei, conheci grupos de policiais "convertidos" que se autodenominavam "PMs de Cristo". Muitos são os elementos de natureza biográfica que desencadeiam o processo de conversão. Dentre eles destaco as decepções sofridas e as dolorosas experiências de se encontrar "entre a vida e a morte", situações tão comuns no mundo policial. Talvez a realização de pesquisas sobre a religiosidade no meio policial possa confirmar a suspeita de que exista uma afinidade entre a desencantada sociologia policial e a forma pela qual os conversos reportam-se ao seu "novo nascimento". Refiro-me aqui a um tipo de narrativa corrente que informa que os verdadeiros convertidos "estão no mundo, mas não pertencem ao mundo".

com a mãe" há muito tempo esquecidos pelos indivíduos que compõem a vida urbana contemporânea. Nas ruas, isso se traduz na percepção de que eles estão sempre "em desvantagem", não importando a natureza e as circunstâncias que configuram cada ocorrência "assumida". Sob essa ótica, os PMs entrariam em cena "derrotados pela hipocrisia e pelo oportunismo da sociedade", cabendo a eles "correr atrás do prejuízo", buscando o resultado menos pior, protegendo a sociedade dela mesma.

Somam-se ao sentimento de frustração que os PMs de ponta nutrem em relação à invisibilidade institucional e pública a que está confinada a maior parte das atividades ostensivas convencionais, a sofrida e preocupante percepção de que nem mesmo a justiça criminal parece ser capaz de "fazer justiça" ao seu árduo e arriscado trabalho de "dar jeito nesta sociedade que está aí". A máxima "a polícia prende e a justiça solta", além de animar os seriados de TV, visita os diversos meios policiais brasileiros e internacionais (*cf.* Graef, 1989; Skolnick, 1994; Kleinig, 1997). Ela põe em evidência um dilema concreto experimentado pelos policiais e que se traduz na necessária descontinuidade entre a "culpa factual", construída a partir do saber policial de rua e das interações cotidianas com atores suspeitos e criminosos, e a "culpa legal", formada a partir da validação jurídica dos elementos e provas de culpabilidade encaminhados ou não pela polícia. Esta é uma tensão indispensável nos Estados democráticos que se ocupam de dissociar o mundo racional-legal da justiça das práticas apaixonadas e ilegais de justiçamento, ainda que legitimadas por categorias sociais que afirmam seu *status quo* pelo exercício excludente e discriminatório de suas próprias razões. Entretanto, administrar essa tensão no cotidiano de polícia consiste em uma tarefa emocionalmente desgastante. A temporalidade da ação ostensiva orientada pelo agora-já das pessoas e dos acontecimentos que, em sua maioria, configuram eventos dramáticos, contrasta radicalmente com a temporalidade do mundo jurídico que não se encontra subordinado às pressões produzidas pela ocorrência de incidentes criminosos e violentos. Em outras palavras, o tempo jurídico penal *concebido pós fato* não é contíguo ao tempo policial que, *constituído em ato*, está constrangido a perseguir e a se antecipar à emergência dos eventos criminais, conflituosos e desordeiros com soluções coercitivas sempre provisórias para frustrar esses mesmos eventos. Todo PM aprendeu dolorosamente que dobrar vontades na esquina, produzindo alguma obediência pontual, não corresponde a mudar consciências. Todo PM logo descobre, ao "tirar polícia", que suas soluções são, por natureza, provisórias, uma vez que não mudam as vontades dos indivíduos e somente alteram as oportunidades da execução destas vontades. Diante da missão impossível de "corrigir esta sociedade que não quer ser salva" resta aos Janos missionários das moralidades das ruas, becos e esquinas do Rio ofertar algum corretivo aqui e acolá para "manter a autoridade", ou melhor, um certo sentido viril e punitivo de autoridade e, com isso, a tal "moral de homem".

Os policiais encontram-se mais próximos da "realidade" dos nossos comportamentos torpes e degradantes e, paradoxalmente, muito distantes da sua "verdade jurídica", isto é, daquela "realidade" que legalmente conta para o sistema criminal. Os PMs de ponta sabem que os "vagabundos e malandros", assim tipificados, que praticam delitos em sua área de policiamento e que, por sua vez, não "assinaram na justiça" os seus crimes, voltam para as ruas para "ameaçar o cidadão ordeiro e se vingar do policial" que o prendeu. Sabem ainda que os cidadãos "acuados pela audácia dos bandidos só cobram [soluções] da polícia" e não da justiça. Do ponto de vista policial, tudo isso se traduz na desiludida sensação de que os operadores do judiciário, protegidos em suas torres de marfim dos horrores e perigos das ruas, vividos pelos policiais e cidadãos comuns, conspiram contra os méritos da polícia, dificultando, sempre que possível, o trabalho policial. Nessa perspectiva ressentida e desencantada, os PMs fariam "o trabalho pesado" tão somente para enaltecer juízes, promotores, defensores e advogados que, apesar de "bem vistos pela sociedade", jamais teriam arriscado suas vidas "em nome da lei".[124]

Um dos artifícios que servem de consolação à suposta experimentação solitária da defesa da sociedade contra si mesma, o crime e a desordem é a crença no caráter indispensável e missionário da polícia na vida dos cidadãos. A despeito do fato de que a polícia pode também vir a produzir a desordem e o temor, a visão de que o mundo social seria ainda pior sem o seu abnegado trabalho é central para a cultura dos PMs das ruas. Não muito distante dos *cops* americanos e dos *bobbies* ingleses, os PMs cariocas aprenderam a se pensar como a *thin blue line*, isto é, como a única linha de defesa da sociedade contra os criminosos e outros malfeitores. Decerto, nossos soldados, cabos e sargentos PMs necessitam, emocionalmente,

---

[124] No artigo "O problema da polícia", Antonio Luiz Paixão chama a atenção para as "suspeitas coletivas" e o "baixo prestígio atribuído quase universalmente à profissão policial", vista como um serviço "sujo", em contraste com a "pureza" que o Judiciário reivindica para seu trabalho de "aplicação imparcial e desinteressada da lei por meio do ritual do procedimento". Ver Paixão (1995, p. 11).

seguir, ao menos em parte, acreditando que, mesmo desprovidos do reconhecimento social, eles desempenham um papel essencial na salvaguarda de uma vida em comum pacífica e ordeira. A extinção de sua presença é vista, portanto, como produzindo consequências por demais desastrosas para ser efetivamente tentada na prática. A profecia é bastante explícita: em um mundo sem polícia, assistiríamos indefesos e apáticos ao domínio absoluto da barbárie, à proliferação da anarquia e à consolidação definitiva do caos. Isso deixa no horizonte a problemática leitura para a vida democrática do exercício do mandato policial como o mais verdadeiro e autêntico exercício de governo, um governo policial que se colocaria aquém e além dos governantes legitimamente eleitos que acontecem de serem os comandantes em chefe dos meios de força no Brasil. Isso abre a oportunidade para constituição da polícia como uma autarquia sem tutela, um governo autônomo na contramão da estabilidade, previsibilidade, transparência e controle do exercício de poder em democracias.

É evidente que há nisso um fundo de constatação sociológica. No caso brasileiro, basta chamar à memória as cenas reais de temor coletivo resultantes da greve das PMs, ocorrida em várias capitais, no ano de 1997. A suspensão temporária da presença ostensiva nas ruas e mesmo da sua expectativa propiciou o ambiente necessário não apenas para a organização de grupos privados de vigilância e de autoproteção com protagonismo de agentes da lei, como também a oportunidade para ações coletivas predatórias como saques e invasões a residências e estabelecimentos comerciais. Contudo, o que importa enfatizar aqui é a forma pela qual o pessimismo sociológico é experimentado no cotidiano dos policiais militares com os quais convivi.

Conforme já mencionei, a dura pele de amargura desenvolvida pelos PMs ao longo de sua trajetória nas ruas contribui para a cristalização de uma visão apocalíptica da evolução do mundo social contemporâneo. Na condição de uma "minoria" consciente de seu solitário papel e cercada por todos os lados pelas forças crescentes da suposta decadência humana, os policiais da ponta da linha anunciam, na contramão das tendências da vida política democrática, a convicção de que seria necessário e oportuno ampliar a sua autoridade e, por conseguinte, o seu "poder de polícia" já amplo e desregrado no Brasil e que corresponde a uma espécie de pode tudo do Estado contra a cidadania.[125] Tudo isso, é claro, para fazer

---

[125] Para uma reflexão crítica acerca da retórica policial sobre a necessidade de ampliação do "poder de polícia" em outras polícias, ver Rico e Salas (1992), Bayley (1994) e Morgan e Newburn (1997).

frente às graves ameaças à paz e à tranquilidade públicas. As justificativas morais para esta "imperiosa necessidade" encontram seu fundamento em um tipo de sociologia de senso comum que define e explica a complexa realidade social unicamente através dos seus vínculos primários. Nesse tipo de visão funcional e mecânica das interações sociais, a própria existência de outras formas de sociabilidade e agregação social, além das clássicas instituições familiares, educacionais e religiosas, se apresentaria como uma demonstração cabal das disfunções sociais, ou melhor, como uma espécie de "sintoma do adoecimento do organismo social". Desse ponto de vista, as dinâmicas contemporâneas de produção identitária, as experimentações transversais das temporalidades sociais, os processos multiculturais de territorialização e desterritorialização comuns à vida metropolitana, a proliferação de comunidades sem unidade fixa de lugar, como, por exemplo, as diversas redes formadas por internautas, não seriam outra coisa que uma prova infeliz da crescente deterioração dos pilares sociais responsáveis pela construção da civilidade. Tudo se passa como se os policiais da ordem pública tentassem "enquadrar" a vida urbana atual através das velhas lentes sociológicas de controle social da metade do século passado, já refutadas e colocadas em desuso pelas ciências sociais como a perspectiva lombrosiana que segue fazendo sucesso nas academias de polícia.

Nesse universo policial em desencanto seriam muitos os estímulos contrários à moral pública e aos bons costumes. Seriam inúmeras as "más influências" que invadem os lares, comprometem os locais de trabalho e contaminam os espaços de lazer. Com veemência, sua retórica fatalista adverte sobre "os desserviços prestados pela mídia", uma poderosa ferramenta "de alienação da juventude", de "desagregação dos laços sociais" e de "destruição das famílias brasileiras" com a sua propagação de "novos costumes" e divulgação do que vem de fora, do estrangeiro e, portanto, estranho a nossa ordem moral das coisas. Note-se que, quando instados a falar sobre o problema da criminalidade e da violência urbana, os PMs da *blue line* carioca acionam um tipo de sequência argumentativa que começa com a ruptura da primazia das estruturas familiares e educacionais no processo de socialização e termina com uma crítica ao excesso de liberdade concedido aos meios de comunicação.

A demonização dos meios de comunicação de massa, particularmente a televisão, tem sido uma moeda corrente nas queixosas narrativas policiais. Segundo esses discursos, as TVs "ficam passando muita violência", estariam diariamente divulgando os maus hábitos, elogiando os péssimos exemplos de comportamento e, por conta disso, promovendo não só a "banalização da violência" como também uma "destrutiva inversão dos valores da sociedade".

> *Daqui a pouco eu vou completar 27 anos de polícia tirada. Nesse tempo todo eu nunca presenciei cenas de violência iguais aquelas que os meus filhos veem nos filmes passados na televisão. Outro dia eu cheguei em casa e eles estavam assistindo um filme de ação que o mocinho grandalhão atirava para todos os lados, matando todo mundo de uma vez só. Eu tento explicar, ensinar as coisas para eles. Mas eu sinto que não adianta muito. Eles acham esses enlatados americanos uma curtição. Para eles o careta sou eu* (Sargento PM com 27 anos de serviços prestados à PMERJ).

O poder sedutor das TVs é de tal maneira superestimado na sociologia policial e de sua solidão cívica que nem mesmo os centuriões da ordem pública conseguem sair completamente ilesos das infinitas provocações. De acordo com os próprios PMs, tem sido crescente o número de casos de separação conjugal, alcoolismo e distúrbios mentais dentro da sua corporação.[126] Muitos deles identificam a raiz do problema tanto na natureza do trabalho policial que "adoece o ser humano" quanto na capacidade que a mídia teria de "fazer a cabeça das pessoas para as coisas ruins".[127] O diagnóstico saído da cultura policial das ruas é bem claro e direto: os avanços e a "liberdade excessiva" propiciados pela vida moderna possuem uma importante parcela de responsabilidade na fabricação da "desarmonia social", cada vez mais agravada pelo fato do poder de polícia não ter sido ampliado na proporção do aumento da "liberação da moral e dos costumes". Resulta dessa visão de mundo desesperançosa e, em boa medida, conservadora uma certa nostalgia em relação a um período em que, supostamente, a "polícia era mais respeitada pelo cidadão de bem e temida pelos marginais da lei". Circulam entre os policiais de ponta inúmeras estórias de uma época na qual o policial teria desfrutado de "melhores condições para trabalhar". A idade de ouro policial corres-

---

[126] Segundo os dados do Hospital Central da Polícia Militar relativos ao ano de 1997, 16,9% dos Atestados de Incapacidade Física Parcial (IFP) e 5,6% das Licenças para Tratamento de Saúde (LTS) foram emitidos pela Clínica de Psiquiatria.

[127] Níveis elevados de divórcios, de alcoolismo e de suicídio têm sido, de longa data, uma fonte de grande preocupação em diversas organizações policiais. O estudo sistemático da incidência e da gravidade destes problemas no meio policial contribuiu para que vários departamentos americanos de polícia alterassem a sua política de recursos humanos e de assistência social, introduzindo programas preventivos voltados para a redução do estresse e para a melhoria da qualidade e segurança no trabalho. Ver Bittner (1975).

ponderia, portanto, a um tempo em que os cidadãos, ainda pacatos, não tinham acesso irrestrito aos malefícios produzidos pela televisão e as organizações policiais possuíam um grau maior de autonomia para detê-los e revistá-los sem a "amolação dessa gente de ONG e do povo do direito humano".

Mas a saudade de um período idílico em que "até os criminosos tratavam o PM com consideração" – e que certamente a maioria da jovem tropa policial sequer experimentou – não só põe em evidência o apego extremado da cultura policial de rua a tudo aquilo que se associa ao convencional e ao permanente, como também anuncia a frustração quanto ao exercício do trabalho ostensivo no presente. A desencantadora percepção de que apenas a polícia parece se preocupar em restaurar o maravilhoso mundo social de Alice, é alimentada pela própria complexidade do cotidiano ostensivo de polícia, assim como por toda sorte de dificuldades estruturais, incluindo aí os históricos baixos salários da PMERJ.[128]

Esses sentimentos de decepção vividos de forma mais aguda pelo mundo das praças encontram solo fértil nos expedientes de ascensão e valorização profissionais da carreira policial militar. O sistema de dupla entrada da PMERJ prevê o ingresso na organização policial militar pelo quadro de oficiais ou pelo quadro de praças. Para os candidatos que iniciam a sua carreira policial como Oficial PM, está aberta a oportunidade para galgar os postos mais elevados da corporação, que se traduzem nas prestigiadas posições superiores de comando e planejamento quase sempre distantes do trabalho nas ruas. O mesmo não ocorre com aqueles policiais que "vêm de baixo" da pirâmide hierárquica da PM e das realidades sociais precarizadas. Conforme evidencia o quadro a seguir, ao final dos seus 30 anos de serviços prestados, os soldados da PMERJ podem chegar, caso consigam encurtar os interstícios da carreira, no máximo à patente intermediária de capitão.

---

[128] A baixa remuneração da tropa policial parece ter sido um problema recorrente nas organizações policiais brasileiras, desde a sua infância. Ver Holloway (1997).

Quadro 6 – Critérios de Promoção para Oficiais (1975) e Praças (1997)

Posto	Tempo por patente	Qualificações Serviços Prestados	Requisitos
PRAÇAS[129]			
Soldado a Cabo	8 anos	8 anos	• Comportamento disciplinar classificado, no mínimo, como "bom".
Cabo a 3.º Sargento	7 anos	15 anos	• Comportamento disciplinar classificado, no mínimo, como "bom". • Curso.
3.º Sargento a 2.º Sargento 2.º Sargento a 1.º Sargento 1.º Sargento a Subtenente Subtenente a 2.º Tenente	5 anos 5 anos 5 anos 5 anos	20 anos 25 anos 30 anos 35 anos	• Comportamento disciplinar classificado como "excepcional". • Curso.
OFICIAIS[130]			
Asp. Oficial a 2.º Tenente 2.º Tenente a 1.º Tenente 1.º Tenente a Capitão Capitão a Major Major a Tenente-Coronel	6 meses 2 anos 3 anos 4 anos 3 anos	6 meses 2 anos 5 anos 9 anos 12 anos	• Comportamento disciplinar classificado como "excepcional". • Curso.
Tenente-Coronel a Coronel	3 anos	15 anos	• Merecimento. • Curso.

Uma vez tendo cumprido o interstício mínimo em seu posto e atendido às exigências de qualificação para a patente pretendida, o policial ingressa no <u>Quadro de Promoções</u> que se pauta pelos seguintes critérios:
- **Antiguidade** – precedência hierárquica de um graduado sobre os demais de igual graduação.
- **Merecimento** – conjunto de qualidades e atribuições que distinguem o graduado dentre seus pares.
- **Bravura** – atos não comuns, de coragem e audácia, que ultrapassando o os limites normais do cumprimento do dever, representam feitos indispensáveis ou úteis às operações militares, pelos resultados alcançados ou pelo exemplo positivo deles emanados.
- **Promoção "Post-mortem"** – reconhecimento do Estado ao graduado falecido no cumprimento do dever ou em conseqüência disto.

Fonte: Decretos n.ºs 216/1975, 22.169/1996, 23.673/1997

---

[129] O Regulamento de Promoção de Praças (RRP), aprovado em 28 de novembro de 1984, foi atualizado pelos Decretos n.º 22.169, de maio de 1996, e n.º 23.673, de novembro de 1997.

[130] O Decreto n.º 216, aprovado em 18 de julho de 1975, estabelece os critérios de Promoções de Oficiais ainda adotados pela corporação.

A lição que fica para os já decepcionados e pessimistas PMs é de que quanto mais próximos eles se encontram das tarefas efetivamente policiais, menores são o prestígio e o status conferidos pela organização. Isso significa que a expectativa de melhoria de posição e rendimento pressupõe a mudança de patente e o afastamento gradativo das atividades concretas de policiamento.[131]

Esse tem sido um problema enfrentado por todas as instituições policiais, brasileiras e internacionais, que adotaram o modelo militar ou quase militar de organização, incluindo neste universo aquelas polícias que possuem um *rank* hierárquico mais enxuto e cuja concepção de carreira pressupõe o ingresso único ou um estágio obrigatório pelas atividades de rua.[132] A questão de fundo é que a arquitetura organizacional militar mascara, em boa medida, o fato de que as polícias são (por exemplo, como o magistério e a medicina) organizações "profissionais" inscritas no universo da prestação de serviços (*cf.* Azevedo, 1998). Seus integrantes figuram como *experts* que desfrutam de um alto poder decisório no desempenho de suas atribuições. Por conta disso, eles não precisariam abandonar suas atividades na linha da obrigação para ascender profissionalmente e alcançar níveis superiores de remuneração. Cabe salientar que uma das características fundamentais das organizações classificadas como "profissionais" é, precisamente, a real valorização dos quadros que estão na linha de frente e que, por isso mesmo, desfrutam de um elevado grau de discricionariedade ou de liberdade decisória que impactam de forma direta a vida da população que demanda os seus serviços.

No caso específico das PMs, apesar do "poder de polícia" ser concreto e amplo na base da pirâmide militar, isto é, no mundo das praças ou entre os executivos de quarteirão, sua concessão não é coerente com os expedientes militares de reconhecimento profissional que operam dentro das corporações. Resulta daí, uma espécie de hiato entre o oficialato e as praças que só contribui para reforçar os velados conflitos internos e as desilusões relativas às expectativas de sobrevivência e de futuro dentro da corporação daqueles que estão lotados nas atividades de policiamento.

Nesse tipo de cenário, os efeitos do desapontamento são inevitáveis ao longo da trajetória policial de ponta. As decepções experimentadas den-

---

[131] Em uma entrevista concedida à revista *Veja*, em 3 de março de 1999, o Coronel José Vicente da Silva Filho, da PMESP chama a atenção para o fato de que "aprende-se logo, nas PMs que, quanto mais longe do policiamento, melhor para a carreira".

[132] Para uma apreciação das estruturas organizacionais de diversas polícias, ver Bayley (1994).

tro e fora dos quartéis vão, aos poucos, minando o forte senso de missão que pontuou o ingresso e a permanência na carreira policial. Isso também favorece e reforça uma abordagem instrumental de tirar vantagens do poder de polícia para fins pessoais e negócios particulares no lusco fusco da (i)legalidade. De uma forma mais dramática, cresce também o já comentado "cinismo policial", expresso, por exemplo, nas elaboradas encenações de presteza no cumprimento de uma tarefa extrapolicial, que quase sempre mascaram o real desinteresse pelo que acontece nas ruas. De um modo geral, os PMs mais antigos e experientes, em boa parte desiludidos com a sua dura opção de vida, tendem a economizar a confecção de alternativas proativas e criativas de intervenção, restringindo-se a realizar o que eles próprios definem como "só cumprir as ordens do oficial superior" ou tão somente "fazer o arroz com feijão". A sensação de que "se deu mais à corporação do que recebeu" motiva esses PMs a se ocuparem principalmente da contagem regressiva para a reserva e a reforma, enfim, a aposentadoria. Em boa medida, a contabilidade do tempo de polícia "tirada" leva os profissionais de rua mais vividos a competir pelos "serviços mais leves", tais como ser motorista de algum oficial ou autoridade e demais rotinas administrativas alheias à realidade efetiva de polícia ou ainda conseguir um "desvio de função para servir em outra repartição pública" atuando como "babá de autoridade" ou fazendo "serviços internos" com alguma comissão.

4

"UM SUJEITO HOMEM": ORGULHO, PRECONCEITO E RELATIVIZAÇÃO

> *Esse negócio de homossexual vai até contra a natureza. Mas até aí tudo bem. O que não dá para aceitar é o comportamento deles [os travestis]. É só o policial chegar na ocorrência que eles começam a tumultuar a situação, eles começam fazer escândalo. Eles ficam gritando que o PM vai bater e tirar as coisas deles. Eles criam confusão com eles mesmos. Eles gostam é de provocar. Eles querem mesmo é complicar o lado deles com a polícia.*
>
> (Soldado PM com 6 anos de serviços prestados à PMERJ)

> *Eu sou de origem humilde, mas eu tive berço porque a minha família me deu educação. Eu tive uma família para me dar uma orientação. Mas você pode observar que na minha raça (negra) tem muito mais gente que não presta, que não tem jeito mesmo porque tem um sangue ruim. Eu que tenho que correr atrás de marginal, vejo isso. Tem sempre mais bandido crioulo do que bandido branco.*
>
> (Soldado PM com 7 anos de serviços prestados à PMERJ)

> *Quando eu entrei para PM não tinha concurso para mulher. Eu não sou contra mulher na polícia. Tem muita mulher polícia que é mais "responsa" do que muito homem. Mas o serviço de rua é muito puxado e perigoso. É coisa para sujeito homem mesmo.*
>
> (Sargento PM com 21 anos de serviços prestados à PMERJ)

Já mencionei que não foi uma tarefa fácil participar do dia a dia das atividades de patrulhamento dos policiais. A presença constante de pesquisadores no 19.º BPM acompanhando toda rotina de uma unidade operacional ostensiva por um ano, particularmente o trabalho nas ruas, não foi a única novidade perturbadora em um mundo acostumado à ausência e mesmo a uma certa indiferença por parte dos atores externos.[133] Certamente, outros elementos ajudariam a compor a estranheza inicial que uma modesta "guarnição" de cientistas sociais provocava no meio da tropa. O fato de não sermos jornalistas – personagens que, do ponto de vista policial, sempre "querem se promover às custas da PM" – amenizou um pouco a presumível desconfiança sobre o nosso interesse em querer "conhecer de perto"[134] os policiais e monitorar o programa de policiamento comunitário implantado no segundo semestre de 1994, nos bairros de Copacabana e Leme. Contudo, a composição de nossa equipe parecia emprestar um toque singular à novidade. Além do "gringo engraçado que falava bem português e tinha um [duvidoso?] brinco na orelha", havia duas moças (uma que usava uns óculos azuis "diferentes" e a outra, aficionada por chocolates) que também faziam questão de ir para o serviço de ronda, quando se esperava que elas permanecessem "aquarteladas", isto é, ocupadas com as atividades internas do Batalhão, assim como era desejado para a poucas mulheres PMs, as PMFems. Durante os onze meses da pesquisa de monitoramento, nenhum dos sessenta PMs que compunham a Companhia de Policiamento Comunitário chegou a explicitar o desconforto de ter "moças à paisana" como "parceiros de rua". Entretanto, podia-se ler nos subtextos das nossas primeiras interações o receio que uma companhia feminina parecia causar entre eles. Apesar da suspeita coletiva de que a pesquisa consistia, à primeira vista, em uma outra forma de vigilância e fiscalização concebida pelo alto comando da PMERJ, o pesquisador de nossa equipe não encontrou maiores dificuldades para elaborar uma agenda de rondas com os "rapazes do policiamento comunitário". Mesmo que não "entendesse nada de polícia" e necessitasse passar por alguns rituais de batismo[135], a condição de representante do

---

[133] Creio que a fragilidade da imagem pública da Corporação Policial Militar e o isolamento social experimentado pelos seus integrantes serviram de cenário para dúvidas e temores relativos à interação mais estreita com personagens alheios ao mundo da polícia. Policiais Militares, tanto do oficialato quanto do círculo das praças, reportam-se constantemente à existência de uma espécie de "medo da sociedade" que se faria presente em parcelas significativas do efetivo policial. Alguns PMs mais críticos chegam a explicitar em suas narrativas que eles "não estão devidamente preparados para lidar com a sociedade" porque ao longo de décadas teriam sido "adestrados" para evitar o convívio com os cidadãos.

[134] O processo amistoso de aproximação entre a nossa equipe de pesquisa e os policiais do 19.º BPM foi marcado por um ritual curioso: durante os três primeiros meses fomos sutilmente instados a repetir para os PMs de ponta e dos escalões intermediários os propósitos de nosso trabalho e os motivos que nos levaram a querer trabalhar com a polícia. Guardadas as devidas proporções, essas inquirições regulares lembravam em muito aquelas técnicas policiais nas quais o "elemento suspeito" é submetido a sucessivas interrogações para confirmar a consistência e a veracidade de seu depoimento.

[135] Na primeira fase de nosso convívio foram muitos os comentários jocosos que circulavam no interior da tropa, sobretudo entre os PMs "tradicionais" que viam com restrição a implantação da filosofia comunitária de polícia. De um modo geral, os PMs aproveitavam o espaço das rondas para testar a "masculinidade" de

éthos masculino garantia, ao menos em parte, o seu passaporte para a entrada no "duro meio policial". Inversamente, eu e minha companheira de equipe – que, aliás, "mais parecia uma menina" – não encontramos o mesmo grau de facilidade. A despeito da autorização vinda de cima, foi preciso conquistar a confiança e o consentimento do pessoal da base. Os diversos pedágios introduzidos para possibilitar o acesso "das moças do Viva Rio"[136] às atividades de ronda incluíam longas homilias quase sempre recheadas por "sinceras advertências" sobre os inúmeros riscos de se caminhar *pari passu* com PMs pelas ruas do bairro, incluindo aí a assimilação da desprestigiada pecha de "amigas de PM". A retórica policial esforçava-se por responder a indagações enunciadas sobretudo através de movimentos corporais que revelavam o caráter inusitado da nossa "ingênua disposição de ir para as ruas". As preocupações mais comuns diziam respeito à crença no possível "comprometimento do bom andamento do trabalho de patrulha": o que fazer com essas moças quando acontecer um chamado emergencial? Como assumir uma ocorrência perigosa com elas ao lado? Como garantir sua integridade física? E se acontecer um assalto, o que fazer? O que vão dizer os "PMs tradicionais"? Será que o cidadão vai pensar que o PM está namorando em serviço? Será que essas moças têm realmente ideia do que estão querendo?

O resultado da queda de braço entre a nossa inabalável persistência e as resistências iniciais dos policiais, foi a típica saída masculina e cavalheira de não recusar um pedido feminino, mas de cumpri-lo com as devidas reservas e restrições: por fim, os policiais comunitários decidiram levar as pesquisadoras somente para "conhecer e passear" nos seus subsetores. Já nas ruas com os PMs, nós, as "meninas da pesquisa", logo aprendemos que, ante a menor suspeição de que algum episódio muito arriscado ou "impróprio para mulheres" poderia vir a acontecer, deve-

---

nosso pesquisador através de sutis provocações sobre sua coragem e, por sua vez, sobre a sua capacidade de agir como um "sujeito homem" nas situações de perigo e risco.

[136] O Movimento Viva Rio constituiu um parceiro fundamental para a PMERJ não só na fase de elaboração do projeto de polícia comunitária como também durante todo o processo da sua implantação. Coube, por exemplo, ao Viva Rio o trabalho de sensibilização das comunidades, de organização dos seis Conselhos Comunitários de Área (CCAs) e de articulação com a mídia. Para os PMs comunitários, o Movimento Viva Rio era visto como um importante "padrinho" e um estratégico mediador junto à cúpula da PMERJ e ao Governador. Tratava-se de um canal privilegiado através do qual se acreditava poder fazer escoar toda sorte de demandas, reclamações e insatisfações que não necessariamente encontravam lugar na cadeia de comando e controle da PM. Em parte por conta disso, os pesquisadores do ISER costumavam ser interpretados como "mensageiros" e "representantes do Dr. Rubem César Fernandes", coordenador do movimento. Assim, no interior do Batalhão nós fomos também frequentemente identificados como o "pessoal do Viva Rio" que estava ali para "defender os PMs" e garantir os meios necessários para a consolidação do programa.

ríamos sempre guardar uma significativa distância de nossos parceiros e, na oportunidade de situações extremas, esquecer nossas curiosidades, abandonando definitivamente a patrulha a pé.

O impacto que a despretensiosa presença de mulheres na equipe de pesquisa provocou no interior do Batalhão acabou por se traduzir em uma sinalização importante sobre o "machismo policial". Diversos autores que se dedicam ao estudo dos meios de força comedida reportam-se ao "machismo" como um traço cultural expressivo e comum nas mais distintas organizações policiais (*cf.* Muir, 1977; Graef, 1989; Reiner; 1992; Bittner, 1990; Skolnick, 1994; Chan, 1997). Constata-se, na literatura acadêmica mais recente sobre polícia, a existência de um consenso acerca do caráter sexista da *cop culture*. Alguns pesquisadores associam a proeminência do sexismo policial à forte influência que a visão de mundo puritana exerce sobre as organizações policiais americanas e inglesas. Tudo se passa como se o imaginário puritano servisse como uma espécie de terreno próspero para o florescimento de uma mentalidade cujos insumos simbólicos trariam uma marca conservadora e extremamente normativa. Mas face à evidência de que o fenômeno do machismo policial se faz presente também naquelas sociedades de tradição católica – como a nossa, por exemplo –, outros estudiosos preferem enfatizar sua correlação com o histórico *éthos* masculino da força e, por sua vez, com o tardio ingresso de mulheres nas agências policiais.

As inúmeras resistências corporativas ao acesso de mulheres nos meios de força, tanto da defesa nacional quanto da ordem pública, têm sido um problema recorrente em vários países de tradição democrática. Restringindo-me à problemática no interior das organizações policiais, é interessante notar que mesmo a polícia inglesa, matriz das modernas burocracias policiais, só possibilitou o ingresso de policiais femininas em seus quadros na década de 1980, isto é, 150 anos após a sua criação por Robert Peel. Em outras polícias europeias, como é o caso da polícia austríaca, a democratização do acesso a carreira ocorreu somente nesses últimos anos.[137]

Na Polícia Militar do Estado do Rio de Janeiro, o atual contingente policial feminino não ultrapassa a tímida cifra de 1,2% de toda a tropa e o seu ingresso data do início dos anos de 1980, ou melhor, 175 anos após

---

[137] Em recente entrevista concedida, o diretor do Ministério do Interior da Áustria, Dr. Franz Brenner, ressaltou que um dos importantes esforços políticos tem sido o de ampliar o efetivo policial feminino, sendo a meta do atual governo social-democrata elevar o percentual de mulheres nas polícias de 12,5% para 30% nos próximos dois anos.

a fundação da primeira força policial ostensiva brasileira.[138] Certamente, quase dois séculos de restrição à presença feminina no interior da polícia da ordem pública não é uma constatação trivial. De um lado, esse fato está inscrito em nosso processo histórico de conquista e ampliação dos direitos civis. De outro, anuncia que o simbolismo vinculado não só ao emprego amador e profissional da força, como também à gramática da criminalidade e violência urbanas, possui uma explícita clivagem de gênero cuja ênfase é eminentemente masculina. A virilidade e os valores que a ela atribuímos foram e ainda têm sido uma característica cultural predominante na autoimagem das burocracias policiais e, por sua vez, na sua forma de "estar no mundo". Na linguagem cotidiana de polícia, isso pode ser traduzido da seguinte maneira: tudo aquilo que guarda alguma afinidade com o atributo físico da força, a oportunidade de seu uso e excesso, seria, por definição, "coisa de sujeito homem".

Talvez seja oportuno fazer aqui um breve parêntese apenas para ressaltar que a abertura de concursos mistos dentro da PMERJ ocorreu no bojo do processo de redemocratização política. No ano de 1982 tem-se, em todo país, o retorno às eleições diretas para governador. A vitória eleitoral, no Rio de Janeiro, do chamado "socialismo moreno" possibilitou o ambiente necessário para que mudanças significativas tomassem lugar dentro da força policial ostensiva. Logo ao assumir o governo do Estado, o então governador Leonel Brizola fez publicar um ato importante que determinava que somente policiais militares da mais alta patente poderiam ocupar o cargo de comandante geral da Polícia Militar.[139] Essa medida executiva inaugurou um novo momento identitário para a PMERJ porque marcou o rompimento com um costume que havia se arrastado por mais de 170 anos da história política brasileira: a tradição de se nomear para o posto máximo da PM militares indicados pelo Exército brasileiro.[140] É em

---

[138] A Portaria n.º 27-EME, de 16 de junho de 1977, que estabelece as Normas para a Organização das Polícias Militares e Corpos de Bombeiros Militares, define a oportunidade para a criação da "Polícia Feminina", assim como os propósitos de seu emprego. O Capítulo III determina que: "Nas atividades normais de policiamento ostensivo verificando-se acentuadas dificuldades para a efetiva ação no trato com menores delinquentes ou abandonados e com mulheres envolvidas em ilícitos penais. Para atender a esse campo da atividade policial e também a certos tipos de relações com determinado público, no interesse da corporação, caso julgado conveniente, é possível dotar as Polícias Militares de elementos de Polícia Feminina. Após a adoção de instrumentos legais, poderão ser criadas organizações de Polícia Feminina com determinados graus hierárquicos, assemelhados ao da hierarquia militar".

[139] A Constituição do Estado do Rio de Janeiro, promulgada em 5 de outubro de 1988, regulamenta a proposta do executivo no seu Artigo 189, Parágrafo 2: "As corporações militares do Estado serão comandadas por oficial combatente da ativa, do último posto dos respectivos quadros, salvo no caso de mobilização nacional".

[140] De acordo com os depoimentos de oficiais mais antigos da PMERJ, até 1982 o nome do comandante da PM saía de uma lista tríplice produzida pelo Comando Militar do Leste e acatada pelos governadores.

um cenário de reconstrução da identidade institucional da força policial ostensiva e, por conseguinte, de adequação de sua doutrina e missão às demandas contemporâneas por uma ordem pública democrática, que o debate acerca da igualdade de direitos no acesso à carreira policial militar ganha força e lugar. A partir de 1984, as mulheres ingressam nas fileiras da organização, entretanto na condição restritiva de um "quadro especial", cujo grau máximo de ascensão profissional estava limitado ao posto de capitão.[141] As pressões pelo acesso universal para homens e mulheres policiais dentro da corporação redundaram na recente unificação dos quadros e dos mecanismos de acesso. Todavia, apesar dessa relevante conquista formal, a discriminação de gênero nos expedientes de recrutamento, promoção e lotação ainda constitui uma realidade que se reflete no pequeno efetivo feminino e que só contribui para reforçar o sexismo da cultura policial.[142]

Não muito diferente do que ocorre em outros universos profissionais marcadamente masculinos, como a construção civil, o transporte de carga, o sistema rodoviário etc., a bazófia sexual e as conhecidas piadinhas de mau gosto – hoje já classificadas como "politicamente incorretas" – também fazem parte da gestão cotidiana das interações de gênero no ambiente de trabalho policial. No interior da força ostensiva, os comentários jocosos, os deboches e as pequenas provocações permeiam o repertório discursivo sobretudo daqueles PMs que se definem como "operacionais" e que estão frequentemente policiando as ruas.

Idealizado pelos PMs da ponta da linha como uma espécie de "terra de machos" ou de "sujeitos homens", o mundo das ruas é descrito como

---

[141] O Decreto-Lei n.º 2.106, de 6 de fevereiro de 1984, que alterou o conteúdo do Decreto-Lei n.º 667, de 2 de julho de 1969, no que concerne a organização das Polícias Militares, esclarece, no seu Artigo 8, Parágrafo 2, a "conveniência" de policiais femininas da seguinte forma: "Os Estados, Territórios e o Distrito Federal poderão, se convier às Polícias Militares: a) admitir o ingresso de pessoal feminino em seus efetivos de Oficiais e Praças, para atender necessidades da respectiva Corporação em atividades específicas, mediante prévia autorização do Ministério do Exército". Este decreto possibilitou a regulamentação da Lei Estadual n.º 476, de 11 de novembro de 1981, que criou a Companhia Independente de Polícia Militar Feminina da PMERJ e determinou a doutrina de seu emprego. A condição de Companhia estabelecia como posto máximo a ser atingido pelas oficiais femininas a patente intermediária de Capitão.

[142] A Lei Estadual n.º 476, ainda em vigor, determina, no seu Artigo 4, o emprego do efetivo feminino. O texto é bastante claro quanto as limitações da "condição" feminina para o trabalho policial: "As Policiais Militares integrantes da Cia PM Fem. serão empregadas precipuamente em missões de policiamento ostensivo cabendo-lhes as seguintes atribuições, além de outras que sejam estabelecidas pelo Comandante-Geral: I – Policiamento de Trânsito, em locais e horários em que as mesmas tenham melhores condições de segurança, a critério do Comandante-Geral; II– Nas operações policiais-militares no trato com mulheres e menores em geral; III – Nos terminais marítimos, ferroviários, rodoviários e aeroviários e nos demais serviços de policiamento cujos riscos ou encargos sejam, a critério do Comandante-Geral, exclusivamente compatíveis com suas condições de mulheres."

um tipo de realidade que não se deixa comover pelas virtudes culturais atribuídas ao signo feminino. Nesse território simbólico interpretado como sórdido, violento, insensível e, por tudo isso, masculino, parece só haver lugar para a disputa entre os destemidos "mocinhos" que integram o "bonde do bem" e os "bandidos" e desregrados, que compõem o "bonde do mal". Esse tipo de gramática dos papéis de gênero, em boa medida conservadora e estereotipada, encontra-se disseminada no interior da tropa. Dela resulta o discurso que pressupõe a inadequação das mulheres para as tarefas de policiamento e prescreve para elas outros tipos de serviços quase sempre burocráticos e afins as atividades subalternas, domésticas e de cuidados como cerimonialista, secretária e assistente muito distantes das atividades de rua.

A socialização no meio policial possui requisitos de entrada e permanência muito severos para os próprios PMs. A contabilidade dos talentos considerados indispensáveis ao mito romântico do policial-herói, reforçada pelo senso comum extraído das ruas, ancora-se em uma espécie de elogio tão extremado dos atributos associados à virilidade que este culto parece não poder prescindir de expedientes diretos e indiretos de vigília da corporalidade e do comportamento masculino idealizado. Em parte por conta disso, a fragilidade, o receio, a sensibilidade, o medo, o adoecimento etc. são interpretados como "coisa de mulher", cuja menor manifestação no interior da tropa já anunciaria o perigo simbólico de "feminilização" da força. Nada é mais delicado para os "sujeitos homens" da polícia ostensiva do que se verem convertidos em atores "apassivados" e "inoperantes". Nesse sentido, tudo aquilo que na vida ordinária encontra-se associado à noção de passividade costuma ser traduzido pelo imaginário policial como um grave "fator de risco" moral para os PMs da ponta da linha. O recado da cultura policial de rua é muito claro: todo cuidado é pouco quando se trata de evitar que os centuriões da conformidade moral e dos bons costumes se tornem "alvos fáceis [não só] nas mãos da bandidagem" como também das dinâmicas sociais clandestinas, ambíguas e anticonvencionais que se fazem presentes no cenário urbano. Refiro-me à gramática de gênero contemporânea que faz aparecer o "mundo GLS" (gays, lésbicas e simpatizantes) que problematiza o binarismo sexual e os modos masculinos e femininos tradicionais da construção social da identidade de gênero e da orientação sexual. A chamada "viadagem que prolifera em Copacabana" e os "travecos abusados que dão pinta no calçadão", "adoradores de homem de farda", são inscritos como realidades contaminadoras e provocativas que apontam para os riscos morais de feminilização e, por sua vez, para os perigos das alternativas de passividade presentes no universo dos Eles. Para a cultura policial de rua os gays efeminados e, sobretudo, as travestis que levam a montagem de um tipo de feminino às últimas consequências são, com seus trejeitos corporais, vestimentas e modos do dizer, uma espécie de afronta aos privilégios de nascer "menino macho" e um ataque deliberado à condição soberana do masculino. A questão central para a cultura policial de rua é menos sobre "PM comer viado e travesti e tirar um dinheiro", um tipo de demonstração de macheza exercida "entre quatro paredes" pela sujeição de um macho por outro. O problema maior parece ser "sair do armário", isto é, a visibilidade social desses sujeitos e de suas relações sexuais e afetivas no espaço público, a construção social de identidades de gênero e o seu reconhecimento na arena política.

Realmente não deve ser uma tarefa existencial muito fácil para os PMs da *thin blue line* afirmar, diante dos olhos sempre vigilantes de seus pares, a ambicionada "condição de sujeito homem" em cada pequeno ato, em cada interação, em cada circunstância saída do trabalho nas ruas e na sua colisão com tipos sociais ameaçadores. A desejada "macheza" e sua convincente demonstração para uma plateia policial vaidosa e exigente de seus dotes viris operam como um tipo de termômetro capaz de mensurar o grau de respeito e companheirismo obtido dos colegas de ofício. Esta pressão moral é de tal maneira evidente no cotidiano ostensivo de polícia que os jovens policiais comunitários de Copacabana costumavam ser frequentemente questionados acerca da suposta "boiolice" de "servir de babá para a comunidade" (*cf.* Musumeci, 1996).

Uma das lendas mais corriqueiras no meio policial de rua é aquela que exalta a indiscutível competência sexual dos PMs. Os seus grandes rivais no mercado erótico são naturalmente os mesmos que os desafiam no exercício do seu trabalho – os "malandros", "boys" e "bandidos". Além das costumeiras estórias de ações espetaculares, as conversas fiadas das rodinhas policiais incluem narrativas epopeicas sobre as conquistas sexuais. Os rapazes fardados da polícia ostensiva têm sempre uma peripécia amorosa para contar. Gabam-se do fascínio sexual que exercem sobre as inúmeras "peças sobressalentes" disponíveis nas ruas e, como não poderia deixar de ser, orgulham-se da facilidade com que "conseguem mulheres". Não é incomum ouvir os PMs contando que a "mulherada dá mole" e "corre atrás", chegando mesmo a simular chamadas emergenciais para o serviço 190 e "ocorrências frustradas" só para poder "trocar uma ideia" com aqueles "homens de verdade" que na cama "não negam fogo" e sempre "dão no couro". Acerca do exaltado produtivismo sexual dos policiais, um experiente oficial relatou-me, em tom jocoso, que os PMs da linha da obrigação se sentem como "os verdadeiros reis das empregadas domésticas, das mulheres solitárias, desquitadas ou insatisfeitas" com seus parceiros. Pouco importa se essa "realeza" é exagerada ou mentirosa, o fato é que ela faz parte da forma como os PMs de ponta recortam e interpretam o mundo no qual atuam, sendo, portanto, tão real quanto as gloriosas narrativas relacionadas ao controle do crime.

Para alguns estudiosos, a disponibilidade e a indulgência sexuais presentes na *work personality* policial está, por um lado, associada ao *éthos* masculino da força e, por outro, às tensões existenciais derivadas do trabalho de polícia (*cf.* Chan, 1997; Reiner, 1992; Skolnick, 1993). A gerência cotidiana da suspeita e do risco, a experimentação da própria possibilidade de encontros violentos, somadas às jornadas e escalas de trabalho que comprometem sobremaneira o convívio familiar,[143] parecem operar como reforços subjetivos para os estímulos saídos do mundo das ruas.

De fato, para esses personagens que vagam diuturnamente pela cidade patrulhando seus territórios físicos e simbólicos, a deriva urbana e seus fluxos apresentam-se como uma forma convidativa de experimentar os lugares do masculino e suas potencialidades. Nesse jogo de experimentações, o fascínio erótico que o poder e a autoridade policiais exercem no cotidiano das interações é ritualizado, por exemplo, no uso e no trato vaidoso com o fardamento. O capricho com a farda não apenas atende as exigências formais do regulamento disciplinar, mas também responde a preocupação de se apresentar ao mundo das ruas de uma forma garbosa e atraente. Na dura vida policial há, portanto, tempo para o cuidado detalhado e até mesmo fútil com a aparência. Tudo indica que nossos PMs de ponta ambicionam ser tão ostentatórios quanto ostensivos. A segunda arma, os óculos de sol *ray-ban* espelhados, o uniforme justo evidenciando propositadamente os músculos e a genitália, o bigode acidental no rosto limpo são ingredientes da "moda PM", um tipo de estética que, acredita-se, "marca ponto" e faz sucesso sexual nas ruas e esquinas da cidade.

---

[143] A PMERJ não dispõe de estatísticas sobre a incidência de separações formais e informais no interior da corporação. Entretanto, é voz corrente dentro da organização que os conflitos conjugais são extremamente elevados. Parece ser uma prática comum entre as esposas dos PMs de ponta a solicitação do arbítrio dos superiores hierárquicos para a resolução dos problemas familiares.

Talvez se possa dizer que o "machismo" e suas enunciações plasmam o mundo policial, servindo como um dos lugares de diálogo conflituoso com outros mundos sociais elaborados na ampla sintaxe das ruas. Se os PMs da *blue line* são conhecidos pela sua adesão incondicional às atividades heterossexuais consideradas ilícitas e informais, eles também são retratados pela sua deliberada aversão às práticas sexuais alternativas, como a homossexualidade e a transexualidade, ainda que, de forma ambígua, digam ser cobiçados pelas bichas e travestis de Copacabana em condições de "bancar um polícia". De um modo geral, o desprezo e mesmo a intolerância com os comportamentos sexuais categorizados como "desviantes" costumam ser anunciados tanto na ordem discursiva quanto na forma de abordagem e tratamento dispensados àqueles sujeitos, cuja opção sexual soa como destoante e, por sua vez, "naturalmente" provocativa. No dia a dia das atividades ostensivas, os casos de humilhação, desrespeito, "abuso de autoridade" e "exercício arbitrário das próprias razões" contra *gays*, lésbicas e afins, eventos frequentemente subnotificados nas estatísticas criminais, fazem parte da versão trágica do folclore policial das mais distintas organizações policiais (*cf.* Graef, 1989; Reiner, 1992; Chan, 1997). Talvez seja oportuno dizer que a paixão desmesurada da cultura policial de rua por tudo aquilo que possa ser enquadrado dentro do convencional e da normalidade, assim como o seu compromisso moral em policiar uma suposta "ordem natural" das coisas, eventos e pessoas, contribuem para exagerar os preconceitos que alimentam o senso comum, emprestando-lhes uma coloração mais dramática, sobretudo porque acionados em um plano operativo e funcional – as atividades ostensivas de policiamento.

Em outros momentos, chamei a atenção para o fato de que, nas atividades convencionais de polícia ostensiva, os riscos simbólicos tendem a ser mais expressivos do que os perigos propriamente físicos, ainda que estes últimos sejam exaltados na retórica policial como uma precondição para a existência dos primeiros. Mesmo fazendo parte do horizonte das expectativas, as oportunidades de situações concretas de violência física contra os policiais estão efetivamente bem aquém da gravidade que o imaginário policial supõe. Por ora, esta consideração é suficiente para ressaltar que a administração do risco potencial, assim como as atitudes policiais dirigidas às minorias sexuais e étnicas-raciais, está intimamente ligada ao processo cognitivo de construção da suspeita e de identificação dos eventos, comportamentos e atitudes percebidos pela ótica policial como sendo ameaçadores.

A matéria-prima da cultura policial para a definição dos fatores de suspeição e risco é a grade valorativa que estrutura o senso comum. Isso significa dizer que a distribuição heterogênea e, em boa medida, desigual da estima, do crédito e do respeito sociais conferidos aos indivíduos e grupos, no interior da sociedade, serve como a base sociológica para as percepções e atitudes policiais. Na prática, isso se traduz no fato de que aqueles atores ou grupos que se encontram mal posicionados no mundo da cidadania fazem parte do que se costuma chamar de "propriedade" da polícia (*cf.* Bittner, 1990; Reiner, 1992). Aqui, o círculo vicioso policial de reforço das "classes perigosas" adquire concreção, contribuindo para a explicitação e o acirramento dos padrões mais amplos de desigualdade social.

Se é correto ponderar que as organizações policiais não criam sozinhas os preconceitos sociais, é também verdade que a sua instrumentalização na rotina de polícia produz problemas por vezes incontornáveis. Cabe lembrar que, no dia a dia do policiamento, o cálculo do risco incorpora os sujeitos sociais de uma forma assimétrica. Grosso modo, o risco associado a episódios que envolvem personagens "acima de qualquer suspeita" refere-se ao elevado custo das ações policiais injustificadas; já no caso das situações relativas aos "agressores simbólicos", indivíduos sobre os quais paira uma suspeita estrutural, o risco reporta-se fundamentalmente à ausência de ação policial ou à sua baixa intensidade. Tudo isso pode ser resumido na seguinte constatação: os PMs de ponta acreditam, para a indignação dos segmentos sociais estigmatizados, que estariam sendo negligentes e ineficazes no exercício do seu trabalho se não suspeitassem das "classes perigosas" e se, diante delas, não esboçassem alguma reação disciplinadora e corretiva. Esse tipo de convicção, evidentemente, encontra eco no empenho dos recursos policiais, ou melhor, na distribuição seletiva da vigilância e das intervenções policiais repressivas. A lógica tradicional de dirigir a polícia "para quem precisa de polícia" ou de despachar a "polícia para os outros" evidencia o caráter delicado da operacionalização dos preconceitos nas atividades policiais ostensivas. Por um lado, as correlações entre injustiças sociais, criminalidade e violência ultrapassam a esfera de competência das polícias que estão compelidas a atuar nas contingências e a produzir soluções provisórias para problemas humanos complexos. Por outro, as intervenções policiais, em boa medida fundamentadas na pedagogia da suspeita e do risco, estão constrangidas a produzir resultados, cujas leituras sociais são ambivalentes e até mesmo paradoxais. Na prática policial, esses níveis de constrangimentos adquirem uma configuração tensa e peculiar: o PM da *blue line* tende a avaliar negativamente os eventos e pessoas sobre os quais dirige sua intervenção, mesmo quando ele, pessoalmente, não partilha dos preconceitos que se mostram "úteis" na rotina do seu trabalho. Isso ocorre de tal maneira que até aqueles policiais que se consideram "profissionais" e que se ocupam de levar em conta, em suas avaliações, as estatísticas criminais, cujo conteúdo sobrerrepresenta os "elementos suspeitos", um produto da própria seletividade desigual do olhar vigilante policial, sentir-se-ão razoavelmente justificados em dirigir, por exemplo, muito mais o seu olhar suspeitoso para um pobre-jovem-negro do que para um rico-jovem-branco.

Certamente, os PMs de ponta não estão sozinhos quando adotam essas distinções; afinal, na administração cotidiana dos conflitos e desordens, nada desagrada mais o "cidadão decente e ordeiro" do que constatar que a sua palavra pode vir a ter o mesmo valor que a de um "zé-ninguém" preto, pobre e periférico. Entretanto, o resultado de suas ações discriminatórias adquire cores mais radicais, em razão da natureza mesma do seu trabalho e da realidade social, sobre a qual este trabalho se aplica. Os policiais possuem mais "poderes" do que o cidadão comum e os seus serviços são frequentemente mais utilizados por aqueles atores sociais que aparecem para o imaginário policial, simultaneamente, como as vítimas preferenciais e os produtores privilegiados da violência.

A despeito de sua relevância, a problemática das práticas policiais discriminatórias não tem sido satisfatoriamente trabalhada no interior das agências policiais. Isso ocorre, em parte, por conta da predominância da abordagem normativo-legal no tratamento dos assuntos de polícia. Conforme salienta Bittner (1990), a perspectiva legalista não considera o fato de que a polícia pode, concretamente, não ser apenas orientada pelos princípios legais abstratos que conformam sua missão, doutrina e mandato. Em razão disso, uma leitura unicamente formal tende a mascarar a complexidade do ambiente de atuação das polícias, interpretando suas práticas tão somente a partir do rigor e da suposta "neutralidade", no cumprimento dos regulamentos e expedientes formais instituídos.

Como temos visto, existe uma enorme camada informal que não é derivada dos ideais normativos, mas que estrutura o trabalho policial cotidiano e suas demandas, orientando o que a polícia realmente faz, no seu dia a dia. É evidente que os PMs se guiam pela "letra da lei". Contudo, "aplicar a lei" na rotina ostensiva significa muito mais do que simplesmente buscar, ingenuamente, adequar uma realidade descontínua, informe e contingente à racionalidade criminal. Como bem colocou Skolnick (1994), trata-se antes de um engenhoso "empreendimento", que envolve capacidades diferenciadas de mediação, barganha e interpretação dos agentes da lei, quando dos seus encontros fortuitos com os cidadãos. "Aplicar a lei" aparece então, no trabalho convencional de polícia, como um dos muitos recursos estratégicos disponíveis. Em boa parte dos casos, reporta-se apenas a uma figura da fala, ou melhor, a uma ferramenta da abordagem policial que desencadeia o processo de tomada de decisão, mas que não necessariamente impede as escolhas sobre como conduzir a ocorrência "assumida". Isso significa dizer que, em cada episódio singular no qual a presença da polícia ostensiva foi solicitada, existe um espaço discricionário indispensável para se buscar algum grau de convergência entre a idiossincrasia do evento em questão e sua possível tradução, nos termos do que se considera legal e legítimo. Para o PM que está ali na esquina, trata-se, pontualmente, de acionar o "bom senso" e procurar saber "o que fazer" e "como agir" em uma dada situação particular. Trata-se, portanto, de resgatar, na economia prática policial, qual é o curso de ação mais adequado: aplicar uma multa ou uma advertência ao infrator de trânsito?; "encerrar no local" a contenda entre vizinhos ou tipificá-la como "rixa"?; mediar o conflito doméstico ou enquadrar a ocorrência como "ameaça"?; dispersar o bêbado inconveniente ou registrar o fato como "desacato a autoridade"? Certamente, qualquer percurso escolhido terá o "mundo da lei" como uma indispensável referência, uma meta que, para ser atingida, pressupõe a sua articulação concreta com as "leis do mundo", que conformam os eventos sob intervenção policial e onde se assentam as lógicas discriminatórias e as desigualdades sociais.

Se essas considerações procedem, parece oportuno ressaltar que a filosofia da cultura policial de rua, ainda que em muitos aspectos apresente uma ênfase conservadora, deixa espaços para o florescimento de comportamentos policiais relativizadores. A chave para essa abertura está na própria rotina ostensiva de polícia. Vagar diuturnamente pelas ruas, entrando e saindo dos diversos mundos sociais que compõem o mapa citadino contemporâneo, compele os PMs da ordem pública a estabelecerem, a despeito de suas convicções pessoais, algum nível de proximidade e conhecimento, alguma forma sensível de interação com aqueles personagens que estão colocados do "outro lado" da *blue line* ou situados fora do que é "convencional", "aceitável", "natural" e "correto".

O trabalho de patrulhamento dos territórios físicos e morais da cidade incita os policiais à experimentação dramática do que a reflexão antropológica costuma chamar processo de "estranhamento" do "outro" e de si mesmo. Esse convite estrutural, imposto pela gramática das ruas, pode ser compreendido como um caminho de mão dupla que pode tanto sinalizar para a consolidação quanto para a quebra das arraigadas resistências etnocêntricas. De todo modo, pode-se dizer que a constância e a intensidade das colisões com realidades diversas possibilitam a disjunção entre valores preconceituosos e comportamentos discriminatórios, reforçando, na ordem prática, a oportunidade de níveis de tolerância negociada com aqueles personagens que não gostam da polícia e que, por ela, pouco são queridos. Assim, mesmo que zelosos de sua visão de mundo, os PMs aprendem, pela força das necessidades de seu trabalho, a interagir com o que detestam, reprovam ou não aceitam. O contato rotineiro com a suposta face "indecente", "desregrada" e "marginal" da vida coletiva faz com que os policiais partilhem minimamente das linguagens dos *outsiders*, faz com que eles conheçam "de perto" os demais atores que circulam e recortam os seus "pedaços", na cidade. Note-se que se é um imperativo operacional falar as línguas das ruas, então os guardiães das fronteiras sociais encontram estímulos para, com alguma competência e disposição, transitar no interior da "escória humana", barganhando onde "colocam a cerca" e conferindo tratamentos amistosos aos "maconheiros", "putas", "crioulos", "viados", "mendigos", "notívagos", "vadios" etc.[144]

Na rotina do trabalho policial os processos disjuntivos são, portanto, tão prováveis quanto as atitudes policiais deliberadamente preconceituosas. Até porque, em um cenário político de consolidação das garantias individuais e coletivas, os executivos de quarteirão são constantemente postos à prova. Um dia sim e outro também, os *streetcorner politicians* são chamados a se confrontar com os seus próprios pontos de vista. Isso se dá, por exemplo, quando atendem, no Leme, uma prostituta que reivindica o justo pagamento de seu "encrenqueiro" cliente alemão; quando dão voz de prisão a um simpático velhinho que servia de "avião" para o tráfico,

---

[144] O deslocamento do preconceito relativo a certas categorias sociais aparece como um recurso estratégico utilizado pelos sujeitos na arena interativa. A individualização de alguém vinculado a um grupo estigmatizado permite distanciá-lo das marcas simbólicas negativas atribuídas ao seu meio social. Isso acontece, no cotidiano, de uma forma que permite conciliar o preconceito genérico e atitudes ausentes de discriminação dirigidas a uma determinada pessoa com a qual se convive: por um lado, "todos os viados são desprezíveis"; por outro, "aquele viado que eu conheço é um cara legal". O mesmo ocorre em relação aos próprios policiais que quando individualizados são "absolvidos" das imagens negativas a eles associadas.

em Copacabana; quando negociam informações valiosas com os travestis da Lapa; quando são prestigiados pela rodinha de pagode que incomoda a vizinhança na Tijuca, quando abordam um "bacana" espancando sua mulher por um "motivo fútil"; ou mesmo quando impedem que os "boiolas do baixo *gay*" sejam gratuitamente agredidos pelos *pittbuls* da classe média.

Parece óbvio que a riqueza e a complexidade dos problemas que deságuam nas mãos dos policiais da ordem pública abrem a oportunidade para o questionamento em ato dos estereótipos correntes. A isso se acrescenta a importante pressão externa por mudanças no comportamento tradicional da polícia. As críticas públicas dirigidas às intervenções policiais arbitrárias têm forçado a implementação de reformas das normas e procedimentos de ação policial ostensiva, o que, certamente, tem favorecido não só um controle mais responsivo e transparente das atitudes policiais discriminatórias, como também sua manifestação através de formas mais sutis e pouco visíveis.

O QUE OS "OUTROS" DIZEM DE NÓS

*Os nossos acertos são escritos na areia
e nossos erros são gravados em bronze.*
(Máxima utilizada pelos policiais militares)

Figura 1 – Monte você mesmo o roteiro da sua blitz policial

Fonte: anônima (publicação apócrifa)

Administrar a identidade profissional de polícia no embate das relações cotidianas não tem sido uma tarefa existencialmente tranquila para os PMs da ordem pública. A negociação das impressões e expectativas do outro e de si mesmo, comum em qualquer ordem de sociabilidade é, no caso da polícia, um empreendimento delicado, custoso e, em muitos casos, extremamente sofrido. As frequentes notícias de brutalidade, corrupção e arbitrariedade envolvendo os agentes da lei invadem o nosso dia a dia e parecem servir para confirmar, no plano da subjetividade coletiva, um tipo de suspeita estrutural projetada sobre aqueles aos quais delegamos a complexa e difícil missão de fazer convergir, na ordem prática dos eventos, os princípios democráticos da legalidade e da legitimidade.

De certa forma a "desconfiança" depositada sobre os policiais – personagens que desfrutam de poderes e mandatos superiores aos concedidos aos comuns dos mortais – tem sido uma característica recorrente na realidade de polícia em qualquer época e lugar. É fato que os ordenamentos políticos tirânicos e autoritários contribuíram de forma decisiva para a cristalização histórica de memórias negativas e resistências tanto da polícia em relação aos cidadãos quanto do seu inverso. Entretanto, mesmo nos atuais arranjos políticos democráticos, as polícias permanecem como algo que suscita percepções ambíguas por parte não só de sua clientela como também do próprio Estado.

Pode-se dizer que, desde a sua infância até os dias de hoje, as organizações policiais e seus integrantes sempre estiveram sob a mira dos olhares atentos e vigilantes da população. O caráter paradoxal da agência policial contemporânea está dado pelo lugar no qual ela está inscrita – um meio de força comedida cuja atuação se insere entre "o está na lei e se encontra no mundo" e "o que se encontra no mundo e não está na lei". A contrapartida externa dessa forma de inscrição na vida pública é a inevitável necessidade de "vigiar aqueles que [nos] vigiam". Em parte por conta disso, a economia da suspeita, aspecto indissociável do lugar de polícia, anuncia um doloso caminho de mão dupla construído por uma sociabilidade conflituosa que manifesta-se através de sentimentos recíprocos de antipatia, desconfiança e frustração. Os encontros ordinários entre PMs e cidadãos costumam ser marcados pelo receio mútuo e pela incerteza acerca do que realmente "pode acontecer". Tudo se passa como se policiais e cidadãos constituíssem dois mundos radicalmente distintos e impenetráveis, e que a interação entre eles não devesse jamais ocorrer, permanecendo apenas como uma possibilidade remota. Isso se dá de tal maneira que durante a "indesejada" e "temida" colisão os dois lados (PMs e "Civis") apresentam-se como se estivessem sempre posicionados no lugar e momento errados. Nesses termos, cruzar acidentalmente com a polícia em alguma esquina da cidade consistiria em um golpe de azar, seria um claro sinal de que *a priori* "algo estaria errado", ainda que não se saiba exatamente o quê.

Do ponto de vista dos *streetcorner politicians*, os políticos da esquina, isso se traduz na percepção de que eles não são queridos por ninguém e em lugar algum, servindo apenas para realizar em nosso lugar o "serviço sujo" de retirar as ervas daninhas que brotam no interior da sociedade (*cf.* Punch, 1983; Paixão, 1982; Musumeci, 1996). Sustentar a *thin blue line*, ou melhor, policiar as entradas, fluxos e saídas do mundo social tem um preço moral elevado para os PMs, o drama de conviver com a sua imagem pública sob constante suspeição.

Tal como ocorre com outras profissões que lidam com os interstícios e as câmaras ocultas da vida em comum, os policiais são, por contágio simbólico, moralmente confundidos com tudo aquilo que previnem, dissuadem ou reprimem (Douglas, 1976; Paixão, 1982; Skolnick, 1994; Bittner, 1990). Uma vez associados ao absurdo e ao pior de nós mesmos que assistem de uma forma nua e crua no cotidiano, os PMs aparecem aos nossos olhos como criaturas ambivalentes, contaminadas pelo risco e perigo com que diariamente convivem e administram. Aqueles que, por ossos do ofício, exercitam posições liminares e de fronteira, transitando em todos os universos sociais, clandestinos ou não, lícitos ou ilegais, decentes ou imorais, etc., parecem então fadados a assimilar todas as impurezas simbólicas daí resultantes (Douglas, 1976). Esse é um custo emocionalmente amargo para quem recebeu uma licença especial, ou melhor, para quem adquiriu um tipo de franquia moral para interagir com todos os "lados feios e desagradáveis da vida". Assim, a despeito da incidência real de comportamentos policiais arbitrários e violentos, as expectativas coletivas em relação aos agentes da lei e seus "místicos poderes" incorporam a oportunidade sempre aberta da iminência desses eventos. Na ordem do dia, essas expectativas aparecem recheadas de inquietações que expressam, a um só tempo, fascínio, dúvida e temor: um policial pode realmente sair incólume das suas visitas regulares aos esgotos da vida coletiva? É mesmo possível para o "guardião da ordem pública" não se deixar contagiar pelas tentações e manifestações ordinárias do ridículo, violento, cruel e degradante que compõem o universo das ocorrências policiais?

Bittner (1990) observa que, em função da natureza do trabalho de polícia e das realidades sobre as quais esse trabalho se conforma, a profissão policial tende a ser percebida pelos cidadãos comuns como uma atividade "manchada" ou moralmente comprometida. A corriqueira moralização das atividades de policiamento, traduzida na clássica dicotomia "o bem *versus* o mal", é instrumentalizada nas ruas tanto pelos policiais quanto pelo público. E isso tem sido uma das chaves simbólicas estruturantes das percepções ordinárias relativas ao mundo da polícia. Por um lado, como incontestáveis "defensores do bem", os PMs de ponta necessitam se misturar com o mal, falar a sua linguagem e domesticá-lo. Por outro, devem encenar o papel de *superego social* apresentando-se como uma espécie de "unidade de medida" das atitudes dos cidadãos ou como uma vivificação do modelo exemplar de cumprimento das regras que constituem o pacto social civilizado.

Os estudos sociológicos que se dedicam à reflexão sobre o estigma social, ofertam pistas interessantes sobre as chamadas "identidades sociais deterioradas" e as dinâmicas de sua negociação na realidade (*Cf.* Goffman, 1978; Misse, 1981; Velho, 1985). Um ponto importante a ser destacado é o elevado grau de manipulação das impressões experimentado nas interações intragrupo e extragrupo. As estratégias individuais de encobrimento e compensação das marcas sociais desprestigiadas são comuns entre os personagens que possuem identidades socialmente "desacreditadas". No caso específico dos PMs da ponta da linha do Rio de Janeiro, o processo de socialização no mundo policial de rua os compele a elaborar mecanismos emocionais de sobrevivência e autoproteção capazes de conter as pressões externas e intramuros derivadas dos seus papéis de agente da lei e de "fita métrica moral" de si mesmos e dos outros. O distanciamento cínico em relação as cobranças institucionais e públicas, assim como o uso teatralizado da dissimulação, faz parte do estoque de recursos estratégicos ao alcance daqueles de quem esperamos que sejam a incorporação ambulante do "cidadão ideal" e que "policiem" tudo e todos igualmente, incluindo aí a sua própria conduta social e pública.

No dia a dia dos encontros intencionais e das colisões inesperadas com o "outro", os PMs cariocas da *blue line* rapidamente aprendem que não basta ocultar apenas da "bandidagem" a sua identidade de policial, por exemplo, quando pegam o ônibus para voltar para casa, quando resolvem tomar uma cerveja com amigos durante a folga, quando vão com a esposa ao supermercado fazer compras ou simplesmente quando retornam para o seu local de moradia, lugar por vezes "controlado pelo pessoal do tráfico".[145] É preciso, ainda, administrar a sua "condição de PM" nos seus espaços privados e informais de sociabilidade.

Assim como os *bobbies* ingleses e os *cops* americanos, os PMs do Rio também sentem na pele as dificuldades de se constituírem como "uma raça à parte" de todos os mundos sociais. Eles vivenciam o dilema existencial de se verem inscritos como uma legião de almas estrangeiras em quaisquer realidades que visitam ora por obrigação do ofício, ora porque com elas espontaneamente se identificam (Muir, 1977; Graef, 1989; Skolnick, 1994; Musumeci, 1996).

Não são poucas as narrativas que relatam, em tons sempre queixosos, o isolamento social no qual se veem confinados. Nessas falas tornam-se nítidos os diversos obstáculos encontrados para estabelecer laços cordiais para além do próprio meio policial. Sustentar antigas amizades, fazer novos amigos, estreitar vínculos com a vizinhança são tarefas cotidianas que exigem um esforço a mais por parte dos PMs. Nos espaços de convívio social, alguns policiais chegam a optar pelo disfarce, omitindo sempre que possível a profissão que exercem. Esse tipo de expediente também se estende aos familiares, que, dependendo da situação em tela, preferem não comentar que alguém da família "é da polícia" ou "entrou para a polícia". Afinal, pode ser extremamente constrangedor apresentar-se como um policial militar ou como um parente muito próximo de um PM quando se busca tão somente estabelecer contatos com os novos vizinhos do bairro, ser convidado para as festinhas infantis de aniversário, participar dos eventos comunitários de confraternização, preencher uma ficha cadastral para abrir um crediário, tomar uma cerveja descontraído e despreocupado no bar da esquina, fazer amigos na escola etc. O receio de uma possível exclusão ou de um simples reforço das barreiras sociais por conta da "condição policial" parece fazer parte da gestão cotidiana dos PMs de ponta e de seus familiares nos espaços de convivência mais ordinários.

---

[145] É comum ouvir dos policiais militares que a administração do risco pessoal inclui expedientes de ocultação da identidade policial. São inúmeros os relatos que retratam a real preocupação em disfarçar a arma pessoal e a identidade profissional quando saem do trabalho em direção a suas casas. Muitos PMs falam que guardam a carteira profissional no fundo do sapato, outros mencionam que a escondem dentro das roupas íntimas.

Leitores assíduos das páginas policiais, os PMs da "ponta da linha" estão sempre monitorando os noticiários relativos ao envolvimento de um ou outro membro da corporação em práticas ilegais. Eles, talvez de uma forma mais intensa que qualquer um de nós, sentem e sabem a importância que tem "tudo" que é pensado e dito a seu respeito. Os policiais comunitários de Copacabana, por exemplo, não se cansavam de comentar que a divulgação de qualquer matéria sobre crimes praticados por policiais comprometia o delicado trabalho de construção de parcerias com a comunidade local, obrigando-os a retomar do início o amistoso processo de aproximação. Nos seus próprios termos a "ideia que é passada para a sociedade" pelos meios de comunicação, ainda que em muitos casos compreensível, não faria justiça aos "pais de família honestos e trabalhadores" que integram a PMERJ:

> *É só abrir o jornal que está lá: tem lá uma nota falando de um companheiro que praticou um desvio de conduta. A situação está de um jeito que a população fica mesmo desacreditada. As coisas estão invertidas para o lado da PM. Agora a gente tem que provar todo dia que é honesto.*
>
> *Alguns companheiros da PM não agem corretamente. São corruptos e passam uma sensação muito desagradável para a população. Mas são 30 mil homens. Mil até podem fazer besteira. E o resto vai pagar pelo que não fez?*
>
> *Existem questões políticas por trás de tudo isso. Alguns policiais erram mas são uma minoria. A mídia manipula tudo e a melhor forma de atacar o governo é através da Polícia Militar que é ostensiva, fardada e aparece com facilidade. A mídia só passa distorções, tem até Mister PM.*

Mas não é só o impacto provocado pela percepção coletiva, quase sempre difusa e ampliada do lugar suspeitoso da polícia, que se pode apreender dos reclames policiais ilustrados. Os breves depoimentos anunciam que nas relações com os chamados "cidadãos ordeiros e pacíficos", parceiros naturais da polícia porque invariavelmente integrantes da inorgânica "comunidade do bem", é preciso contornar exaustivamente toda sorte de resistências, administrando em cada despretensiosa interação não só os sentimentos de vergonha, revolta e inferioridade, mas sobretudo a própria escassez de capitais simbólicos positivos associados à profissão policial.

> *No meu entendimento tem muito de preconceito e revolta da população. A polícia hoje é uma turma de desesperados. Ninguém quer saber do lado do PM, as pessoas já chegam perto do PM para criticar, para fazer cobrança. Sabem que você é policial e já chegam para falar mal da corporação. Muita gente só tem acusação contra a polícia. Se eu gostasse de briga todo dia eu arrumava uma confusão. Ninguém quer ver a nossa humilhação.*
>
> *A maioria dos PMs é pobre, favelado. É um problema de classe social. A pessoa já chega para o policial oferecendo dinheiro. Olha, eu vou ser sincero: antes de entrar na PM eu passava longe de policial.*
>
> *Eu fico imaginando o meu filho em casa vendo televisão: olha lá os colegas do papai roubando, matando. A gente sente muita vergonha. Eu não quero que o meu filho entre para a PM. Nem pensar! Mas se ele quiser mesmo, não tem jeito eu vou ter que apoiar.*

Nas artérias da cidade a oportunidade de relações menos instáveis se dá, portanto, com aqueles personagens que, como os próprios PMs, são percebidos como desterrados e forasteiros nos territórios urbanos por onde circulam e definem seus pontos. Flanelinhas, camelôs, mendigos, porteiros, seguranças e demais atores que compõem o "povo das ruas" fazem parte do universo regular de interações dos PMs da *blue line* (Musumeci, 1996). Esse é certamente um mundo com baixa visibilidade social, que também não desfruta de legitimidade pública e cuja voz, por sua vez, costuma ser muito pouco ouvida. São estrangeiros em seus próprios territórios.

Observe que a profissão policial não é a única atividade profissional que lida com os aspectos mais sensíveis e terminais da condição humana. Contudo, as falhas e mesmo os desvios de conduta ocorridos na sua esfera de atuação assumem proporções mais dramáticas e incontornáveis do que os erros praticados por médicos, educadores etc. É evidente o contraste entre a baixa visibilidade do trabalho ordinário da polícia ostensiva e a elevada exposição pública dos comportamentos policiais equivocados. Isso pode ser em parte compreendido pelo fato de o trabalho policial, além de interferir de uma forma mais direta na vida das pessoas, representar o espaço da autoridade capilarizada com recurso de força, uma espécie de caminho privilegiado para o enraizamento das garantias civis no cotidiano dos cidadãos. Desse ponto de vista, a atividade policial encarna o lugar concreto de onde se pode confirmar ou não as regras postas pelo jogo democrático. Talvez por conta disso as suas possíveis falhas sejam percebidas como extremamente onerosas para a indispensável crença coletiva no estado de direito. De qualquer forma, a vivência continuada da condição sutil e peculiar da autoridade policial faz com que os PMs aprendam uma importante lição: o contraponto dos poderes a eles concedidos tem sido a sensação de solidão, assim como o desprezo e o afastamento por parte daqueles a quem devem, a despeito de qualquer pretexto, continuar a "servir e proteger".

CONSIDERAÇÕES FINAIS

O "poder de polícia", a sua adequada extensão, os efeitos esperados e indesejáveis de seu emprego, assim como os expedientes internos e externos voltados para a implantação de um controle eficaz e transparente, têm constituído um dos pontos centrais das reflexões acadêmicas internacionais sobre os meios de força comedida. Têm-se apresentado, também, como uma questão complexa, recorrente e de difícil enfrentamento, que vem ocupando, desde há muito tempo, um lugar estratégico na agenda política dos países com uma longa tradição democrática como a Inglaterra, os Estados Unidos e o Canadá. Nesses países, os avanços em termos da ampliação dos direitos civis, do reconhecimento dos direitos difusos e emergentes se fizeram acompanhar de intervenções no ordenamento jurídico e de significativas reformas nas agências policiais. Nos últimos cinquenta anos, mudaram-se as doutrinas, mandatos, missões, procedimentos normativos, tecnologias e modelos de uso da força das polícias. Tudo isso ocorreu ao mesmo tempo que importantes centros de pesquisa, como as universidades de Oxford e Chicago, construíam um rico e volumoso acervo de produções científicas relacionadas ao tema.

No caso do Brasil, só bem recentemente o debate em torno das polícias alcançou um lugar de destaque, mobilizando a comunidade científica, a sociedade civil e os tomadores de decisão. Durante um bom tempo, os assuntos relativos à construção de uma segurança pública democrática e, por sua vez, a redefinição do papel das agências policiais permaneceram, curiosamente, à margem do processo de consolidação da democracia vivido no país. Foi precisamente nesta década que a "crise da segurança" ganhou relevância pública. A "revolta das praças", ocorrida em vários estados, no ano de 97, contribuiu, ainda que por uma via traumática, para emprestar uma maior visibilidade ao problema das polícias brasileiras, evidenciando os enormes riscos a que está exposta a sustentação do estado de direito, quando se tem uma debilidade crescente dos organismos policiais aliada ao discreto conhecimento sobre a sua realidade.

Não sem fundamento, os estudos contemporâneos sobre as organizações policiais identificam os processos individuais de tomada de decisão – essencialmente discricionários e, ao mesmo tempo, indispensáveis a qualquer ação policial – como o estado da arte das teorias de polícia.

A partir deles pode-se melhor compreender, por exemplo, as especificidades das ferramentas de controle social coercitivo e difuso, os modos pelos quais essas ferramentas pacíficas produzem obediência por meios também pacíficos e, principalmente, as formas concretas de exercício do abstrato poder de polícia e as prováveis razões de suas externalidades em ambientes sociopolíticos singulares.

Vimos que, na PMERJ, o recurso ao arbítrio e a regularidade da sua utilização se ampliam na razão inversa da estrutura hierárquica. Isso significa dizer que o "fazer ostensivo" requer, por exigências de ordem prática, um significativo espaço de manobra decisória dos agentes de ponta, invariavelmente profissionais que ocupam os escalões inferiores da corporação. Os PMs, sobretudo aqueles que estão alocados nas atividades de policiamento, são concretamente investidos de um considerável poder formal (de direito) e de um poder físico (de fato), por eles administrados num amplo e diversificado conjunto de situações insólitas, descontínuas, contingentes e emergenciais, que nem sempre encontram tradutibilidade nos sistemas de regras formais disponíveis. No dia a dia, os PMs da *blue line* são chamados a intervir em qualquer evento, ou melhor, eles são chamados a atuar sempre que ocorre "algo-que-não-devia-estar-acontencendo--e-sobre-o-qual-alguém-tem-que-fazer-alguma-coisa-agora-e-bem".

A amplitude de suas atribuições não é alguma coisa que pode ser definida como banal. No fluxo da vida ordinária, ela abarca toda sorte de acidentes, dramas, conflitos, fatos criminais, incidentes graves e pequenos, experimentados pelos cidadãos quer nos espaços públicos, quer nos seus domínios privados. Em uma frase, toda essa demanda por serviços policiais recobre o vasto mundo da "preservação da ordem pública", onde qualquer episódio, além das violações previstas nas leis, pode vir a ser considerado um legítimo "assunto de polícia".

É esperado que a atuação policial, em quaisquer desses assuntos, seja, a um só tempo, satisfatória, moralmente válida, adequada e subordinada aos limites impostos pelo ordenamento legal. Em virtude dessas múltiplas exigências, os PMs necessitam, na rotina do seu trabalho, procurar equilibrar-se entre as esferas da legalidade e legitimidade exigidas em suas atuações e que conflitam umas com as outras. Como uma mistura entre água e azeite, a legalidade não produz automaticamente legitimidade, e legitimidade não conduz necessariamente a legalidade. Os marcos referenciais para sua intervenção policial são, simultânea e paradoxalmente, "o que está na lei e encontra-se no mundo" e "o que se encontra no mundo e não está na lei"; pouco importando se o que motivou a sua presença foi a ocorrência de um crime, um conflito interpessoal, uma criança abandonada ou um grave acidente de trânsito.

O compromisso de atuar em ambientes estruturados pelo acaso, incerteza e risco, atendendo aos imperativos nem sempre conciliáveis do "mundo da lei" e das suas formas práticas de execução (*law enforcement*), das "leis do mundo" (incluindo aí, as distintas visões comunitárias de ordem e seus critérios também diversos de tolerância) e das cobranças por resultados tangíveis, põe em tela a real complexidade do papel da polícia nas sociedades democráticas.

Administrar, em cada ocorrência atendida ou no curso de uma ação escolhida, a validação moral dessa ação, a subordinação ao império da lei e as necessidades operacionais derivadas da missão de preservar a ordem pública (eficácia, eficiência e efetividade), constitui o principal desafio da polícia ostensiva. Isso fica mais evidente se considerarmos que o seu balcão de atendimento é territorializado, individualizado e ambulante, sendo concretamente exercido por cada um dos 10 mil PMs que patrulham nas ruas da nossa cidade.

A esta altura, parece oportuno enfatizar que no mundo policial ostensivo a oportunidade de agir no agora-já das coisas, pessoas e acontecimentos requer, por excelência, a construção individualizada e singular de termos possíveis de conciliação entre as várias ordens do que é "prescrito" e as diversas dinâmicas informais que conformam o "praticado". O emprego cotidiano e pervasivo do recurso discricionário, num cenário fluido marcado pela necessidade imperiosa de presteza e pelo caráter irredutível das contingências, exige dos agentes da lei o famoso "jogo de cintura" expresso na aquisição *on the job* de habilidades diferenciadas de interpretação da realidade. Aqui, o que parece estar em questão é uma espécie de hipertrofia do lugar social de intérprete posto para qualquer ator na administração da vida ordinária. Em função do próprio campo de atuação ostensiva da polícia, os processos interpretativos acionados pelos PMs encontram-se, eles mesmos, subordinados aos caprichos das circunstâncias que estruturam os eventos. A formulação de juízos em "estado prático" é, nesse caso, levada até as últimas consequências. Na condução das ocorrências, mesmo aquelas mais banais, mostra-se necessário extrair dos próprios fatos as chaves interpretativas através das quais eles possam ser lidos. O saber-ato policial sintetiza esse processo da seguinte maneira: "cada ocorrência é sempre uma ocorrência diferente". Tudo isso se volta para construir, em nível prático, algum grau de convergência das idiossincrasias dos episódios "assumidos" e suas possíveis traduções, nos termos do que se considera produtivo, adequado, satisfatório, legal e legítimo. Para o PM que está agora ali na esquina, trata-se, portanto, de acionar a arquitetura reflexiva do "bom senso" e identificar "o que fazer" e "como agir" em cada situação, em cada fato particular. Talvez por conta disso, o "saber policial de rua" se qualifique a lidar com o improviso, confundindo-se, em boa medida, com as experiências e valores pessoais acumulados por cada policial.

Orientada pelo "bom senso", essa economia prática policial evidencia que a fragilidade, e mesmo a ausência de regras formais objetivas e úteis, não projeta o uso cotidiano da discricionariedade em uma espécie de terra de ninguém. Inversamente, revela que a produção de alternativas para a obediência também lança mão das subjetividades e dos conhecimentos informais que modelam o senso comum. Isso significa dizer que, na ordem dos eventos, a negociação da autoridade policial e suas formas de imposição resulta de um mosaico composto de elementos racionais, carismáticos e tradicionais, capaz de ofertar um guia para a ação efetiva. Nesse contexto, os processos decisórios acionados pelos PMs da ordem pública reiteram a advertência weberiana acerca da impropriedade de buscar reconhecer na realidade tipos puros de dominação.

Um aspecto importante relacionado aos processos decisórios nas atividades rotineiras de polícia ostensiva é a sua "baixa visibilidade". No dia a dia do patrulhamento, inúmeras decisões que afetam diretamente a vida das pessoas são tomadas pelos policiais de ponta. Todas elas têm correspondido a uma grande área cinzenta do trabalho policial. Nas ruas, o contraste entre a ostensividade da presença uniformizada do PM e a baixa visibilidade das suas iniciativas é gritante, em particular no âmbito das ações preventivas e dissuasivas. Esse é um ponto crítico da realidade policial militar, uma vez que possibilita o mascaramento do uso inadequado da força, sobretudo naquelas interações fortuitas entre policiais e cidadãos comuns – situações normalmente indefinidas e de menor poder ofensivo, que não envolvem o emprego da arma de fogo. Apesar de corresponderem a uma parcela expressiva do atendimento policial, esses episódios difusos e voláteis não se transformam em registros de ocorrência, dissolvendo-se durante o próprio atendimento realizado.

Concorre para agravar a pouca visibilidade das iniciativas policiais ordinárias, a falsa ideia de que as ações da PM se reportam tão somente ao combate ao crime. Uma vez que as consequências e o impacto do policiamento ostensivo na realidade criminal não são mensuráveis em boa parte dos casos, a cobrança por resultados tangíveis tende a ser dirigida para aquelas intervenções propriamente repressivas. Afinal, como registrar um assalto abortado porque havia policiais por perto? Como notificar um homicídio que não ocorreu porque a patrulha passava naquele exato momento no local? Como contabilizar um estupro que não chegou a acontecer porque alguém gritou que a polícia estava chegando?

De fato, o que parece mais imediatamente perceptível no âmbito da segurança pública são aqueles eventos que podem vir a ser objeto de ação legal, tais como os flagrantes, as prisões, as detenções, as apreensões etc. É evidente que esse tipo de enquadramento ajuda a obscurecer o amplo espectro do trabalho ostensivo em favor das atividades reativas e repressivas que, num ciclo vicioso, tendem a ser novamente reforçadas dentro e fora da corporação policial. Como resultado, o policiamento ostensivo convencional passa a ser subvalorizado diante da contabilidade dos "saldos" das operações repressivas e ocorrências que constituem infração penal, o que prejudica o trabalho preventivo e dissuasório, subvertendo a destinação constitucional da polícia da ordem pública.

Este não é um problema qualquer, sobretudo quando a opinião pública e os tomadores de decisão cobram uma maior "produtividade" das organizações policiais, e ponderam os recursos a serem destinados a essas agências pelos resultados que elas deveriam produzir. A avaliação quando restrita apenas àquelas ações que produzem registros conduz a uma distorção evidente: a contabilidade das prisões efetuadas, por exemplo, pode induzir comportamentos que vão desde o desvirtuamento da própria função preventiva ("deixa começar senão não conta ponto") até o estímulo à produção espúria de resultados ("prende, mesmo que depois tenha que soltar"). Cabe salientar que a inexistência de instrumentos de mensuração adequados à complexa realidade do trabalho ostensivo deixa as PMs na desconfortável situação de, se atenderem bem ao seu trabalho, serem consideradas ociosas, improdutivas, onerosas e, no limite, desnecessárias.

Um outro ponto que contribui para reforçar a baixa visibilidade das ações policiais ostensivas é a rígida disciplina militar. A confusão estabelecida entre os expedientes disciplinares do mundo militar (apropriados à vida na caserna) e as ferramentas de controle das atividades propriamente policiais desenvolvidas nas ruas tem comprometido, sobremaneira, a oportunidade de um monitoramento eficaz da rotina ostensiva de polícia. Conforme foi mencionado, o apego excessivo à conduta militar exemplar conduz inevitavelmente a organização policial a duvidar do emprego qualificado do "poder **de** polícia" pelos seus integrantes, criando paradoxalmente brechas para a possibilidade do exercício intolerável e subterrâneo do "poder **da** polícia". Vale ressaltar que a rígida disciplina militar concorre de forma contraproducente com as práticas policiais profissionais. Isso se dá porque ela procura restringir, ao máximo, os espaços de tomada de decisão. Em outras palavras ela tende a desautorizar o recurso à discricionariedade e à autoexecutoriedade – elementos essenciais da ação de polícia que, concretamente, só podem ser exercidos pelos indivíduos. É nesse contexto que se pode assistir às reações de receio e insegurança por parte dos policiais de ponta no que se refere à gestão ordinária da autoridade a eles delegada, sobretudo nas interações difusas com os cidadãos.

Somam-se às espinhosas questões derivadas da disciplina militar, algumas sobrevivências relativas ao período de criação e institucionalização das polícias no Rio de Janeiro, que parecem permanecer como um desafio a ser encarado nos dias de hoje. A perspectiva militarizada das forças policiais ostensivas continua a seduzir executivos de segurança pública e setores do senso comum ilustrado, sobretudo quando os problemas em foco são a "a guerra contra o crime", o "lado operacional da polícia" e o necessário "controle dos homens armados" que fazem cumprir a lei. A despeito das mudanças do regime político e das alterações do sistema policial brasileiro, outros anacronismos ainda se fazem presentes próximo à virada do milênio, comprometendo a indispensável profissionalização dos assuntos de polícia: a visão de que a segurança pública corresponde a uma caçada dos inimigos da "boa ordem e da paz pública", a perversa associação das questões de ordem pública com aquelas relativas à soberania do Estado e as demandas para que o Exército atue nos assuntos de ordem pública imprimiram a sua marca em nosso passado e ainda têm configurado uma sombria realidade na vida democrática brasileira.

REFERÊNCIAS

ALMEIDA, Manuel Antônio de. *Memórias de um Sargento de Milícias*. Porto Alegre: L&PM, 1997.

ALPERT, Geoffrey P.; DUNHAM, Roger G. *The Force Factor: Mesasuring police use of force relative to suspect resistence*. Police Research and Evaluation – Publication Serie. Washington: Police Executive Research Forum, 1997.

ANGELO, Ubiratan de Oliveira. *Relatório de Visita à Alemanha*. Rio de Janeiro: PMERJ, 1990.

ARTWOHL, Alexis; CHRISTENSEN, Loren W. *What Cops Need to Know to Mentally and Physically Prepare for and Survive a Gunfight*. Boulder: Paladin Press Book, 1997.

AZEVEDO, Luiz Fernando Santos de. *A Polícia Militar do Estado do Rio de Janeiro na Defesa Social*: uma visão sobre serviços prestados à comunidade segundo a percepção de seus componentes. 1998. Dissertação (Mestrado em Administração) – Universidade Federal Fluminense, Niterói, RJ, 1998.

BAKER, Mark. *Cops Their Lives in Their Own Words*. New York: Pocket Books, 1986.

BASTOS, Ivan. *Impacto PM na Segurança Pública*. Rio de Janeiro: Rebento, 1996.

BATESTRERI, Ricardo Brisolla. *Direitos Humanos*: coisa de polícia. Passo Fundo: CAPEC/Secretaria Nacional de Direitos Humanos, 1998.

BAYLEY, David H. *Police for the Future*. New York: Oxford University Press, 1994.

BAYLEY, David H. *What Works in Policing*. New York: Oxford University Press, 1998.

BEATO FILHO, Cláudio C. *Ação e estratégia das organizações policiais*. Belo Horizonte: UFMG, 1999. Mimeo.

BECKER, Howard S. *Uma teoria da ação coletiva*. Rio de Janeiro: Zahar Editores, 1977.

BITTNER, Egon. *The Functions of Police in Modern Society*. A Review of Background Factors, Current Practices, and Posible Role Models. New York: Janson Aronson, 1975.

BITTNER, Egon. *Aspects of Police Work*. Boston: Northeastern University Press, 1990.

BRATTON, William J. *Reclaiming the Public Spaces of New York*. Police Strategy nº 5. New York: Police Departament of New York, 1994.

BRETAS, Marcos Luiz. *A guerra das ruas*: povo e polícia na cidade do Rio de Janeiro. Rio de Janeiro: Arquivo Nacional/Ministério da Justiça, 1997a.

BRETAS, Marcos Luiz. Observações sobre a falência dos modelos policiais. *Tempo Social*: Revista de Sociologia da USP, São Paulo, v. 9, n. 1, p. 79-94, 1997b.

BRODEUR, Jean-Paul. High Policing and Low Policing: Remarks About the Policing of Political Activities. *In:* MCCORMICK, Kevin R. E.; VISANO, Livy A. *Understanding Policing*. Toronto: Canadian Scholars' Press, 1992.

CAIAFA, Janice. *Movimento Punk na cidade*: a invasão dos bandos sub. Rio de Janeiro: Jorge Zahar, 1985.

CAIN, Maureen. Trends in the Sociology of Police Work. *In:* MCCORMICK, Kevin R. E.; VISANO, Livy A. *Understanding Policing*. Toronto: Canadian Scholars' Press, 1992.

CALDEIRA, César. Operação Rio e Cidadania: as tensões entre o combate à criminalidade e a ordem jurídica. *In:* REIS, Elisa *et al. Política e cultura*: visões do passado e perspectivas contemporâneas. Rio de Janeiro: Hucitec, 1996.

CALDEIRA, César. Segurança pública e seqüestros no Rio de Janeiro. *Tempo Social*: Revista de Sociologia da USP, São Paulo, v. 9, n. 1, 1997.

CALDEIRA, César (coord.). Crime organizado e política de segurança pública no Rio de Janeiro. *Archè Interdisciplinar*, Rio de Janeiro: Faculdades Integradas Cândido Mendes, ano VII, n. 19, 1998.

CANO, Ignacio. Letalidade da Ação Policial no Rio de Janeiro. *Comunicações do ISER*, Rio de Janeiro, 1997.

CARVALHO, José Murillo de. *Os bestializados*: o Rio de Janeiro e a República que não foi. São Paulo: Companhia das Letras, 1987.

CARVALHO, Maria Alice Rezende. Contra o espantalho da repressão: a polícia e a construção da ordem burguesa no Brasil. *Revista OAB-RJ*, Rio de Janeiro, 22 jul. 1985a.

CARVALHO, Maria Alice Rezende. Letras, sociedade e política: imagens do Rio de Janeiro. *Boletim Informativo e Bibliográfico*, n. 20, 1985b.

CARVALHO, Maria Alice Rezende. *Quatro vezes cidade*. Rio de Janeiro: Sette Letras, 1994.

CASTRO, Celso. *O espírito militar*. Rio de Janeiro: Zahar, 1994.

CERQUEIRA, Carlos Magno Nazareth. Remilitarização da segurança pública: a Operação Rio. *Discursos Sediciosos – Crime, Direito e Sociedade*, Rio de Janeiro, ano 1, 1996.

CERQUEIRA, Carlos Magno Nazareth; DORNELLES, João Ricardo W. *A Polícia e os Direitos Humanos*. Rio de Janeiro: Freitas Bastos Editora, 1998. (Coleção Polícia Amanhã, v. 1).

CHAN, Janet. B. L. *Changing Police Culture*. Polincing in Multicultural Society. Cambridge: Cambridge University Press, 1997.

CHEVALIER, Jean; GHEERBRANT, Alain. *Dicionário de símbolos* – mitos, sonhos, costumes, gestos, formas, figuras, cores, números. Rio de Janeiro: José Olympio Editora, 1990.

CLAUSEWITZ, Carl von. *Da guerra*. São Paulo: Martins Fontes, 1996.

CRITCHLEY, Thomas Alan. The New Police in London 1750-1830. *In:* MCCORMICK, Kevin R. E.; VISANO, Livy A. *Understanding Policing*. Toronto: Canadian Scholars' Press, 1992. p. 85-112.

DELATTRE, Edwin J. *Character an Cops*. Ethics in Policing. Washington D.C.: The AEI Press, 1996.

DEVLIN, Daniel J. Police History. *In:* MCCORMICK, Kevin R. E.; VISANO, Livy A. *Understanding Policing*. Toronto: Canadian Scholars' Press, 1992. p. 113-127.

DONZIGER, Steven R. (coord.). *The real war on crime*. The report of the national criminal justice commission. New York: Harper Perennial, 1995.

DOUGLAS, Mary. *Pureza e perigo*. São Paulo: Perspectiva, 1976.

DOUGLAS, Mary. *Social Research Perspectives*. Occasional Reports on Current Topics. New York: Russel Sage Foundation, 1985.

DOUGLAS, Mary. *Risk and Blame*. Essays in Cultural Theory. London: Routledge, 1994.

ELLISTON, Frederick A.; FELDBERG, Michael. *Moral Issues in Police Work*. Maryland: Rowman & Littlefield Publishers, 1985.

ERICSON, Richard V. That Strange Word "Police". *In:* MCCORMICK, Kevin R. E.; VISANO, Livy A. *Understanding Policing.* Toronto: Canadian Scholars' Press, 1992. p. 151-159.

FLETCH, Connie. *What Cops Know.* Today's police Tell The Inside Story Of Their Work On America's Streets. New York: Pocket Books, 1992.

FOUCAULT, Michel. *Vigiar e punir.* Petrópolis: Vozes, 1989.

FYFE, James J. *Readings on Police Use of Deadly Force.* Washington: Police Foundation, 1982.

FYFE, James J.; GREENE, Jack R. *Police Administration.* New York: MacGraw Hill College, 1996.

GAROTINHO, Anthony; SOARES, Luiz Eduardo *et al. Violência e criminalidade no estado do Rio de Janeiro*: diagnóstico e propostas para uma política democrática de segurança pública. Rio de Janeiro: Hama Editora, 1998.

GELLER, William; TOCH, Hans (ed.). *And Justice For All*: Understanding and Controlling Police Abuse of Force. Washington: Police Executive Research Forum, 1995.

GELLER, William; SCOTT, Michael. *Deadly Force*: What we know – a practitioner's desk reference on police-involved shootings. Washington: Police Executive Research Forum, 1992.

GOFFMAN, Erving. *Estigma*: notas sobre a manipulação da identidade deteriorada. Rio de Janeiro: Zahar, 1978.

GORLEY, Douglas G.; BRISTOW, Allen P. Administração de patrulhas policiais. *Cadernos de Polícia*, Rio de Janeiro: PMERJ, n. 5, 1993.

GRAEF, Roger. *Talking Blues. The Police in their own Words.* London: Collins Harvill, 1989.

GUIMARÃES, Luiz Antônio Brenner *et al. Estado, poder e cidadania*: análise relacional focalizando o estado e sua influência sobre a polícia militar na proteção do cidadão. Porto Alegre: CSPM/Academia de Polícia Militar, 1997.

HARRING L. Sidney; McMULLIN, Lorreine M. The Buffalo Police 1872-1900: Labor Unrest, Political Power and the Creation of the Police Institution. *In:* MCCORMICK, Kevin R. E.; VISANO, Livy A. *Understanding Policing.* Toronto: Canadian Scholars' Press, 1992. p. 129-150.

HIBBERD, Malcolm; BENNETT, Mark. *Questionnaire and Interview Surveys*. A Manual for Police Officers. London: Police Foundation, 1990.

HOLLOWAY, Thomas H. *Polícia no Rio de Janeiro*: repressão e resistência em uma cidade do século XIX. Rio de Janeiro: Fundação Getúlio Vargas, 1997.

HOOVER, Larry T. (coord.). *Police Program Evaluation*. Washington: Police Executive Research Forum and Sam Houston State University, 1998.

KEEGAN, John. *Uma história da guerra*. São Paulo: Companhia das Letras, 1995.

KELLING, Georg L. et al. A experiência de patrulhamento preventivo em Kansas City – versão preliminar. *Cadernos de Polícia*, Rio de Janeiro: PMERJ, n. 1, 1993.

KELLY, Raymond W. *Estratégias de resolução de problemas para o policiamento comunitário*. [Tradução de *Problem-solving strategies for community policing – a practical guide*, publicado pelo Departamento de Polícia de Nova Iorque]. Rio de Janeiro, PMERJ, 1993.

KING, Anthony D. *Re-presenting the City*. Ethnicity, Capital and Culture in the 21st Century Metropolis. London: MacMillan Press, 1996.

KLEINIG, John. *Handled with Discretion*. Ethical Issues in Police Decision Making. Lanhan: Rowman & Littlefield Publishers, 1996.

KLEINIG, John. *The Ethics of Policing*. Cambridge: Cambridge University Press, 1997.

LARVIE, Patrick; MUNIZ, Jacqueline. *Identifying problems and setting priorities*: results of a year-long evaluation study of a Community Policing Program in Rio de Janeiro, Brazil. Texto da apresentação feita na Conferência Internacional de Polícia. Rio de Janeiro, dez. 1995.

LAZZARINI, Álvaro et al. *Direito Administrativo da Ordem Pública*. Rio de Janeiro: Forense, 1987.

LENIN, Vladimir I. *Obras Escolhidas*. Volumes I, II e III. São Paulo: Alfa Ômega, 1995.

LÉVI-STRAUSS, Claude. *O pensamento selvagem*. São Paulo: Companhia Editora Nacional, 1976.

LIMA, Roberto Kant. *A polícia da cidade do Rio de Janeiro*: seus dilemas e paradoxos. Rio de Janeiro: Forense, 1995.

LIMA, Roberto Kant. Polícia e exclusão na cultura judiciária. *Tempo Social*: Revista de Sociologia da USP, São Paulo, v. 9, n. 1, p. 169-183, 1997.

LUNGREN, Daniel E. *Guia de vigilância de bairro*. Rio de Janeiro: PMERJ, 1993.

LUZ, José Dilamar Vieira da. Brigada Militar uma evolução necessária. *Unidade: Revista de Assuntos Técnicos de Polícia Militar*, Porto Alegre, Ano XVI, jul./set. 1998.

MACDONALD, Cherokee Paul. *Blue Truth. Life and Death on the Strees as Only a Cop Could Tell It*. New York: St. Martin's Paperbacks, 1992.

MCCORMICK, Kevin R. E.; VISANO, Livy A. *Understanding Policing*. Toronto: Canadian Sholars' Press, 1992.

MCELROY, Jerome E. et al. *Community Policing – The CPOP in New York*. Newbury Park, California: Police Foundation & Vera Institute: SAGE Publications, 1993.

McLAUGHLIN, Eugene; MUNCIE, John. *Controlling Crime. Crime, Order and Social Control*. London: Sage Publications: The Open University, 1996.

MAFFESOLI, Michel. *A conquista do presente*. Rio de Janeiro: Rocco, 1984.

MAFFESOLI, Michel. *O tempo das tribos*: o declínio do individualismo nas sociedades de massa. Rio de Janeiro: Forense Universitária, 1987.

MANNING, Peter K. *Symbolic Communication*. Signifying Calls and the Police Response. Cambridge: The MIT Press, 1988.

MAUSS, Marcel. *Sociologia e antropologia*. Volumes I e II. São Paulo: EPU/EDUSP, 1974.

MAUSS, Marcel. *Ensaios de sociologia*. São Paulo: Perspectiva, 1981.

MEIRELLES, Hely Lopes. *Direito Administrativo Brasileiro*. São Paulo: Malheiros, 1992.

MESQUITA NETO, Paulo. *Pesquisa e prática policial no Brasil*. São Paulo: NEV-USP, 1999. mimeo.

MISSE, Michel. *O estigma do passivo sexual*. Rio de Janeiro: Achiamé: Socci, 1981.

MISSE, Michel. *Cinco teses equivocadas sobre a criminalidade urbana no Brasil*: uma abordagem crítica, acompanhada de sugestões para uma agenda de pesquisas. Rio de Janeiro: IUPERJ, 1995a. (Série Estudos, n. 91).

MISSE, Michel. Crime e pobreza: velhos enfoques, novos problemas. In: VILLAS-BOAS, G.; GONÇALVES, M. A. (org.). *O Brasil na virada do século*. Rio de Janeiro: Relume & Dumará, 1995b.

MORGAN, Rod; NEWBURN, Tim. *The Future of Policing*. Oxford: Clarendon Press, 1997.

MUIR JR., Willian Ker. *Police Streetcorner Politicians*. Chicago: University of Chicago Press, 1977.

MUNIZ, Jacqueline; PROENÇA JÚNIOR, Domício. Perguntas sem respostas. *Jornal do Brasil*, p. 9, 7 maio 1996.

MUNIZ, Jacqueline. A crise desnecessária. "Opinião", *O Globo*, 26 jul. 1997a.

MUNIZ, Jacqueline. Administração estratégica da ordem pública. *Comunicações do ISER – Lei e Liberdade*, Rio de Janeiro, 1997b.

MUNIZ, Jacqueline et al. Uso da força e ostensividade na ação policial. *Conjuntura Política*, Belo Horizonte: Boletim de Análise, n. 6, p. 22-26, abr. 1999.

MUNIZ, Jacqueline; MUSUMECI, Leonarda; LARVIE, Patrick. Policiamento comunitário: uma experiência em Nova Iorque. *Tiradentes*: Revista do Clube de Oficiais da Polícia Militar e do Corpo de Bombeiros do Estado do Rio de Janeiro, Rio de Janeiro, p. 26-29, jan./mar. 1996.

MUSUMECI, Leonarda et al. *Segurança Pública e Cidadania*: a experiência de Policiamento Comunitário em Copacabana (1994-1995). Rio de Janeiro: ISER, 1996.

MUSUMECI, Leonarda. Imagens da desordem e modelos de policiamento. *Comunicações do ISER – Cidade em Movimento*, ano 17, n. 49, p. 47-70, 1998.

NEDER, Gizlene et al. *A Polícia na corte e no Distrito Federal, 1831 – 1930*. Rio de Janeiro, PUC-Rio, 1981. (Série Estudos n. 3).

OHLIN, Lloyd E.; REMINGTON, Frank J. (coord.). *Discretion in Criminal Justice. The Tension between Individualization and Uniformity*. Albany: State University of New York Press, 1993.

PAIXÃO, Antonio Luiz. A Organização policial em uma área metropolitana. *Dados*: Revista de Ciências Sociais, Rio de Janeiro, v. 25, n. 1, p. 63-85, 1982.

PAIXÃO, Antonio Luiz. O "problema da polícia". *In*: IUPERJ. *Violência e participação política no Rio de Janeiro*. Rio de Janeiro: IUPERJ, 1995. (Série Estudos, 91).

PAIXÃO, Antonio Luiz; BEATO FILHO, Claudio C. Crimes, vítimas e policiais. *Tempo Social*: Revista de Sociologia da USP, São Paulo, v. 9, n. 1, p. 233-248, 1997.

PATE, Antony; HAMILTON, E. E. *The Big Six:* Policing America's Largest Cities. Washington D.C.: Police Foundation, 1992.

PATE, Antony M. *et al.* A redução do temor em relação ao crime em Houston e Newark. Relatório condensado. *Cadernos de Polícia*, Rio de Janeiro, PMERJ, n. 2, 1993.

PERLONGHER, Nestor. *O negócio do michê.* São Paulo: Brasiliense, 1987.

PINHEIRO, Paulo Sérgio. Violência, crime e sistemas policiais em países de novas democracias. *Tempo Social:* Revista de Sociologia da USP, São Paulo, v. 9, n. 1, p. 43-52, 1997.

PMERJ. *Relatório da visita de estudo e pesquisa sobre o Projeto de Patrulhamento Comunitário desenvolvido pelo Departamento de Polícia da cidade de Nova York com apoio do Vera Institute.* Rio de Janeiro: PMERJ, 1987.

PMERJ. *Polícia Comunitária. Cadernos de Polícia*, Rio de Janeiro, PMERJ, n. 9, 1993.

PMERJ. *Estratégias de resolução de problemas identificados pelo Policiamento Comunitário.* Relatório elaborado pelo comando do 19.º BPM (Copacabana). Rio de Janeiro: PMERJ, 1994.

PMERJ. *Curso de Formação de Policiais Comunitários – Programa Operacional Bairro Mais Seguros.* Rio de Janeiro: NUPESP/PMERJ, [1990?].

POLÍCIA MILITAR DO ESTADO DA GUANABARA. *Manual de Instrução Militar e seus Regulamentos.* Rio de Janeiro: PMEG, 1972.

PROENÇA JÚNIOR, Domício; DINIZ, Eugênio. *Política de defesa no Brasil*: uma análise crítica. Brasília: UnB, 1998.

PROENÇA JÚNIOR, Domício *et al. Guia de estudos de estratégia.* Rio de Janeiro: Jorge Zahar Editor, 1999.

PUNCH, Maurice. *Control in the Police Organization.* Cambridge: The MIT Press, 1983.

PUNCH, Maurice. *Dirty Business.* Exploring Corporate Misconduct. Analysis and Cases. London: Sage Publications, 1996.

REGIL, Luis F. Sotelo. A investigação do crime: um curso para o policial profissional. *Cadernos de Polícia*, Rio de Janeiro, PMERJ, n. 4, 1993.

REINER, Robert. *The Blue-Coated Worker*: A Sociological Study of Police Unionism. Cambridge: Cambridge University Press, 1978.

REINER, Robert. *The Politics of the Police*. Toronto: University of Toronto Press, 1992.

RICO, Jose Maria; SALAS, Luis. *Delito, insegurança do cidadão e polícia*. Rio de Janeiro: Biblioteca da Polícia Militar/PMERJ, 1992.

RODRIGUES, Antonio E. Martins et al. *A Guarda Nacional no Rio de Janeiro, 1831-1918*. Rio de Janeiro: PUC-Rio, 1981. (Série Estudos n. 5).

RODRIGUES, José Carlos. *Tabu do corpo*. Rio de Janeiro: Achiamé, 1980.

RYBCZYNSKI, Witold. *Vida nas cidades*: expectativas urbanas no Novo Mundo. Rio de Janeiro: Record, 1995.

SASSER, Charles W. *Shoot to Kill*. Cops who have used deadly force. New York: Pocket Books, 1994.

SHEARING, Clifford D. Subterranean Processes in the Maintenance of Power: An Examination of the Mechanisms Coordinating Police Action. *In*: MCCORMICK, Kevin R. E.; VISANO, Livy A. *Understanding Policing*. Toronto: Canadian Scholars' Press, 1992. p. 349-369.

SHIRLEY, Robert W. Atitudes com relação à polícia em uma favela do sul do Brasil. *Tempo Social*: Revista de Sociologia da USP, São Paulo, v. 9, n. 1, p. 215-231, 1997.

SILVA, Eduardo. *As queixas do povo*. Rio de Janeiro: Paz e Terra, 1988.

SILVA, Hélio R.S. *Travesti a invenção do feminino*. Rio de Janeiro: Relume & Dumará: ISER, 1993.

SILVA, Hélio R.S. *Vozes do meio-fio*: etnografia. Rio de Janeiro: Relume & Dumará, 1995.

SILVA, Jorge da. *Controle da criminalidade e segurança pública na nova ordem constitucional*. Rio de Janeiro: Forense, 1990.

SILVA, Jorge da. Militarização da Segurança Pública e a Reforma da Polícia: um depoimento. *In*: BUSTAMANTE, Ricardo; SODRÉ, Paulo César. *Ensaios jurídicos*: o direito em revista. Rio de Janeiro: IBAJ, 1996. p. 497-519.

SILVA, Vera Marisa Conceição Carvalho da. *Participação Financeira na Segurança Pública Estado/Comunidade*. Curso de Especialização em Análise Social da Violência e da Segurança Pública – UFRGS. Porto Alegre, 1996. Mimeo.

SILVER, Allan. The Demand for Order in Civil Society: A Rewiew of Some Themes in the History of Urban Crime, Police and Riot. *In:* MCCORMICK, Kevin R.E.; VISANO, Livy A. *Understanding Policing.* Toronto: Canadian Scholars' Press, 1992. p. 57-81.

SKOLNICK, Jerome H. *Justice Without Trial. Law Enforcement in Democratic Society.* New York: Macmillan College Publishing Company, 1994.

SKOLNICK, Jerome H.; BAYLEY, David H. *The New Blue Line.* Police Innovation in Six American Cities. New York: The Free Press, 1988.

SKOLNICK, Jerome H.; FYFE, James J. *Above the Law.* Police and the Excessive Use of Force. New York: The Free Press, 1993.

SIMMEL, Georg. *Sociologia.* São Paulo: Ática, 1983. (Coleção Grandes Cientistas Sociais, n. 34).

SOARES, Luiz Eduardo *et al. Violência e política no Rio de Janeiro.* Rio de Janeiro: Relume & Dumará, 1996.

SOUSA JÚNIOR, José Geraldo (org.). *Introdução crítica ao direito.* Brasília: UnB, 1993. (Série O Direito Achado na Rua, v. 1).

SOUZA, Elenice de. *Polícia Comunitária em Belo Horizonte:* avaliação e perspectivas de um programa de Segurança Pública. 1999. Dissertação (Mestrado em Sociologia Urbana e Industrial) – Universidade Federal de Minas Gerais, Belo Horizonte, 1999.

SOUZA SANTOS, Boaventura de. *Toward a new Common Sense.* Law, Science and Politics in the Paradigmatic Transition. New York: After the Law, 1995.

SWANSON, Charles R.; TERRITO, Leonard; TAYLOR, Robert W. *Police Administration:* Structures, Processes and Behavior. New York: Prentice Hall, 1998.

TROJANOWICZ, Robert; BUCQUEROUX, Bonnie. *Policiamento comunitário:* como começar. Rio de Janeiro: PMERJ, 1994.

VELHO, Gilberto. *Desvio e divergência:* uma crítica da patologia social. Rio de Janeiro: Zahar Editores, 1981.

WADDINGTON, Peter Anthony James. Calling the Police. *The interpretation of, and response to, calls for assistance from the public.* Sydney: Avebury, 1993.

WALKER, Samuel. *Taming the System.* The Control of Discretion in Criminal Justice, 1950-1990. New York: Oxford University Press, 1993.

WEBER, Max. *Economia e sociedade.* Brasília: UnB, 1991.

ANEXOS

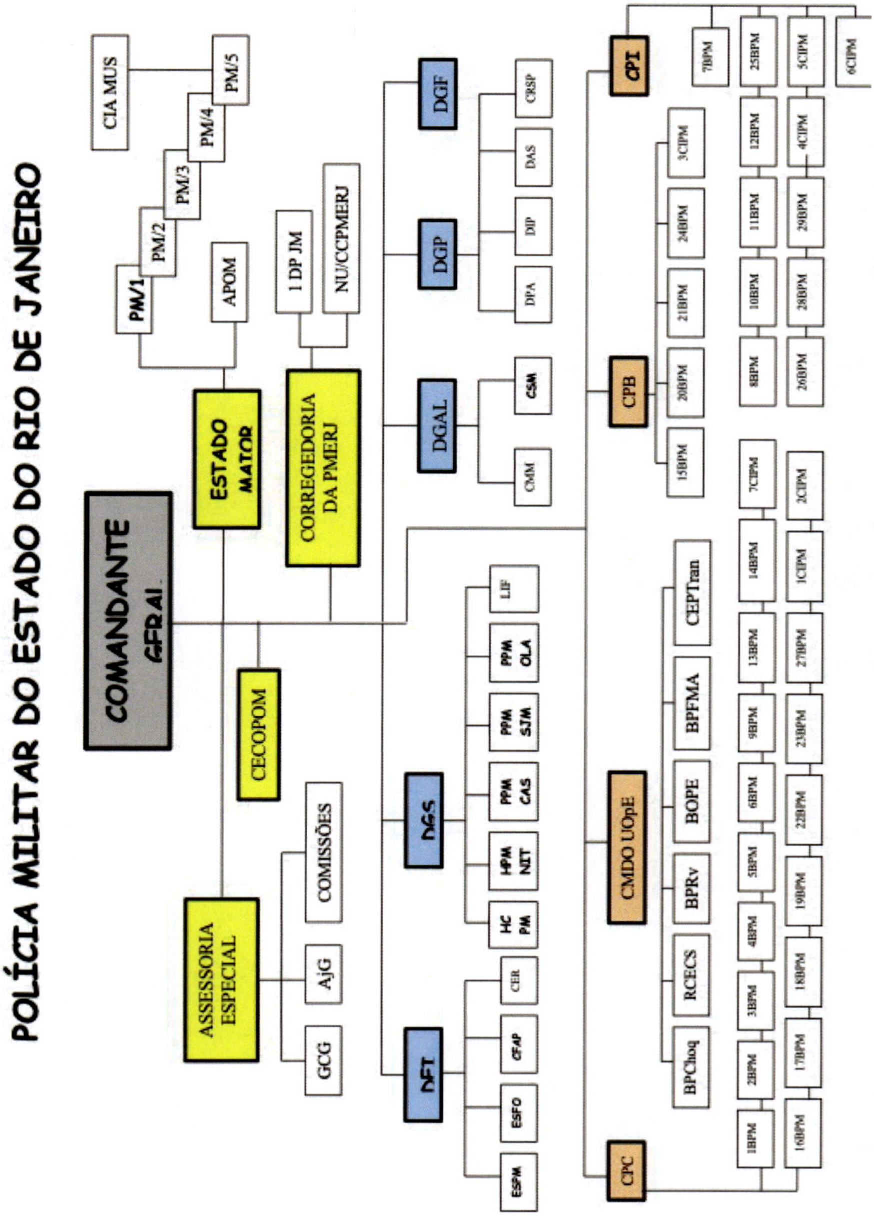

POLÍCIA MILITAR DO ESTADO DO RIO DE JANEIRO
COMANDANTE GERAL
ESTADO MAIOR
CORREGEDORIA DA PMERJ
CECOPOM
ASSESSORIA ESPECIAL
GCG
AjG
COMISSÕES
PM/1
PM/2
PM/3
PM/4
PM/5
CIA MUS
APOM
1 DP JM
NU/CCPMERJ
DFT
DGS
DGAL
DGP
DGF
ESPM
ESFO
CFAP
CER
HC PM
HPM NIT
PPM CAS
PPM SJM
PPM OLA
LIF
CMM
CSM
DPA
DIP
DAS
CRSP
CPC
CMDO UOpE
CPB
CPI
BPChoq
RCECS
BPRv
BOPE
BPFMA
CEPTran
15BPM
20BPM
21BPM
24BPM
3CIPM
7BPM
1BPM
2BPM
3BPM
4BPM
5BPM
6BPM
9BPM
13BPM
14BPM
7CIPM
8BPM
10BPM
11BPM
12BPM
25BPM
16BPM
17BPM
18BPM
19BPM
22BPM
23BPM
27BPM
1CIPM
2CIPM
26BPM
28BPM
29BPM
4CIPM
5CIPM
6CIPM

ORGANOGRAMA DA PMERJ – SIGLAS

	ÓRGÃOS DE EXECUÇÃO
GCG	Gabinete do Comando Geral	
AjG	Ajudância Geral	• Suporte logístico às unidades aquarteladas no quartel general.
	Estado Maior
PM-1	Recursos Humanos	• Elabora legislação sobre pessoal. • Encaminha efetivo para as OPMs.
PM-2	Polícia Investigativa (Serviço reservado)	• Investiga ocorrências criminais envolvendo PMs e civis.
PM-3	Ensino e Instrução	• Elabora as Notas de Instrução (Nis)
PM-4	Logística	• Controla a aquisição e distribuição dos equipamentos (viaturas, armamentos, munição, combustível etc.)
PM-5	Comunicação Social (Relações Públicas)	
Cia MUS	Companhia de Música	• Vinculada à PM-5
APOM	Assessoria de Planejamento Operacional e Modernização	• Elabora propostas de orçamento • Confecciona as estatísticas das ocorrências atendidas
NU/CCPMERJ	Centro de Criminalística	
CECOPOM	Centro de Comunicação da Polícia Militar	
	ÓRGÃOS SETORIAIS
DEI	Direção de Ensino e Instrução	• Define o currículo. • Coordena os cursos • Confecciona os "cadernos de instrução"
ESPM	Escola Superior da PMERJ	
ESFO	Escola de Formação de Oficiais	

CFAP	Centro de Formação e Aperfeiçoamento de Praças	
CER	Centro de Especialização e Recompletamento	
DGS	Direção Geral de Saúde	
HCPM	Hospital Central da Polícia Militar	
HPM Nit.	Hospital da PM – Niterói	
PPM Cas.	Policlínica da PM – Cascadura	
PPM SJM	Policlínica da PM – São João de Meriti	
PPM Ola.	Policlínica da PM – Olaria	• Funciona como Centro de Reabilitação da PMERJ.
LIF	Laboratório Industrial Farmacêutico	

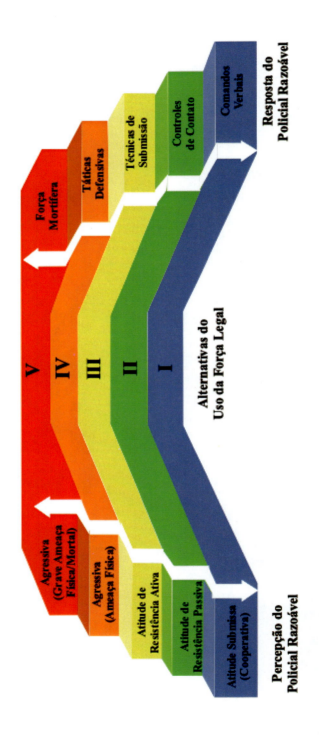